Philosophische Methoden zur Einführung

Tatjana Schönwälder-Kuntze

Philosophische Methoden zur Einführung

JUNIUS

Junius Verlag GmbH
Stresemannstraße 375
22761 Hamburg
info@junius-verlag.de
www.junius-verlag.de

Titelbild: Junius Verlag
Satz: Junius Verlag
Printed in the EU 2025
ISBN 978-3-88506-092-5
4., korrigierte Auflage 2025

Bibliografische Information der Deutschen Nationalbibliothek
Die Deutsche Nationalbibliothek verzeichnet diese Publikation in der Deutschen Nationalbibliografie; detaillierte bibliografische Daten sind im Internet über http://dnb.dnb.de abrufbar.

Zur Einführung ...

... hat diese Taschenbuchreihe seit ihrer Gründung 1977 gedient. Zunächst als sozialistische Initiative gestartet, die philosophisches Wissen allgemein zugänglich machen und so den Marsch durch die Institutionen theoretisch ausrüsten sollte, wurden die Bände in den achtziger Jahren zu einem verlässlichen Leitfaden durch das Labyrinth der neuen Unübersichtlichkeit. Mit der Kombination von Wissensvermittlung und kritischer Analyse haben die Junius-Bände stilbildend gewirkt.

Seit den neunziger Jahren reformierten sich Teile der Geisteswissenschaften als Kulturwissenschaften und brachten neue Fächer und Schwerpunkte wie Medienwissenschaften, Wissenschaftsgeschichte oder Bildwissenschaften hervor. Auch im Verhältnis zu den Naturwissenschaften sahen sich die traditionellen Kernfächer der Geisteswissenschaften neuen Herausforderungen ausgesetzt. Diesen Veränderungen trug eine Neuausrichtung der Junius-Reihe Rechnung, die seit 2003 von der verstorbenen Cornelia Vismann und zwei der Unterzeichnenden (M.H. und D.T.) verantwortet wurde.

Ein Jahrzehnt später erweisen sich die Kulturwissenschaften eher als notwendige Erweiterung denn als Neubegründung der Geisteswissenschaften. In den Fokus sind neue, nicht zuletzt politik- und sozialwissenschaftliche Fragen gerückt, die sich produktiv mit den geistes- und kulturwissenschaftlichen Problemstellungen vermengt haben. So scheint eine erneute Inventur der Reihe sinnvoll, deren Aufgabe unverändert darin besteht, kompetent und anschaulich zu vermitteln, was kritisches Denken und Forschen jenseits naturwissenschaftlicher Zugänge heute zu leisten vermag.

Zur Einführung ist für Leute geschrieben, denen daran gelegen ist, sich über bekannte und manchmal weniger bekannte Autor(inn)en und Themen zu orientieren. Sie wollen klassische Fragen in neuem Licht und neue Forschungsfelder in gültiger Form dargestellt sehen.

Zur Einführung ist von Leuten geschrieben, die nicht nur einen souveränen Überblick geben, sondern ihren eigenen Standpunkt markieren. Vermittlung heißt nicht Verwässerung, Repräsentativität nicht Vollständigkeit. Die Autorinnen und Autoren der Reihe haben eine eigene Perspektive auf ihren Gegenstand, und ihre Handschrift ist in den einzelnen Bänden deutlich erkennbar.

Zur Einführung ist in der Hinsicht traditionell, dass es den Stärken des gedruckten Buchs – die Darstellung baut auf Übersichtlichkeit, Sorgfalt und reflexive Distanz, das Medium auf Handhabbarkeit und Haltbarkeit – auch in Zeiten liquider Netzpublikationen vertraut.

Zur Einführung bleibt seinem ursprünglichen Konzept treu, indem es die Zirkulation von Ideen, Erkenntnissen und Wissen befördert.

Michael Hagner
Ina Kerner
Dieter Thomä

Inhalt

0. Einleitung

Es geschieht häufig, dass Studierende oder fachexterne Kollegen nach methodischen Unterschieden in der Philosophie fragen und danach, worin genau diese bestehen. Bespricht man dann diese Frage unter Kolleginnen, so bekommt man die einhellige Antwort, dass es selbstverständlich *große* Unterschiede gebe – und zwar sowohl historisch betrachtet als auch in der Gegenwart zwischen der ›analytischen‹ und der ›kontinentalen‹ Art und Weise zu philosophieren. Allerdings bereitet bei näherer Nachfrage die genauere Eingrenzung dessen, was nun die verschiedenen Arten des Philosophierens jeweils ausmacht und wie genau sie sich voneinander unterscheiden, einige Schwierigkeiten. Ja, eigentlich fangen die Schwierigkeiten bereits bei der Definition dessen an, was denn in der Philosophie ›Methode‹ *eigentlich* bedeutet. Denn zum einen gibt es die Auffassung, dass die Methode und der von ihr untersuchte Gegenstand grundsätzlich nichts miteinander zu tun haben; und zum anderen die Ansicht, dass die Methode ihren Gegenstand (mit-)konstituiert – es also einen erheblichen Unterschied macht, mit welcher Methode eine Analyse erfolgt. Auch die Orientierung an den Naturwissenschaften, die methodisch vom Ideal der situationslosen Wiederholbarkeit ausgehen, lässt Philosophen wie etwa Hans-Georg Gadamer (1900-2002) oder Jacques Derrida (1930-2004) nur unter größtem Vorbehalt von einer angemessenen philosophischen Methode sprechen. In Hinblick auf philosophische Methoden weicht also die anfängliche

Gewissheit bei näherer Betrachtung einigen Unbestimmtheiten, die in jedem Fall eines deutlich machen: Die Frage nach der Methode ist nicht trivial, sondern selbst Gegenstand philosophischer Auseinandersetzungen – ja, sie scheint eine der wesentlichen Fundamente philosophischer Konzeptionen auszumachen.[1]

Definition: Was ist also eine philosophische ›Methode‹? Mit Methode, nach dem altgriechischen μεθοδος, zusammengesetzt aus μετά (~ nach) und ὁδός (~ Weg, Gang), wird im philosophischen Zusammenhang zunächst ein geregeltes Verfahren bezeichnet, das zu einem bestimmten Ziel führt. Bestimmt man das Ziel des Philosophierens als das Erkennen von Wahrheit(en) – etwa in Hinblick auf Naturgesetze, die Gesetze des Denkens, aber auch auf das gute Leben –, dann kommt der philosophischen Methode die Aufgabe zu, das Denken zu diesem Ziel zu führen, indem der richtige Weg gewiesen wird. Sich über philosophische Methoden Gedanken zu machen ist demnach eine *Reflexion* auf die Art und Weise, wie sich Erkenntnisse gewinnen lassen. Anders formuliert: Die Methode zum Gegenstand des Nachdenkens zu machen bedeutet, darüber nachzudenken, was eine Abhandlung, eine Person bzw. das Denken ›*tut*‹, wenn sie bzw. es philosophiert, welche Schritte nacheinander gedanklich gegangen werden, wie welche Fragen gestellt und nach welchen Kriterien in Anbetracht ambivalenter Problemlagen entschieden wird. Zusammenfassend formuliert steht also nichts weniger infrage als die Art und Weise, wie das Denken zu seinen Einsichten und Erkenntnissen kommt. Kurz: Welcher Weg ist einzuschlagen, um zum Ziel zu kommen?

Wiederum klingt das zunächst recht einfach: Angenommen, diese und jene Voraussetzungen sind wahr oder treffen zu, dann können daraus auf diesem oder jenem Wege Schlüsse gezogen, d.h. ihnen inhärente Erkenntnisse offengelegt werden. Auf diese Weise lässt sich im Großen und Ganzen das Aufgabenfeld der (formalen) Logik seit Aristoteles (384/3–322/1) beschreiben, die so betrachtet korrekte Erkenntniswege zum Thema hat.[2] Die Schwierigkeiten beginnen jedoch erneut, wenn man sich etwa klarmacht, dass die Prämissen (Voraussetzungen) selbst wiederum mit Begriffen formuliert werden, die einer Analyse bzw. Wahrheitsprüfung zu unterziehen wären, was auf weitere Prämissen verweist und so fort *ad infinitum*. Will man einen infiniten Regress vermeiden, stellt sich die Frage nach der angemessenen Methode schon um Einiges komplexer dar: Wie anfangen, sollen die Prämissen im wörtlichen Sinne nicht einfach gesetzt werden, sondern selbst als begründet, d.h. nicht willkürlich ausgewiesen werden? So ließe sich die abendländische Philosophiegeschichte auch als Antwort auf die Frage nach dem Anfang rekonstruieren – und damit immer auch nach dem methodischen Anfang, mit dem das Denken auf seinem Weg zur wahren Erkenntnis zu beginnen hat. Daher geht es bei der Methode nicht nur um den richtigen Weg, sondern immer auch um den richtigen Ausgangspunkt.

Der nur scheinbaren Spitzfindigkeiten noch nicht genug, stellt sich auch die nicht unerhebliche Frage danach, was eigentlich die einzelnen Bestandteile des Satzes bedeuten, der die vorausgesetzte Zielsetzung formuliert, Wahrheit(en) erkennen zu wollen. Nicht nur, weil es unterschiedliche Auffassungen darüber gibt, welche Bedeutung ›Wahrheit‹ hat oder haben sollte, sondern auch, weil die jeweilige Antwort das Kriterium darstellt, was den *richtigen* Weg und den *richtigen* Ausgangspunkt ausmacht. Gehe ich davon aus, dass Wahrheit etwas ist, das nur die Sprache oder Begriffe betrifft, werde ich zu anderen *richtigen* Wegbeschreibungen kommen als unter der Annahme, dass Wahrheit in der Übereinstimmung von Denken und Realität liegt etc. Schließlich zeigen die beiden Alternativen, dass der *richtige* Weg auch etwas damit zu tun hat, welche Voraussetzungen in Bezug auf den Untersuchungsgegenstand gemacht werden: Wird vorausgesetzt, dass ewige, invariante Wahrheiten bzw. immerwährende Gesetzmäßigkeiten auffindbar sind, oder lassen sich ohnehin nur punktuelle Zusammenhänge, die auch kontingenter Art sein können, aufweisen? Wird das Seiende auf seine Eigenschaften, Anfänge und Gesetzmäßigkeiten unabhängig vom erkennenden Denken hin untersucht oder das Denken selbst, das solche Untersuchungen vornimmt und erkennt? Werden die beiden als voneinander abhängig oder gar konstitutiv füreinander angenommen, oder repräsentiert das eine bloß das andere – mittels Sprache? Der kurze Aufriss macht deutlich, dass die Frage nach der Methode nicht eine Teilfrage der Philosophie ist, sondern gewissermaßen das ganze Feld philosophischen Fragens eröffnet: Man steckt unmittelbar mittendrin im philosophischen Nachfragen, Klären, Begründen und Definieren, worum es auf welche Weise und warum in der Philosophie *eigentlich* geht.

Aber erfreulicherweise fängt niemand als Erster an, solche Fragen zu stellen, sodass alle an Antworten Interessierten auf einen reichen Schatz an bereits Gedachtem zurückgreifen können – das gilt nicht nur für die vorgeschlagenen Lösungen, sondern auch für die Wege dorthin. In diesem Sinne lässt sich das Philosophiestudium als die Möglichkeit verstehen, sich von Denkern und Denkerinnen aus der langen Tradition philosophischen Fragens und Antwortgebens einige auszuwählen, um von ihnen Philosophieren zu lernen, d.h. mit ihnen zusammen die Wege zu beschreiten, die sie gegangen sind. Und dies bedeutet, philosophisches Fragen und Denken im mimetischen Nachvollzug ihrer Methoden und Antworten unter ihren jeweiligen Fragestellungen und Prämissen kennenzulernen. Die Nachahmung bezieht sich dabei weniger auf das kopierende Wiedergeben der Resultate, indem die Antworten schlicht reproduziert werden, sondern auf die Art und Weise des Fragens, auf die theoretisierende Praxis, auf die schauende Haltung. Nachdenken muss dann wörtlich als *Nach*-Denken verstanden werden, als Nach*vollzug* der jeweiligen Denkwege unter der Frage: Was *passiert* dort? Oder: Wie wird da unter welchen Voraussetzungen gedacht? Das birgt natürlich die Gefahr, dass das eigene Denken transformiert wird, die eigenen Prämissen ins Wanken geraten, sich die eigenen Fragen verschieben und sich dadurch der Blick auf das, was der Fall ist, ändert. Möglicherweise ist das aber auch ein gewünschter Effekt des Philosophiestudiums.

Ideal wäre es natürlich, ließe sich all das nachdenken und wissen, was an Philosophischem bereits einmal gesagt bzw. geschrieben worden ist – realistischerweise lässt die begrenzte Lebenszeit hier leider nur Stückwerk zu. So bedauerlich das sein mag – Vollständigkeit ist vielleicht gar nicht notwendig: So erklärt etwa Immanuel Kant (1724–1804) die reine Masse an philosophischem Wissen nicht zum wesentlichen Aspekt der Philosophie. Stattdessen sieht er einen entscheidenden Unterschied zwischen einem subjektiv-historischen und einem objektiv-rationalen Lernenden der Philosophie. Der Erste kommt gar nicht gut weg. Kant nennt ihn »einen Gipsabdruck von einem lebenden Menschen«[3], weil hier die Vernunft nur kopiert und nicht selbst denkt. Im Gegensatz zur konstruktiv erlernbaren Mathematik könne man »niemals aber Philosophie (es sei denn historisch), sondern, was die Vernunft betrifft, höchstens nur p h i l o s o p h i e r e n lernen« (KrV A 837/B 866). Im Weiteren spricht Kant davon, dass die Strukturen des Denkens und Suchens – die allgemeinen Prinzipien der Vernunft – der Inhalt der Philosophie seien. Und diese Inhalte seien zwar aus einer historischen Perspektive erlernbar, stünden aber dennoch unter dem Vorbehalt des Rechts der Vernunft, sie zu verwerfen. *Richtiges* Philosophieren meint demnach eine Praxis, die durch den Nachvollzug der Denkwege anderer das Denken trainiert – immer auch unter dem Vorbehalt, den Weg oder den Ausgangspunkt infrage stellen zu dürfen. In diesem Sinne sei dieses Einführungsbuch verstanden: Es geht darum, dem *principle of charity*[4] folgend in unterschiedliche Denkweisen und philosophische Methoden der Moderne, d.h. im Anschluss an Kant, einzuführen, indem die Problemstellungen deutlich gemacht werden, auf die sie antworten. Das soll Lust auf mehr (Nach-)Denken machen, d.h. Lust darauf, die vorgestellten philosophischen Gebäude und deren ›Filialen‹ selbst zu erkunden, indem ein – nicht der einzige! – Zugang zu ihnen eröffnet wird: Mit Emmanuel Levinas: »Der lächerliche Ehrgeiz, einen wahrhaften Philosophen zu ›verbessern‹, liegt sicher nicht in unserer Absicht. Ihn auf seinem eigenen Wege zu treffen ist schon sehr viel, und vermutlich die einzige Art von Begegnung in der Philosophie.«[5]

Die Beschränkung auf (abendländische) philosophische Methoden der Moderne, mithin auf die letzten knapp 250 Jahre seit dem Erscheinen der *Kritik der reinen Vernunft* 1781, hat mehrere Gründe. Keinesfalls lässt sie sich damit begründen, dass etwa ältere Methoden obsolet geworden wären – sondern vordringlich mit Platzrestriktionen. Neben diesem pragmatischen Grund gibt es aber auch einen systematischen, wenn man so will, genealogischen Grund: Die kritische Methode Kants, die die transzendentale Fragehaltung mit sich bringt, markiert in der Philosophie einen einschneidenden Wendepunkt in Bezug auf das Feld der Erkenntnisgewinnung. Zwar nimmt sie methodische Anleihen bei Aristoteles bis Descartes, indem sie deren Fragepraktiken transformativ aufnimmt. Dennoch wird hier eine neue Art reflexiver Selbstbefragung wie -legitimierung etabliert. Denn Kant lässt die Vernunft sich selbst befragen, sich selbst erkennen und sich selbst begründen – ohne dafür auf etwas anderes, etwa die göttliche Offenbarung, zurückzugreifen. Auch stellt er eine andere, neue Frage: nicht mehr die nach dem zureichenden Grund dafür, dass etwas wahr genannt werden kann, sondern die nach den dafür notwendigen Möglichkeitsbedingungen. Dies war und ist prägend wie stilbildend für weite Teile des modernen Denkens, das mit der Aufklärung verbunden wird. Deshalb kann man sagen, dass die Methoden nach Kants kritischer Wende – und hier sei ›nach‹ in einem dreifachen Sinne verstanden: chronologisch (zeitlich), mimetisch (nachahmend), transformativ (verändernd) – als affirmative, ausdifferenzierende, ergänzende, korrigierende und ablehnende Reaktionen auf den kantischen Weg gelesen werden können.

Aber natürlich hat sich auch das kantische Denken nicht ohne Bezug zu seiner Zeit entwickelt, sondern ist selbst ein Ereignis, das durch vorausgegangene (methodisch-)philosophische Reflexionen ermöglicht wurde. Kant selbst spricht davon, David Humes (1711–1776) Überlegungen zur Kausalität hätten seinen »dogmatischen Schlummer«[6] unterbrochen, was sich unmittelbar an der Verschiebung seiner Fragestellung von hinreichenden Gründen zu notwendigen Bedingungen zeigt. Allerdings verschiebt er nicht nur die Frage, sondern *zugleich* das Untersuchungsobjekt, auf das die Frage Anwendung findet. Zweifelsfrei beruht dieser Zug auf einer anderen großen methodischen Verschiebung, die ihm vorausgeht: auf der bereits von Augustinus (354–430) und Thomas von Aquin (1224/5–1275) vorbereiteten, aber erst von René Descartes (1596–1650) methodisch verwendeten reflexiven Verschiebung, durch die sich das Denken auf sich selbst richtet, um Gewissheit zu erlangen. Descartes motiviert sie im *Discours de la méthode pour bien conduire sa raison* (1637) und zeichnet den durch Zweifel gekennzeichneten Weg dorthin in den *Meditationes de prima philosophia* (1641) nach. Freilich bleibt es nur bei der Gewissheit des »Ich denke, also bin ich«[7] – alle anderen Erkenntnisse werden weiterhin durch den Rückgriff auf Gott gesichert. Aber Descartes bereitet so den Weg dafür, erfahrungsunabhängige Erkenntnis selbstreferenziell, d.h. für Kant aus reiner Vernunft, gewinnen zu können, den er in den drei *Kritiken* transformierend vollendet.[8] Damit rücken das Denken und seine Prinzipien oder Gesetze selbst in den Fokus des philosophischen Interesses.

Historisch betrachtet beruhen die hier vorgestellten Methoden noch auf zwei weiteren großen methodischen Verschiebungen, die das Untersuchungsobjekt bzw. das untersuchte Feld betreffen: Nach der cartesisch-kantisch-reflexiven Wende kündigt sich die zweite große methodische Verschiebung zwar schon in Kants geschichtsphilosophischen, sogenannten *Kleinen Schriften* an, auch wenn sie erst durch G.W.F. Hegel (1770–1831) systematisch entfaltet wird. Denn Hegel erweitert die (scheinbar) erfahrungsunabhängige Selbstreferenz des Denkens von der *Phänomenologie des Geistes* (1807) bis zu den *Grundlinien der Philosophie des Rechts* (1820) um die *soziokulturell-historische* Dimension des Werdens, die auch das Denken bzw. das vernünftige Bewusstsein und seine Gewissheiten betrifft. Diese beiden Verschiebungen, die Rückwendung des philosophischen Denkens auf das Denken selbst wie die historische Verortung aller Dimensionen des Denkens, markieren in groben Zügen die Situation der akademischen Philosophie am Ende der ersten Hälfte des 19. Jahrhunderts. Das bedeutet nicht, dass nicht auch an andere philosophische Traditionen weiterhin angeschlossen wurde. Aber es heißt, dass diese Verschiebungen die Art und Weise des Fragens wie auch die Diskussionen in der Philosophie maßgeblich gestaltet haben. Es waren methodische Einschnitte, die – vermutlich in der kontinentalen Tradition bis heute – darüber bestimmen, welche Fragen wenigstens immer auch gestellt werden müssen: die nach der reflexiven Begründung des eigenen Denkens, nach seiner historischen Situiertheit und damit nach dem (besonderen) Status der je eigenen Gegenwart überhaupt.

Die dritte Verschiebung schließlich gilt dem Medium Sprache, das teilweise rein instrumentell im Sinne von abbildend oder beschreibend, teilweise als konstitutiv oder selbst wirkmächtig aufgefasst wird. So zeichnet sich spätestens mit Gottlob Freges *Über Sinn und Bedeutung* (1892) und Bertrand Russells *On denoting* (1905) u.a. die bislang letzte große Verschiebung ab, die die Sprache in den Mittelpunkt philosophischer Analysen stellt.[9] Diese letzte Verschiebung erweist sich bereits als Antwort auf neue philosophische Fragestellungen, die sich aus den ersten beiden Verschiebungen ergeben haben. Denn durch die Verortung sicherer Erkenntnis im ›transzendentalen Subjekt‹ Kants und durch dessen Historisierung seitens Hegels – aber ja auch etwa seitens Charles Darwins (1809–1882), dessen *On the Origin of Species by Means of Natural Selection* 1859 erscheint – stellt sich die philosophische Frage nach der Möglichkeit invarianter Gewissheiten immer drängender. Während Edmund Husserl (1859–1938) noch versucht, sie auf relativ klassische, d.h. kantische Weise über die Analyse des Phänomens Denken zu lösen, rückt Gottlob Frege (1848–1925) mit seiner Sprachanalyse ein anderes Objekt in den Fokus des Interesses an der Wahrheit: die Sprache in ihrer Funktion, adäquater Repräsentant von Wirklichkeit zu sein. Bei allen Differenzen und unter dem Vorbehalt, dass es Frege insbesondere um die logische Grundlegung der Mathematik ging, können doch die Angebote der beiden Zeitgenossen auch als methodische Versuche gelesen werden, historisierenden und psychologisierenden Auffassungen darüber, wie Wahrheit bestimmt werden kann – wenn überhaupt noch in einem ahistorischen Sinne –, im ausgehenden 19. Jahrhundert an der Schwelle zum 20. Jahrhundert einen fixen Kontrapunkt entgegenzusetzen bzw. diese Fragen nicht (mehr) oder nicht in der gleichen Weise zu stellen.

Die genannten Verschiebungen werden auch gerne ›*turns*‹ genannt: der letztgenannte wird etwa als *linguistic turn* bezeichnet, der, wenn man so will, eine Antwort auf den *historical turn* darstellt, der wiederum den *transcendental turn* erweitert und »immanent dynamisiert« hat.[10] Keinesfalls bedeutet die Rede von den Wenden, dass die chronologisch nächste jeweils ihre Vorgängerin einfach abgelöst oder überwunden hätte. Denn auf ihre je eigene Weise sind alle gegenwärtigen Methoden Ausdruck der *Episteme der Moderne*, um es mit Foucault zu formulieren. Diese zeichnet sich dadurch aus, dass sie das menschliche Denken zur (Selbst-) und Wahrheitsbegründung heranzieht – sei es durch die Analyse der Sprache und das teilweise damit verbundene Abbildungspotential, sei es durch die historische Situierung, die auch die Sprache und ihr Gestaltungspotential betrifft. Unter dieser Perspektive spannen die drei *turns* wie Achsen den Denkraum auf, in dem sich die hier versammelten philosophischen Methoden bewegen: So skizzieren die ersten zwei Kapitel *Transzendentales Begründen* und *Dialektisches Rekonstruieren* die transzendentale und die historisierende Verschiebung. Das dritte Kapitel *Phänomenologisches Einklammern* und die erste Hälfte des fünften Kapitels *Analytisches Verdeutlichen* (Frege) zeigen u.a. zwei unterschiedliche methodische Antworten auf die auch als Erschütterung wahrgenommene Historisierung des Denkens, seiner Grundüberzeugungen und seiner Welt. Beide Antworten blenden diese Dynamisierung gewissermaßen aus – wenn auch wie bereits angedeutet, in unterschiedlicher Weise. Der *turn* zur Sprache an der Schwelle des 20. Jahrhundert spannt somit die dritte Achse auf.

Im vierten Kapitel *Hermeneutisches Verstehen* wird der Versuch skizziert, der historischen Dimension in unserem Weltverständnis einen systematischen Platz im methodischen Weg zur Erkenntnis zu verschaffen. Der zweite Teil des fünften Kapitels *Analytisches Verdeutlichen* folgt mit Austin einer sprachanalytischen Entwicklung, die ebenfalls die situative Gebundenheit aller

Sprachbedeutung in den Mittelpunkt rückt. Schließlich werden im sechsten und siebten Kapitel unter *Diskursives Ordnen* und *Dekonstruktives Fragen* zwei noch sehr junge Methoden vorgestellt, die beide auf ihre Art versuchen, das Zusammenspiel von Denken, Sprache und Realität mittels einer Analyse der historisch-variablen (philosophischen) Theoretisierungen zu begreifen. Dass hier die Chronologie – wie schon teilweise durch das vierte und fünfte Kapitel – gebrochen wird, ist dadurch begründet, dass die historisch-philosophische Diskursanalyse zwar die Prämissen modernen Denkens infrage stellt, diesem Denken aber aus der Perspektive der Dekonstruktion insgesamt verhaftet bleibt. Letztere ist radikaler in ihrem Anspruch – weshalb sie dieses Methodenbändchen abschließt.

Im Einzelnen orientiert sich der Aufbau der sieben Kapitel an der Problemstellung, d.h. an den Fragen, auf die mit dem methodischen Vorschlag geantwortet wird. Jedes der sieben Kapitel beginnt mit knappen philologischen Hinweisen zur Herkunft der namengebenden Adjektive sowie ggf. auf Verwendungen in anderen Zusammenhängen. Dann werden sowohl das theoretische Problem als auch die Relevanz und der Gewinn skizziert, die in der Erneuerung der Methode liegen. Dem folgen schlaglichtartige Hinweise zu näheren und weniger nahen Anschlüssen – wobei auch diese in einem dreifachen Sinne zu verstehen sind: chronologisch, mimetisch, transformativ. Die einzelnen Methoden werden hier weder kritisch diskutiert oder bewertet noch gegeneinander abgewogen bzw. aneinander gemessen – sie sollen vorgestellt werden und die Lust am Philosophieren stärken. Dafür werden, sofern eindeutig vorhanden, vor allem methodisch-programmatische Texte herangezogen: die *Kritik der reinen Vernunft* (1781/7), die *Wissenschaft der Logik* (1812) u.a., *Funktion und Begriff* (1891) und *Über Sinn und Bedeutung* (1892), *Philosophie als strenge Wissenschaft* (1911), *Wahrheit und Methode* (1960), *How to do Things with*

Words (1962), *L'ordre du discours* (1970) u.a. sowie *La voix et le phénomène* (1967) und *La différance* (1968). Die Aufforderung an die Leser lautet durchgehend: Bei Interesse unbedingt alle Texte selber lesen! Denn nur im Nach- und Mitdenken kann das eigene Denken im Philosophieren trainiert werden.[11]

Die Auswahl der sieben Methoden beruht keineswegs auf der Überzeugung, es gäbe gegenwärtig nicht noch andere philosophische Methoden. Das Gewicht wird hier vor allem deshalb auf solche Methoden gelegt, die gemeinhin der kontinentalen Tradition zugerechnet werden, weil eine knappe, überblicksartige Einführung ein Desiderat darstellt. Auch ist das vielleicht zu bemängelnde Ungleichgewicht dem sachlichen Grund geschuldet, dass etwa an den deutsch-, englisch-, oder französischsprachigen philosophischen Instituten in der Regel obligatorische Einführungskurse in die (formale) Logik, zuweilen auch in die (angloamerikanisch geprägte) analytisch genannte Sprachphilosophie und in die an den Naturwissenschaften orientierte Wissenschaftstheorie angeboten werden, aber selten Einführungskurse in die hier vorgestellten philosophischen Methoden.[12] Diese Lücke zu füllen ist ein Anliegen des vorliegenden Bandes. Ein weiteres Anliegen besteht darin, scheinbar unüberbrückbaren Differenzen ihren Platz zuzuweisen – denn oft sind die Differenzen kleiner als die Gemeinsamkeiten. Manchmal scheint es aber so, als müssten manche Anhängerinnen bestimmter ›Schulen‹ die Differenzen zur eigenen stabilen Identitätsbildung dennoch besonders hervorkehren. Darum geht es mir hier nicht. Deshalb wird trotz des Gebots einführender Kürze zum einen versucht, auch die Zusammenhänge zur Sprache zu bringen.

Zum anderen wird aber auch deutlich werden, dass die unterschiedlichen methodischen Zugangsweisen des 20. Jahrhunderts vielleicht nur eine einzige spezifische Differenz aufweisen: Während auf der einen Seite immer wieder gerade die eigenen, historisch bedingten Denkvoraussetzungen in kritischer Absicht infrage gestellt werden, findet auf der anderen Seite eine fulminante Ausdifferenzierung dieser Voraussetzungen statt. Der Fokus, so könnte man sagen, ist entweder (überwiegend) auf die den Veränderungen zugrunde liegenden Prämissen selbst gerichtet, oder (überwiegend) auf das, was aus ihnen – unter der Voraussetzung, dass sie zutreffen –, gefolgert werden kann, was innerhalb der von ihnen aufgespannten Räume denkbar ist und werden kann. Ich glaube nicht, dass diese immer auch methodische Entscheidung gute von schlechter oder richtige von falscher Philosophie unterscheidet. Im Gegenteil: Aus einer philosophisch-pragmatischen Perspektive ist das Aufdecken dessen, was das (einmal etablierte) Wissens- oder Wahrheitssystem zulässt, ebenso wissenswert wie die Befragung der systemrelevanten Prinzipien oder Überzeugungen selbst. Das philosophische Suchen und Forschen spielt hier auf verschiedenen Ebenen, die nicht gegeneinander ausgespielt werden sollten. Dazu ist das philosophische Nachdenken zu wertvoll.

Wertvoll und unbezahlbar ist auch die Hilfe meiner Kolleginnen und Freunde, die nicht nur das Projekt unterstützt, sondern auch das ganze Manuskript oder Teile davon in verschiedenen Fassungen kritisch gegengelesen und kommentiert haben. In diesem Sinne möchte ich mich sehr herzlich bei Heiner Alwart, Oliver Brokel, Gloria Freitag, Heinz Jiranek, Claus Kerscher, Anne Koch, Karl-Georg Niebergall, Stephan Packard, Martin Rechenauer, Sergej Seitz und Anna Wieder für ihre aufmerksame Lektüre, ihr Mitdenken und ihre ausdauernde Unterstützung bedanken. Mein Dank gilt ebenfalls Steffen Herrmann für sein umsichtiges und geduldiges Lektorat und Julia und Jonas für ihr Dasein.

1. Transzendentales Begründen

Philologisches: Wer philosophiekundig ist, assoziiert mit dem Prädikat ›transzendental‹ vermutlich unmittelbar Immanuel Kant. Zumindest das verwandte Substantiv ist allerdings schon sehr viel älter, denn im Mittelalter taucht der Begriff ›Transzendentalien‹ als Synonym zu ›Transzendentien‹ auf. Als solches wird es z.B. von Thomas von Aquin (1225/6–1274) im erkenntnistheoretischen Zusammenhang gebraucht (Thomas v. Aquin 1986). Zu dieser Wortfamilie gehört auch ›Transzendenz‹ oder das ›Transzendente‹, womit jenes bezeichnet werden soll, das über das Irdische hinausgeht, das Weltjenseitige, dasjenige, welches die Welt überschreitet. Das beiden Begriffen zugrunde liegende lateinische Verb ›transcendere‹ heißt zunächst nichts anderes als ›überschreiten‹. Im Unterschied dazu bezeichnen die Transzendentalien die allgemeinsten Eigenschaften des Seienden, wie etwa, dass es ist, Ausdehnung hat oder dass ihm immer bestimmbare Qualitäten zukommen. Mit der Frage nach den Transzendentalien überschreitet man denkend konkrete Eigenschaften konkreter Gegenstände auf das Allgemeine hin. Das bedeutet, von der besonderen Ausgestaltung des Konkreten zu abstrahieren oder abzusehen, um stattdessen das Augenmerk auf die Wesensmerkmale des Seienden zu richten, die jedes Seiende aufweist.[13]

›Transzendental‹ bei Kant: Kant behält diese abstrahierende Bedeutung von ›transzendental‹ bei. Zugleich verändert er die Bedeutung, indem er den Anwendungsbereich verschiebt: Er be-

zeichnet mit ›transzendental‹ die allgemeinsten Denkfunktionen, die vorausgesetzt werden müssen, um unsere Wahrnehmung überhaupt möglich zu machen. Das bedeutet, dass auch hier von den konkreten Inhalten des Denkens abgesehen wird, indem diese auf das Allgemeine hin überschritten werden. Aber es bedeutet auch, bereits im ersten Schritt die Frage von den allgemeinen Eigenschaften der wahrgenommenen Gegenstände zu den allgemeinen Voraussetzungen der Wahrnehmung selbst zu verschieben. Denn Kants Hypothese lautet, dass »*die Gegenstände* [...] *sich nach unserer Erkenntnis richten* [*müssen*]« (KrV B XVI). So sind es nicht mehr die allgemeinen Eigenschaften des Seins, sondern die Erkenntnisse über die Funktionen und Arbeitsweisen des Denkens selbst, die hier transzendental genannt werden: »Ich nenne alle Erkenntnis transzendental, die sich nicht sowohl mit Gegenständen, *sondern mit unserer Erkenntnisart von Gegenständen, insofern diese a priori möglich sein soll*, überhaupt beschäftigt.« (KrV B 25)

Transzendentale Erkenntnis: Erkenntnis ist hier in einem zweifachen Sinne zu verstehen: Einmal ist damit der erkennende, reflektierende Vorgang des (philosophischen) Untersuchens oder Forschens selbst gemeint. Und einmal sind die Ergebnisse dieser Reflexion gemeint, also all das, was sich über die Art und Weise, wie wir erkennen, wie wir Erfahrungen von Gegenständen machen können, herausfinden lässt. Somit darf ausschließlich denjenigen philosophischen Einsichten das Prädikat ›transzendentale Erkenntnis‹ zugeschrieben werden, die sich entweder auf die Tätigkeiten des Denkens selbst beziehen, durch die wir im weitesten Sinne etwas wahrnehmen, oder eben gerade auf den spezifischen Reflexionsvorgang, der dies untersucht. Das heißt, Kant bezeichnet mit ›transzendental‹ allgemein gültige Erkenntnisse über unseren Wahrnehmungsapparat, über die Ordnungsfunktionen und -elemente des Denkens – sowie alles Denken, das diese Erkenntnisse, und nur diese, liefert. Das philosophische Denken macht sich hier also selbst zum Gegenstand seiner Untersuchung. Es richtet sich reflexiv auf sich selbst, um die Frage zu beantworten, wie es Gegenstände denken bzw. erkennen kann – nicht ob und was es dabei spezifisch denkt. Eine Reflexion dieses Inhalts nennt Kant transzendentale Reflexion.

Transzendentale Methode: Uns geht es aber hier nicht primär um die Erkenntnisse, die sich in transzendentaler Reflexion gewinnen lassen, sondern um das, was vor allem die Neukantianer der Marburger Schule, wie etwa Hermann Cohen (1842–1918) oder Paul Natorp (1854–1924), als transzendentale *Methode* bezeichnet haben:[14] den spezifischen Weg, der denkend beschritten wird, um zu den Erkenntnissen zu gelangen, die die Arten und Weisen des Erfahrungen machenden Denkens betreffen. Am Anfang dieses Weges steht die methodische Leitfrage: Was an dem, was wir wahrnehmen, ist allein dem ordnenden System des Denkens geschuldet? Anders formuliert: Welche Funktionen stellt das Denken bereit oder muss es wenigstens potentiell mitbringen, damit wir überhaupt Gegenstände so wahrnehmen können, wie wir sie wahrnehmen? Oder noch spezifischer: Was an unserem Denken lässt uns nicht nur Erfahrungen machen, sondern lässt möglicherweise sogar Gegenstände allererst *als* Gegenstände erscheinen? Mit Kant gesprochen: Welche *apriorischen* Bedingungen ermöglichen es uns, Erfahrungen zu machen, Veränderungen wahrzunehmen, kausale Zusammenhänge etc. festzustellen, Gegenstände als Gegenstände zu erkennen? Für Kant sind ein und dieselben Denkfunktionen dafür zuständig: »*Die Bedingungen a priori einer möglichen Erfahrung überhaupt sind zugleich die Bedingungen der Möglichkeit der Gegenstände der Erfahrung. Nun behaupte ich: die eben angeführten Kategorien sind nichts anderes, als die Bedingungen des Denkens in einer möglichen Erfahrung, sowie Raum und Zeit die Bedingungen der Anschauung zu eben derselben enthalten.*« (KrV A 111)

Die Klärung der Frage nach den Möglichkeitsbedingungen erfolgt, metaphorisch gesprochen, über zwei Stufen, auf denen die gleiche methodische Leitfrage gestellt wird: Sind damit schon alle Möglichkeitsbedingungen oder Elemente gefunden, oder bedarf es doch noch weiterer Bedingungen? Methodisch geht Kant also von dem aus, was der Fall ist – wir machen denkend Erfahrungen –, um danach zu fragen, was genau unsere Art der Erfahrung möglich macht, was also notwendig vorausgesetzt oder angenommen werden muss, damit Wahrnehmung stattfinden kann. Auf der ersten Stufe nennt Kant die Notwendigkeit sinnlicher Eindrücke, die uns irgendwie berühren müssen, damit wir sie wahrnehmen können. Die Wahrnehmung erfolgt für Kant immer und ausschließlich in zwei grundlegenden Formen, in denen wir uns die Gegenstände präsentieren: räumlich und zeitlich. Im Anschluss untersucht er propositionale Sätze, also Urteile, die Aussagen über die Welt treffen, und fragt, welche Denkvorgänge einer Wahrnehmungserfahrung zugrunde liegen, die sich in einem Urteil wie »Dort liegt ein Ball« ausdrückt.

Für eine solche Feststellung identifiziert er dann neben den bereits genannten sinnlichen Eindrücken, die in Raum und Zeit vom Denken präsentiert werden, noch drittens unterschiedliche Denkvorgänge oder Formen, die bei der Wahrnehmung mit von der Partie sein müssen, weil sie die Eindrücke synthetisierend erfassen – Letztere nennt er reine Verstandesbegriffe oder Kategorien, »ohne deren Voraussetzung nichts als Objekt der Erfahrung möglich ist« (KrV A 93/B 126). Damit sind zunächst alle Elemente genannt, die an der Wahrnehmung eines Gegenstandes, aber auch z.B. an der Wahrnehmung von Zusammenhängen beteiligt sein müssen: »folglich wird die objektive Gültigkeit der Kategorien, als Begriffe a priori, darauf beruhen, daß durch sie allein Erfahrung (der Form des Denkens nach) möglich sei« (KrV A 93/B 126). Die Anschlussfrage lautet dann: Wie ist es möglich, dass die Einzelerlebnisse, -wahrnehmungen oder deren Zusammenhänge insgesamt nochmals eine Einheit bilden, d.h. zur zusammenhängenden Erfahrung eines einzelnen Bewusstseins werden? Kant befragt hier also nochmals die Ebene der bereits gefundenen Elemente oder Prozesse, die einen Erfahrungsvorgang ermöglichen. Seine Antwort ist in der *Transzendentalen Deduktion* nachzulesen: Es muss eine letzte, die Einheit eines Bewusstseins herstellende Synthese geben, die er *Ich* nennt. Damit ist kein individuelles, konkretes Ich gemeint, sondern eine letzte Vereinigungstätigkeit, die jedem Menschen, jedem Subjekt notwendig zugesprochen werden muss, soll es Erfahrungen machen können. »*Die synthetische Einheit des Bewußtseins ist also eine objektive Bedingung aller Erkenntnis, nicht deren ich bloß selbst bedarf, um ein Objekt zu erkennen, sondern unter der jede Anschauung stehen muß, um für mich Objekt zu werden, weil auf andere Art, und ohne diese Synthesis, das Mannigfaltige sich nicht in einem Bewußtsein vereinigen würde.*« (KrV B 138) Für Kant ordnet das Denken die mannigfaltigen sinnlichen Eindrücke anhand der Kategorien und vereint die so ermöglichten vielfältigen Wahrnehmungen nochmals im transzendentalen Ich oder Bewusstsein. Darin bestehen Handlungen, Arbeit und Aufgabe des Verstandes.

Transzendentale Methodenlehre: Nach der Klärung dieser Fragen in der *transzendentalen Ästhetik* und *Analytik*, die zusammen die *transzendentale Logik* bilden, folgt ein zweiter Schritt, der darin besteht zu zeigen, dass die Erfahrung nicht der einzige Anwendungsbereich ist, in dem die gefundenen Denkfunktionen oder -mittel angewendet werden. Sprich: Das Denken synthetisiert nicht nur sinnliche Eindrücke und fällt auf dieser Basis Urteile über die Welt, sondern es synthetisiert auch über die Erfahrung hinaus, was nach Kant zu falschen Schlüssen bzw. Scheinerkenntnissen führt. Wie das genau vor sich geht, ist Thema der *transzendentalen Dialektik*. So kann man sagen, dass im ersten

Teil der *Kritik der reinen Vernunft* zum einen die Mittel des Erfahrungen machenden Denkens aufgefunden werden und zum anderen deren richtiger und ein falscher Gebrauch durch die Vernunft gezeigt wird. Der Unterschied zwischen beiden ist Thema des zweiten Teils der *Kritik der reinen Vernunft*, der *transzendentalen Methodenlehre*. Dort reflektiert Kant die Ergebnisse erneut und erörtert, welche Mittel wie und wofür sinnvollerweise eingesetzt werden sollten – und wofür nicht. Die transzendentale Methodenlehre orientiert sich daher nicht mehr an der Frage nach den Möglichkeitsbedingungen der *empirischen* Erfahrung. Dennoch variiert sie die transzendentale Leitfrage, insofern sie skizziert, was die gewonnenen Einsichten über die erkenntnistheoretische Klärung hinaus bedeuten. So offenbaren die gewonnenen Einsichten, dass der richtige Gebrauch des Denkens in praktischer Hinsicht darin liegt, sich selbst zur Bedingung der Möglichkeit ethischer Normsetzung machen zu können.

Gehen wir nochmals einen Schritt zurück zum engeren Verständnis von ›transzendental‹, um zu zeigen, aus welchen Gründen Kant methodisch damit beginnt, nach den Möglichkeitsbedingungen der Erkenntnis der Gegenstände der Erfahrung zu fragen. Die Skizzierung des theoretischen Problems, mit dem sich Kant konfrontiert sah, erfolgt nochmals aus einer anderen Perspektive, um deutlich zu machen, inwiefern es sich dabei um den ersten Schritt in einem umfassenden Theorieprojekt handelt.

Die theoretische Situation: Einen neuen Weg zu beschreiten, der sicherer zu besseren Erkenntnissen führt, bildet für Kant den Ausgangspunkt der sogenannten *kritischen* Phase, deren Beginn mit dem Erscheinen der *Kritik der reinen Vernunft* 1781 markiert wird. Für Kant sieht sich die Philosophie seiner Zeit mit der unangenehmen Tatsache konfrontiert, dass kluge, vernünftig denkende Männer einander widersprechende Erkenntnisse produzieren. So behaupten die Metaphysiker, es gebe einen Gott, die Seele sei unsterblich und Freiheit sei theoretisch beweisbar, während die anderen, die Empiristen, all dies und darüber hinaus, vor allem in der Person Humes, selbst die Naturgesetzlichkeit leugnen, was mit der neuzeitlichen Physik schwer vereinbar war. Kant stellt sich vor diesem Hintergrund aber nicht nur die Frage, wie es möglich ist, dass die Vernunft zu einem »Kampfplatz« (KrV A VIII) einander widersprechender Überzeugungen geworden ist. Vielmehr fragt er sich, warum beide Kontrahenten auf ihren Irrtümern beharren, denn er hält beide Überzeugungen für grundsätzlich falsch. Auf beiden Seiten werden Behauptungen aufgestellt über Dinge, von denen seines Erachtens niemals jemand etwas mit Gewissheit sagen kann. Insofern handelt es sich auf beiden Seiten um eine unerlaubte Kompetenzüberschreitung, die auf eine Ignoranz der engen Grenzen des Feldes tatsächlich gewisser Erkenntnisse schließen lässt. Und dieses Feld begrenzt Kant eben auf all das, was er transzendental nennt.

Wichtig ist, dass es sich bei den genannten Irrtümern ohne Ausnahme um Behauptungen handelt, die nicht-empirischen Charakters sind, weil sie sich nicht beobachten bzw. nicht erfahren lassen. Hier werden Schluss*folgerungen* über die faktische Existenz oder Nicht-Existenz der Objekte zu den entsprechenden Vorstellungen gezogen, die nach Kant nicht gezogen werden dürfen. In der Sprache der *Kritik der reinen Vernunft* werden hier zu Unrecht synthetische Urteile a priori gefällt, d.h., es werden Behauptungen formuliert, ohne auf die Erfahrung Bezug nehmen zu können. Nun ist es nicht so, dass Kant diese Schlüsse in jeglichem Zusammenhang verdammen würde. Denn im Gegensatz zu den analytischen Urteilen, die ohnehin für Kant keine Erkenntniserweiterung mit sich bringen, versprechen nur synthetische Urteile einen zusätzlichen Erkenntnisgewinn. Denn diese liefern mehr Information als der gegebene Begriff, zu dem es einen korrespondierenden Gegenstand in der Anschauung gibt. Als banale Analogie sei das am empirischen Begriff ›Ball‹ gezeigt. Ein analytisches Urteil lautet: »Der Ball ist rund« – das Rund-Sein ist ›Ball‹ begrifflich inhärent. Ein synthetisches Urteil hingegen lautet: »Der Ball ist rot« – das Rot-Sein ist keine wesentliche Eigenschaft von ›Ball‹ und insofern die Erkenntnis über den Begriff des beurteilten Gegenstands hinaus erweitert. Synthetische Erfahrungsurteile sind aus dieser Perspektive unproblematisch.

Kant geht es also darum, genau festzulegen, wo es zulässig ist, ein solches erweiterndes Urteil zu fällen, und wo nicht. Also formuliert er in der Einleitung: *»Die eigentliche Aufgabe der reinen Vernunft ist nun in der Frage enthalten: Wie sind synthetische Urteile a priori möglich*?« (KrV B 19) In aller Kürze lautet die Antwort auf das Wie: Sie sind möglich, weil das wahrnehmende Denken spontan Synthesen herstellt und weil alles, was unser Bewusstsein ausmacht, auf der synthetisierenden Einheit unseres transzendentalen Ichs beruht. So liefert uns die Antwort auf das Wie wenigstens einen Hinweis dafür, wie es zu den genannten Irrtümern kommt: Diese synthetisierende Kompetenz wird von der Vernunft missbraucht, indem sie auch über solche Vorstellungen synthetische Urteile fällt, zu denen sie gar keine wahrgenommenen Gegenstände zur Hand hat. Da sie damit Urteile fällt, die über die empirisch gegebenen Data hinausgehen, produziert sie Synthesen, die Kant als falsch ablehnt. Das ist aber noch keine Antwort auf die Frage, wo, d.h. in Bezug auf welche ›Gegenstände‹ synthetische Urteile gefällt werden dürfen.

Die Lösung: Um der genannten Aufgabe gerecht zu werden und um hierauf eine Antwort zu finden, schlägt Kant einen neuen, von ihm als *kritisch* bezeichneten Weg ein: Er befragt das Denken bzw. die Vernunft selbst, warum und wie sie auf höchstem Niveau falsche Behauptungen aufstellen kann, mit welchen

Mitteln sie diese verteidigt und ob und wie sich ein Ausweg aus diesem (scheinbaren) Dilemma finden lässt. Die Vernunft kritisieren bedeutet demnach zunächst, dass sich das Denken auf sich selbst gerichtet fragt, welche Erkenntnisse es wie produziert, ob und welche dieser Produkte einen unumstößlichen, d.h. apodiktischen Status beanspruchen dürfen – und welche nicht. Den kritischen Weg einzuschlagen bedeutet aber auch, zeigen zu müssen, unter welchen Bedingungen oder Voraussetzungen die falschen Überzeugungen der Philosophen möglich geworden sind. Und es bedeutet vor allem, Mittel an die Hand zu geben, die fürderhin solche Irrtümer und folglich Widersprüche, die die Vernunft selbst herstellt, zu vermeiden helfen. Insgesamt entspricht dieses Aufgabenspektrum den methodischen Überlegungen, die Kant in der *transzendentalen Methodenlehre* vornimmt.

Die Aufgabenstellung: In der *Kritik der reinen Vernunft* beschreibt und vollzieht Kant gleichzeitig das neue kritische Denken. So stellt er sein Projekt mitsamt den bereits gewonnenen Erkenntnissen vor und macht zugleich die Notwendigkeit dieses Projektes einsichtig. Die Vernunft kritisch zu befragen bedeutet daher keinesfalls, eine der beiden streitenden Positionen mit noch besseren Argumenten zu stützen, sondern vor den Widerstreit zurückzugehen, indem gezeigt wird, wie dieser sich entwickeln konnte. So finden wir auch hier wieder die transzendentale Fragehaltung, die wissen will, *was den Streit möglich macht oder welche (Denk-)Bedingungen gegeben sein müssen, damit er entstehen konnte, bzw. welche Denkmuster oder -gewohnheiten ihm zugrunde liegen.* Die kritische Selbstbefragung der Vernunft bringt Kant zu der Einsicht, dass die Vernunft Irrtümer produziert, indem sie sich in dogmatischen oder skeptischen Denkschleifen verliert. Dadurch zieht sie – in Hume oder Leibniz personifiziert – falsche Schlüsse, z.B. auf die Existenz oder Nicht-Existenz Gottes, die sie einfach als tatsächliche Vernunfterkenntnisse ausgibt und verteidigt. Darüber gilt es aufzuklären, um solche Fehler in Zukunft zu vermeiden. Gleichermaßen gilt es aber auch festzustellen, ob es nicht – gegen die skeptischen Einwände der Empiristen – doch Erkenntnisse gibt, von denen sich sagen lässt, sie seien apodiktisch gewiss. Und, ob es für die Ideen Gott, Unsterblichkeit der Seele und Freiheit nicht doch – gleichsam zur Versöhnung mit den Metaphysikern – eine sinnvolle Verwendung jenseits der Frage nach ihrer tatsächlichen Existenz geben könnte.

Insgesamt ergibt sich also für Kants Projekt folgende Aufgabenstellung: Erstens gilt es zu fragen, ob es tatsächlich unumstößliche, d.h. apodiktische Erkenntnisse gibt und wie sie gegebenenfalls aussehen. Diese sollen nicht nur unbezweifelbar, sondern auch unabhängig von empirischen Veränderungen gelten, also rein ›aus der Vernunft stammen‹. Solche Erkenntnisse zu finden hält Kant insbesondere für nötig, um den auf Erfahrung beruhenden Naturwissenschaften ein unumstößliches Fundament zu geben. Zweitens muss gezeigt werden, wie und warum die Vernunft jene Irrtümer produziert, die die Philosophie zu einem Kampfplatz gegensätzlicher Überzeugungen haben werden lassen. Weil nach Kant die Irrtümer daher kommen, dass die Vernunft mehr zu wissen behauptet, als sie tatsächlich wissen kann, also im falschen Zusammenhang synthetische Urteile bildet, spricht Kant hier von der Notwendigkeit einer kritischen Selbstbeschränkung, die der (spekulativen) Vernunft auferlegt werden muss. D.h., die Vernunft soll aufhören, Ideen als Wahrheiten auszugeben, obwohl sie deren Wahrheitsgehalt gar nicht beweisen kann. Zudem will Kant auf diese Weise die Vernunft nicht nur von falschen Vorstellungen befreien, sondern diese Reinigung macht sie drittens erst für ihre einzig richtige Aufgabe bereit. Diese sieht er darin, als reine und freie Vernunft fürderhin die Bedingung der Sittlichkeit, d.h. der ethischen Normen sein zu können. Dies impliziert auch die Fähigkeit, die gesellschaftliche Ordnung sowohl rechtlich als auch im unmittelbaren Umgang miteinander begründen zu können. Die drei genannten Schritte umreißen in groben Zügen das kritische Projekt. Sie zu gehen ist für Kant unausweichlich, denn »[d]er kritische Weg ist allein noch offen« (KrV A 856/B 884).

Zusammenfassung: Das kritische Projekt besteht also aus mehreren großen Teilprojekten. Diese stehen in einem systematischen Zusammenhang, weil die zuerst gewonnenen Erkenntnisse u.a. die Mittel für den Fortgang der weiteren Erkenntnisgewinnung bereitstellen. So lassen sich die einzelnen Teile der *Kritik der reinen Vernunft* unter dieser Perspektive nochmals wie folgt beschreiben. Der erste, längere Teil, die *transzendentale Elementarlehre*, d.h. genauer die *transzendentale Logik*, ist den bereits genannten Bedingungen der Möglichkeit der Erkenntnis von Erfahrungsgegenständen gewidmet. Im Anschluss wird in der *transzendentalen Dialektik* erörtert, wie und warum die Vernunft bestimmte gegensätzliche wie irrtümliche Vorstellungen produziert, an deren Wahrheitsgehalt sie skeptisch oder dogmatisch festhält. Damit sind die ersten Schritte des neuen kritischen Weges gegangen. Ihr systematischer Zusammenhang und der richtige Gebrauch des Denkvermögens sind dann Thema der *transzendentalen Methodenlehre*. Hier wird im dritten Schritt gezeigt, dass die selbstbeschränkende Reinigung der Vernunft erst deren eigentlich produktive Aufgabe erkennen lässt, nämlich die gesellschaftliche Ordnung auf dem Begriff der reinen, freien Vernunft begründen zu können.

Die gesellschaftliche Relevanz: Nun kann man sich fragen, warum es für Kant überhaupt wichtig war, diese Fragen zu stellen. Ging es hier darum, die Philosophie zu befrieden, also um einen rein philosophieinternen Diskurs? Oder hatte dieser philosophische Disput zwischen den dogmatischen Metaphysikern und den skeptischen Empiristen Auswirkungen über die Grenzen der akademischen Philosophie hinaus? Selbstverständlich Letzteres! Denn mit diesem Streit standen aus kantischer Perspektive gleich zwei gesellschaftspolitische Fundamente auf dem Spiel: einerseits die Begründung der Natur*wissenschaften*, die seit der Frühen Neuzeit für Fortschritt standen, und andererseits die Begründung der *Sittlichkeit*, d.h. der gesellschaftlichen Ordnung. Wenn nun die Skeptiker sowohl die Naturgesetzlichkeit als auch die Existenz Gottes leugnen und die Alternative bislang darin bestand, zusammen mit den Dogmatikern die Existenz Gottes einfach unbegründet vorauszusetzen, dann konnte von einer vernünftigen Begründung dieser beiden gesellschaftlich so wichtigen Aufgaben keine Rede sein. Es ging Kant also nicht darum, in einer rein innerphilosophischen Auseinandersetzung Recht zu behalten. Vielmehr ging es ihm darum zu zeigen, dass eine Gesellschaft, deren religiöse wie naturwissenschaftliche Grundüberzeugungen vonseiten der Empiristen skeptisch in Abrede gestellt worden waren, dennoch ihre Aufgaben, wie Fortschritt durch Wissensvermehrung und Sittlichkeitserhalt, bewältigen konnte. Und das aufgrund tatsächlich *vernünftiger* Einsichten, also auf der Basis dessen, was die Vernunft selbst redlicherweise zu denken vermag. Von dem kantischen Projekt einer *kritischen Selbstaufklärung der Vernunft* war also die Gesellschaft in einem weitaus größeren Ausmaß betroffen, als der akademische Streit der Philosophen, der ihren unmittelbaren Anlass bildete, zunächst ahnen lässt.

So zeigt sich insgesamt, dass die Zielsetzung des kritischen Projekts weder nur in einem quantitativen Erkenntniszuwachs besteht, noch nur darin, eine neue und bessere, weil adäquatere Methode vorzuführen, sondern darüber hinaus auch darin, aus der Philosophie heraus einen, wenn nicht *den* gesellschaftlich relevanten Beitrag zu leisten. Diesen Anspruch verfolgen viele Philosophen bis heute – vor allem diejenigen, die sich im kritischen

Fahrwasser Kants bewegen. Soll das gelingen, gilt es, die einzelnen Teilprojekte nacheinander abzuarbeiten – wobei zu bemerken ist, dass Kant nach seinen eigenen Worten in der *Kritik der reinen Vernunft* nur den Bauplan entwirft. Die eigentliche wissenschaftliche Arbeit besteht freilich darin, einerseits auf dem Fundament der gewonnenen Erkenntnisse das empirisch mögliche Wissen zu mehren – auch wenn dieses immer nur ein vorläufiges bleiben wird. Gedacht ist hier auch an anthropologische Erkenntnisse. Denn die Anthropologie dient dazu, an der freigesetzten Vernunft orientiert die je historisch angemessene gesellschaftliche Ordnung in Form von ethischen Normen zu entwerfen. Für Kant stehen empirische und kritische Aufklärung in einem wechselseitigen Bedingungsverhältnis, das in der transzendentalen selbstaufklärenden Fragehaltung der Vernunft seinen Ausgang nimmt bzw. nehmen muss.

Erweitertes Verständnis von ›transzendental‹

Transzendentale Fragehaltung: In einem erweiterten Sinne kann man im Anschluss an Kant sagen, dass jede Untersuchung, die versucht, die Möglichkeitsbedingungen dessen, was (gegenwärtig) der Fall ist, aufzufinden, sich zumindest einer transzendentalen Frage*haltung* bedient. Entscheidend ist dabei, dass die Frage nach den Möglichkeitsbedingungen der Erfahrung, des richtigen Gebrauchs der Vernunft darauf aus ist, *notwendige Bedingungen* zu formulieren. Notwendige Bedingungen machen etwas möglich, das ohne sie nicht realisierbar wäre. Aber sie erzeugen oder verursachen es nicht, sie sind *keine* hinreichenden Bedingungen. D.h., wenn sie gegeben sind, muss das, wofür sie eine notwendige Voraussetzung darstellen, noch lange nicht eintreten. So wird niemals ein Apfel wachsen, wo es keine Apfelblüte gab, weshalb die Blüte eine notwendige Bedingung des Apfels darstellt. Aber eine Apfelblüte garantiert noch lange nicht, dass auch tatsächlich ein Apfel wächst – dazu müssen weitere Bedingungen erfüllt sein, d.h., sie allein ist kein *hinreichender* Grund. In diesem Sinne heißt es etwa bei Michel Foucault, dessen Diskursanalyse im sechsten Kapitel thematisiert wird und der dieser fragenden Haltung verpflichtet ist: »Zu zeigen, wie [etwas] möglich war, bedeutet nicht, was in jedem Fall ein vergebliches Unterfangen wäre, zu zeigen, daß [etwas] notwendig gewesen wäre [...]. Sagen wir einfach, daß das, was es erlaubt, das Wirkliche verständlich zu machen, einfach in dem Nachweis besteht, daß es möglich war.« (Foucault 2006: 58)

Transzendentale Argumentation: Die zuletzt genannte weitere Bedeutung von ›transzendental‹ findet sich auch in der sogenannten analytischen Philosophie der Gegenwart. Auch hier wird die Reflexion auf sämtliche Bedingungen, die gegeben sein müssen, damit etwas der Fall sein kann, als transzendentale Argumentation bezeichnet (Skirbekk 1977: 473). Damit findet eine Verschiebung des Anwendungsbereiches dieser Methode statt, weil so nicht nur die Denkvoraussetzungen, sondern auch jede andere Art von Voraussetzungen in Betracht gezogen werden. Die Annahme, dass die Ergebnisse eines solchen Rückgangs auf die notwendigen Voraussetzungen tatsächlich wahr sind, wird so begründet: Transzendentale Argumente oder auch Letztbegründungen sind solche, die nicht (mehr) sinnvoll bestritten werden können. Das liegt daran, dass jedes Argument, das gegen die infrage stehende Einsicht hervorgebracht werden könnte, immer schon implizit selbst gerade diese Einsicht verwenden muss: »Transcendental arguments seek to answer scepticism by showing that the things doubted by a sceptic are in fact preconditions for the scepticism to make sense.« (Harrison 1998: 452) Eine solche Art der Beweisführung – zu zeigen, dass die Argumentation selbst die gewonnene Erkenntnis voraussetzt und dass sie deshalb nicht sinnvoll bestritten werden kann – findet sich bereits bei Aristoteles. Dort heißt sie ›elenktische Beweisform‹ (vgl. Rapp 1993). Sie wird von Descartes im methodischen Zweifel vollzogen, von Kant in der transzendentalen Reflexion verwendet, von Husserl in der transzendentalen Phänomenologie, von Sartre zum Nachweis der grundlegenden Strukturen des Bewusstseins und kommt nicht zuletzt im transzendentalpragmatischen Ansatz bei Apel erneut zum Tragen. Dabei geht es immer darum, die Voraussetzungen offenzulegen, die gegeben sein müssen, damit das, was der Fall ist oder was getan wird – wie etwa sprachlich auf Gegenstände Bezug nehmen, zweifeln, wahrnehmen, argumentieren etc. –, überhaupt Realität werden konnte.

Eine solche Voraussetzung ist mehr als eine schlichte *conditio sine qua non*, wie eine Bedingung genannt wird, ohne die nichts zustande kommt, da sie eine selbstreferenzielle Form hat. Eine Lesart der kritischen Philosophie Kants, wie auch der anschließenden Philosophie Fichtes, interpretiert die transzendentale Reflexion ontologisch.[15] Das bedeutet, dass das reflektierende Denken sich nicht nur auf sein eigenes Denkvermögen richtet, um herauszufinden, wie Erfahrung möglich ist, sondern sich zugleich in, durch oder während dieser Reflexion allererst als kritische Vernunft konstituiert. Dabei kopiert das Denken gewissermaßen die Denkvorgänge, die es untersucht, indem es sich genau wie das wahrnehmende Denken auf einen Gegenstand richtet. Der entscheidende Unterschied besteht darin, dass es sich hierbei nicht um einen empirischen Gegenstand handelt, sondern um das Denken selbst. Die transzendentale Reflexion eröffnet dann nicht bloß neue Erkenntnisse über das wahrnehmende Denkvermögen, sondern stellt sich zugleich als *neue* Vernunft her, die erst so im oben genannten Sinne die Bedingung für die ethische Normsetzung abgeben kann. Die vorgeführte oder dargestellte Argumentation beweist im gleichen Atemzug die neue Denkungsart, indem sie ihre eigenen Möglichkeitsbedingungen aufzeigt. Diese Lesart zu vertiefen ist hier nicht der Ort. Sie scheint mir aber einen wesentlichen Grundzug der Moderne auf das kantische Denken zurückzuführen und so verständlich zu machen: die mögliche Selbsterschaffung neuen Denkens durch (aufklärende) Reflexion auf das, wie bislang gedacht wurde.

Affirmativ-transformierende Anschlüsse: Drei der genuin philosophisch-*methodischen* Anschlüsse scheinen mir im heutigen akademisch-geisteswissenschaftlichen Diskurs wichtig: Husserls transzendentale Phänomenologie, Apels transzendentalpragmatischer Ansatz sowie Foucaults Archäologie auf der Suche nach dem historischen Apriori.[16] Es sei nochmals betont, dass damit keine allgemeinen Anschlüsse an Kants Philosophie gemeint sind – wie wir sie etwa bei den Neukantianern um die Wende zum 20. Jahrhundert in Marburg, Wien oder München finden. Es geht um *methodische* Anschlüsse, die unter anderem daran erkennbar sind, dass sich die genannten Protagonisten begrifflich an Kant anlehnen. Gemeinsam ist ihnen neben der transzendentalen Fragehaltung, dass der Gegenstand ihrer Untersuchungen im weitesten Sinne das (theoretisierende) Denken selbst ist; in diesem weiten Sinne sind sie alle Ausdruck moderner, reflexiv-selbstreferenzieller Theoriebildung. Mit Blick auf ihre Zielsetzung und die Voraussetzungen bzw. Grundüberzeugungen divergieren sie allerdings erheblich. Während Husserl und Apel davon überzeugt sind, dass es unhintergehbare Letztbegründungen oder Geltungsnotwendigkeiten im Denken gibt, die es zu explizieren gilt, sucht Foucault als »Historiker des Denkens« (Foucault 2005: 960) gerade nach den soziokulturell bedingten und daher historisch variablen Denkmustern, die bestimmen, welche Aussagen im Rahmen einer je spezifischen geschichtlichen Situation als Erkenntnisse Geltung erlangen und welche nicht.

Diese Differenzen zeigen sich in ähnlicher Weise angesichts der jeweils gesetzten Ziele: Während Husserl ein primär erkenntnistheoretisches Interesse verfolgt, indem er die notwendigen und unveränderlichen Möglichkeitsbedingungen der Gegenstandskonstitution weitergehend analysiert, besteht Apels Ziel darin, diese Möglichkeitsbedingungen so zu erweitern, dass sie ein unbezweifelbares Fundament der Ethik bereitstellen. Foucault hingegen geht es neben der Frage danach, aufgrund welcher Bedingungen das, was der Fall ist, werden konnte, auch um die Frage, aufgrund welcher soziokulturell-historischer Bedingungen die Wissenschaften Wissen als ›wahre Erkenntnis‹ deklarieren, Wissen also als solches anerkennen. Diese Frage impliziert immer auch die selbstkritische Frage, wie und warum das Denken des Untersuchenden so funktioniert und fragt, wie es gerade – seinerseits mit Erkenntnisinteresse – fragt. Bei diesen Bemerkungen möchte ich es in Bezug auf Husserls Phänomenologie und Foucaults Diskursanalyse an dieser Stelle vorerst belassen, da diese Einführung ihnen je ein eigenes Kapitel widmet. Das gilt nicht für Apels transzendentalpragmatischen Ansatz – weshalb hier kurz auf ihn eingegangen wird.

Karl-Otto Apel: Apel transformiert seinen eigenen Angaben zufolge die kantische Frage nach den Bedingungen der Möglichkeit der Erfahrung in die Frage nach den unhintergehbaren Voraussetzungen, die immer dann gemacht werden, wenn wir sprechen bzw. argumentieren. »Transzendentalphilosophie als Transzendental-Pragmatik der Sprache bzw. der Kommunikation [hat] mit einer über Kant hinaus radikalisierten Reflexion auf die nichthintergehbaren Bedingungen der Möglichkeit der diskursiven Argumentation zu beginnen.« (Apel 1982: 16) Hier wird die Sprache als Darstellungsmedium und Ort der Kommunikation bzw. der Intersubjektivität, insofern damit sinnvolles Sprechen gemeint ist, als notwendige Bedingung der Möglichkeit, ethische

Ansprüche begründet formulieren zu dürfen (und zu müssen), ausgewiesen. Apel spricht deshalb auch vom Apriori der Kommunikationsgemeinschaft (Apel 1973). So geht es Apel darum, für die ethische Argumentation ein letztbegründendes Fundament zu formulieren, das sich nicht mehr sinnvoll bestreiten lässt. Die Idee ist erneut, dass jemandem, der bestreitet, dass es normative Begründungen mit universeller Geltung gibt, nachgewiesen werden kann, dass er, *um dies zu bestreiten, das Bestrittene bereits in Anspruch nimmt, d.h. selbst verwendet.* Wir haben es also der Form nach mit einem transzendentalen Argument im oben genannten Sinne zu tun, das hier nicht auf propositionale, sondern auf normative Sätze und deren Begründung angewendet wird. Der Nutzen eines solchen Arguments besteht darin, dass es selbst, seine Geltung und sein Verpflichtungscharakter nicht mehr in Abrede gestellt werden können. Es soll daher – argumentativ – selbstdurchsetzend sein und schließt implizit diejenigen aus der Gemeinschaft sinnvoll Sprechender aus, die dennoch daran zweifeln oder sich nicht an die dergestalt begründeten Normen halten. Im ersten Fall begehen sie einen performativen Widerspruch in ihrer Argumentation. Im zweiten Fall handeln sie gegen die vernünftige Einsicht, also irrational.[17]

2. Dialektisches Rekonstruieren

Philologisches: Dialektisch als Adjektiv zu Dialektik (διαλεκτικη) ist ein Wort mit einer langen philosophischen Tradition. Die Dialektik ist verwandt mit dem altgriechischen Wort ›Dialog‹ (διαλογος), auf Deutsch: das Zwiegespräch bzw. die Rede zwischen Sprechenden – oder das Gespräch überhaupt, wobei Dialektik bereits dem Ursprung nach ein spezifisch terminologisch verwendetes, philosophisches Wort ist.[18] Es bezeichnet eine näher bestimmte Gesprächsform, durch die Gedanken und Erkenntnisse entwickelt werden können. So versieht etwa Platon die Dialektik mit einer erkenntnistheoretischen Bedeutung und einer methodischen Funktion: aus der Diskussion *entgegengesetzter* Meinungen erwächst sie als Theorie des Wissens. Bei Aristoteles hat Dialektik zwei systematische Orte und Bedeutungen, zum einen im *Organon* in den Ausführungen zur *Topik* als Teil der Logik, zum anderen am Ende des *Organon*, wo sie unter rhetorischen Aspekten erörtert wird. Dabei geht es Aristoteles vor allem darum, die Dialektik als eine erlernbare Form der Gesprächsführung auszuweisen, anhand deren – das Argumentationsziel fest im Blick – der Redner den Angriff auf die entgegengesetzte Position so führt, dass seine Konklusion am Ende als einzig richtiger Schluss aus dem Gesagten hervorgeht. In diesem Sinne stellt das dialektische Gespräch von der Antike bis in das ausgehende Mittelalter eine Argumentationspraxis dar, in der und durch die Gegenstandpunkte zum einen als obsolet erwiesen werden können und sich zum anderen die eigene These, das Argumentationsziel, als wahr ausweisen lässt.[19]

Dialektik bei Hegel: In der Neuzeit verändert sich die Bedeutung von ›dialektisch‹ – vor allem durch die Verwendung bei Kant und erneut prominent bei Hegel. Bei Kant bezeichnet Dialektik einen Aspekt der Art und Weise, in der sich die Vernunft in Irrtümer verstrickt.[20] Die gegensätzlichen ›vernünftigen‹ Standpunkte, die Kant dogmatisch und empiristisch nennt, erscheinen Kant wie ein dialektischer Disput – allerdings nur in Bezug auf *vermeintliche* Erkenntnisse. Der Disput ergibt sich nämlich nur, weil die spekulierende Vernunft auf beiden Seiten Schlüsse auf die Existenz oder Nicht-Existenz gedachter Objekte zieht, die sie eigentlich nicht ziehen dürfte. Hegel bestreitet diese Analyse Kants vehement. Nicht nur sieht er keinerlei Anlass, die Vernunft in ihre Schranken zu weisen, womit Hegel die spekulative Erkenntnissphäre der Vernunft rehabilitiert. Er erhebt die Dialektik darüber hinaus sogar zur Bewegungsform des Werdens schlechthin. Hegel sieht in ihr den »Gang der Sache selbst [, der] sich in der Entwicklung der Philosophie darstellt«[21]. Man muss ergänzen: Der Gang der Sache selbst stellt sich auch in der Entwicklung der Philosophie dar, weil es nach Hegel nichts gibt, das nicht dialektisch geworden wäre, wird und werden könnte. Dialektik ist nicht mehr bloß eine erkenntnistheoretische Methode, die instrumentell auf das anzuwenden wäre, was erkannt werden soll. Sie beschreibt auch nicht nur den korrekten Weg hin zu dem, was erkannt wird, sondern sie beschreibt als Weg immer auch schon das Erkannte selbst, sie *ist* wesentlicher Teil des Erkannten, das immer auch selbst einem dialektischen Werden unterworfen ist.

Die Dialektik, so ließe sich in Fausts Worten sagen, ist das, »was die Welt im Innersten zusammenhält« (Goethe 1996: Z. 382 f.) – und zwar von einem »Geist, der stets verneint!« (Goethe

1996: Z. 1338). Dabei ist die Welt oder das Wirkliche insgesamt für Hegel kein statisches, unbewegtes Sein, sondern ein »bacchantischer Taumel, an dem kein Glied nicht trunken ist«[22]. Das Bewegende in diesem Taumel, das das Werden erzeugt bzw. ihm inhärent ist, ist der dialektische Prozess, der durch ein Prinzip der Selbstbewegung angetrieben wird, das ›Negativität‹ genannt wird. Das soll ausdrücken, dass alle Stadien oder Momente gerade dadurch miteinander verbunden sind, dass sie nicht (mehr) das je andere sind. Durch dieses ›Nicht‹ sind sie miteinander verbunden, es bestimmt den einen Moment als nicht der bzw. die anderen seiend, die wie einzelne Momentaufnahmen, welche sich im Taumel der Veränderungen schon wieder davongestohlen haben, etwas anderes geworden sind und daher ihren vorherigen Zustand verneinen. Ein von Hegel häufig verwendetes Beispiel ist die Knospe, die durch die Blüte verneint wird, und diese wiederum durch die Frucht. Obwohl sie gewissermaßen alle momenthaft Teil eines Ganzen, eines werdenden Resultates sind, lässt sich ihr innerer Zusammenhang als gegenseitiges Nicht-Sein, mithin als negierende Relation beschreiben.

»Die Knospe verschwindet in dem Hervorbrechen der Blüte, und man könnte sagen, daß jene von dieser widerlegt wird; ebenso wird durch die Frucht die Blüte für ein falsches Dasein der Pflanze erklärt, und als ihre Wahrheit tritt jene an die Stelle von dieser. Diese Formen unterscheiden sich nicht nur, sondern verdrängen sich auch als unverträglich miteinander. Aber ihre flüssige Natur macht sie zugleich zu Momenten der organischen Einheit, worin sie sich nicht nur nicht widerstreiten, sondern eins so notwendig als das andere ist, und diese gleiche Notwendigkeit macht erst das Leben des Ganzen aus.« (PdG 1986, 3: 12)

Werdensprinzip: Die Dialektik ist also bei Hegel das Werdensprinzip schlechthin, das nicht nur voneinander Verschiedenes auseinander hervorgehen lässt, sondern das Verschiedene auch miteinander verbindet. Sie ist das Einzige, dem der Status des Ewigen, an sich selbst Unveränderbaren zukommt, weil sie eben die Bewegungsform des unaufhörlichen Werdens selbst ist. Das bedeutet allerdings nicht, dass es diese Bewegungsform ohne das Werdende gäbe; sie ist als konstitutive Bedingung lediglich gedanklich isolierbar. Will man also verstehen, was Dialektik bei Hegel bedeutet, muss man versuchen, den Wunsch nach klar und strikt voneinander getrennten Entitäten, Benennungen, Definitionen, Begriffen aufzugeben. Man muss versuchen, sich darauf einzulassen, dass Hegel unterschiedliche Aspekte einer vieldimensionalen Selbstbewegung beschreibt, die die Wirklichkeit *ist*. Die Effekte dieser umfassenden und in jedem Detail tätigen Selbstbewegung sind das, was geworden ist und wird, was wir wahrnehmen können inklusive unserer selbst sowie aller menschlichen Ordnungsleistungen, wie etwa Sozialität, Normen etc. Diese Selbstbewegung macht als Bewegung auch und insbesondere das Denken selbst aus. Schließlich kann sich die dialektische Selbstbewegung des Werdens auch selbst beobachten und darstellen – in diesem Falle ist sie philosophische Wissenschaft:

»ich weiß [...], daß sie [die dialektische Methode] die einzige wahrhafte ist. Dies erhellt für sich schon daraus, daß sie von ihrem Gegenstande und Inhalte nichts Unterschiedenes ist; – denn es ist der Inhalt in sich, *die Dialektik, die er an ihm selbst hat*, welche ihn fortbewegt. Es ist klar, daß keine Darstellungen für wissenschaftlich gelten können, welche nicht den Gang dieser Methode gehen und ihrem einfachen Rhythmus gemäß sind, denn es ist der Gang der Sache selbst.«[23]

So gilt es einerseits, mit Hegel verschiedene Facetten oder Aspekte zu unterscheiden, ohne dabei andererseits aus dem Blick zu verlieren, dass es sich immer nur um verschiedene Hinsichten auf die eine werdende Wirklichkeit handelt. Die unterschiedlichen Aspekte des dialektischen Werdens werden von Hegel nacheinander dargestellt: Einmal mit dem Fokus auf das konkret Gewordene, das man als die ontologischen Effekte des dialektischen Werdens bezeichnen könnte, und einmal mit dem Fokus auf das daraus zu abstrahierende *Wie* der dialektischen Bewegung selbst, das den dialektischen Prozess nicht nur als den zurückgelegten Weg, als μεθοδος allen Werdens auszeichnet, sondern als abstrakte ewige Form des Werdens selbst. Und schließlich ist alles zusammen für Hegel Ausdruck des Absoluten bzw. das Absolute selbst.

Ontologische Effekte: Die ontologischen Effekte des Werdens stellt Hegel in drei Werken dar: in der *Phänomenologie des Geistes*, in den drei Bänden der *Enzyklopädie der philosophischen Wissenschaften* (1817–1830)[24] sowie in den *Grundlinien der Philosophie des Rechts* (1821).[25] Die *Phänomenologie* ist eine Darstellung der dialektischen Entwicklung des einzelnen Bewusstseins und der Gegenstände, von denen es Bewusstsein ist, sowie des Zusammenspiels dieser beiden Entwicklungen. Sie beginnt bei der unmittelbaren sinnlichen Erfahrung und geht bis zum absoluten Wissen, zur »eigentlichen Wissenschaft des Geistes« (PdG 1986, 3: 81). Die einzelnen, sich verändernden Formen, die das Bewusstsein im Laufe dieser Entwicklung annimmt, nennt Hegel »Gestalten des Bewusstseins« (PdG 1986, 3: 80). Die Phänomenologie zu schreiben bedeutet, die einzelnen Stufen der Entwicklung des Geistes nachzuvollziehen, zu erkennen und darzustellen. So ist »die *Phänomenologie des Geistes* ein Beispiel von dieser Methode an einem konkreteren Gegenstande, an dem Bewußtsein« (WdL I 1986, 5: 49).

Das Nachzeichnen dieser Entwicklung setzt mit den Beschreibungen des unmittelbaren Bewusstseins ein, geht über zum Selbstbewusstsein, umfasst die Relationen Einzelner zu anderen ihrer

Art – sei es in der konkreten Begegnung mit anderen einzelnen oder im Verhältnis zur Gesellschaft als Ganzer – und endet mit dem Erreichen des adäquaten und wissenden Selbstverhältnisses des entwickelten Geistes. So ist die *Phänomenologie* die »Wissenschaft der Erfahrung des Bewußtseins« (PdG 1986, 3: 80). In der *Rechtsphilosophie* werden diese dialektischen Entwicklungen als Entfaltung der Idee der Freiheit dargestellt, wie sie sich in den Normen und normativen Institutionen unterschiedlicher Gesellschaftsordnungen ausdrückt. Der faktisch vorhandene Rechtsstaat seiner Zeit ist für Hegel ein Moment der sich zunehmend realisierenden und entwickelnden Idee der Freiheit, die sich dort als wirklich erkennen und folglich darstellen lässt. Das gilt sowohl für die subjektive Freiheit der Einzelnen als auch für deren faktische Ermöglichung im sozialen Kontext, genauer durch den objektiven Ausdruck der Freiheitsidee im Recht.

Die *Enzyklopädie der Wissenschaften* besteht selbst aus drei Teilen: der erste heißt *Wissenschaft der Logik*, er wird auch *Kleine Logik* genannt; der zweite *Naturphilosophie* und der dritte *Philosophie des Geistes*. Jeder der drei Teile ist Gegenstand einer eigenen philosophischen Betrachtung, die in der *Enzyklopädie* in einer weiteren dialektischen Klammer miteinander verbunden werden: die (Entwicklung der) reinen Denkformen, -prozesse oder -tätigkeiten, die entsprechenden Naturerscheinungen und -erkenntnisse und die wiederum damit verbundene Entwicklung des individuellen Bewusstseins bzw. des sich in der Gesellschaft insgesamt ausdrückenden Geistes. So heißt es in §15 des ersten Bandes:

»Jeder der Teile der Philosophie ist ein philosophisches Ganzes, ein sich in sich selbst schließender Kreis, aber die philosophische Idee ist darin in einer besonderen Bestimmtheit [...]. Der einzelne Kreis durchbricht darum, weil er in sich Totalität ist, auch die Schranke seines Elements und begründet eine weitere Sphäre; das Ganze stellt sich daher als ein Kreis von Kreisen dar, deren jeder ein notwendiges Moment ist, so daß das System ihrer eigentümlichen Elemente die ganze Idee ausmacht, die ebenso in jedem einzelnen erscheint.« (E I 1986, 8: 60)[26]

Für Hegel bewegt sich demnach alles in einer unaufhörlichen Selbsttransformation. Den Bewegungen sind je eigene Zwecke oder Ziele inhärent – wie eben der Apfelblüte der Apfel –, die erreicht werden, indem bestimmte Schritte, Zustände, Seinsformationen, Stadien durchlaufen werden. Der Philosoph ist in der Lage, dies zu beobachten und zur Darstellung zu bringen. Handelt es sich um die Beobachtung der Entwicklung des Denkens bzw. des Bewusstseins selbst, dann ist der Leser auf die *Phänomenologie des Geistes* verwiesen. Geht es um die philosophische Reflexion, die nicht nur die einzelnen Gestalten dieser Geistentwicklung beobachtet, sondern von dieser Konkretisierung absieht, um stattdessen das reine Wie der Bewegung, die ›Methode‹ selbst in den Blick zu nehmen, handelt es sich für Hegel um *Logik*. Keiner der beiden Inhalte – die je spezifische, konkrete Entwicklung bzw. das Wie jeder Entwicklungsbewegung – hat dabei Vorrang vor dem anderen, denn die spezifische Entwicklung ist eben ein Beispiel, an dem sich die Bewegung zeigt.

»Die Philosophie [...] betrachtet [...] das *Wirkliche*, sich selbst Setzende und in sich Lebende, das Dasein in seinem Begriffe. Es ist der Prozeß, der sich seine Momente erzeugt und durchläuft, und diese ganze Bewegung macht das Positive und seine Wahrheit aus. Diese schließt also ebensosehr das Negative in sich [...]. Das Verschwindende ist [...] selbst als wesentlich zu betrachten, nicht in der Bestimmung eines Festen, das vom Wahren abgeschnitten, außer ihm, man weiß nicht wo, liegen zu lassen sei, so wie auch das Wahre nicht als das auf der andern Seite ruhende, tote Positive. Die Erscheinung ist das Entstehen und Vergehen, das selbst nicht entsteht und vergeht, sondern an sich ist und die Wirklichkeit und Bewegung des Lebens der Wahrheit ausmacht. Das Wahre ist so der bacchantische

Taumel, an dem kein Glied nicht trunken ist; und weil jedes, indem es sich absondert, ebenso unmittelbar [sich] auflöst, ist er ebenso die durchsichtige und einfache Ruhe. In dem Gerichte jener Bewegung bestehen zwar die einzelnen Gestalten des Geistes wie die bestimmten Gedanken nicht, aber sie sind so sehr auch positive notwendige Momente, als sie negativ und verschwindend sind. – In dem *Ganzen* der Bewegung, es als Ruhe aufgefaßt, ist dasjenige, was sich in ihr unterscheidet und besonderes Dasein gibt, als ein solches, das sich *erinnert*, aufbewahrt, dessen Dasein das Wissen von sich selbst ist, wie dieses ebenso unmittelbar Dasein ist.

Von der *Methode* dieser Bewegung oder der Wissenschaft könnte es nötig scheinen, voraus das Mehrere anzugeben. Ihr Begriff liegt aber schon in dem Gesagten, und ihre eigentliche Darstellung gehört der Logik an oder ist vielmehr diese selbst. Denn die Methode ist nichts anderes als der Bau des Ganzen, in seiner reinen Wesenheit aufgestellt.« (PdG 1986, 3: 46f.)

Seinslogik: Bevor Hegel die *Enzyklopädie* schreibt, beschäftigt er sich also noch mit der Methode, mit dem ›Bau des Ganzen‹, den er in der *Wissenschaft der Logik* (1812) darstellt. Das Thema der *Logik* sind nun nicht mehr die konkreten, wirklich gewordenen Effekte der dialektischen Entwicklungen, sondern die allgemeinen abstrakten Bestimmungen, die dem Gewordenen im Werdensprozess zukommen, wie etwa, dass es überhaupt da ist, Eigenschaften hat etc. Die einzelnen Teile der *Logik* werden danach unterschieden, ob sie die allgemeinen Bestimmungen am Gewordenen betrachten oder ob sie die Tätigkeit betrachten, durch die das Denken der gewordenen Wirklichkeit diese allgemeinen Bestimmungen zuschreibt, sprich: wie der Geist die Welt formiert. Anders formuliert, die *Logik* behandelt sowohl die Frage, *wie* das vielfältig Seiende oder die Wirklichkeit durch die Bewegungen des Denkens, des Geistes geformt wird, als auch die reine Bewegung selbst. Einmal heftet sich der Blick auf die allgemeinen Bestimmungen am Gewordenen; einmal richtet er sich auf die bewegende Tätigkeit des Geistes, der diese allgemeinen Bestimmungen dem Werdenden zufügt. So stellt Hegel zu Beginn der *Logik*, in der ›objektiven Logik‹, deren erster von zwei Teilen die ›Seinslogik‹ ist, die Zurichtungen durch das Denken dar. D.h., er reflektiert auf die im weitesten Sinne allgemeinen Eigenschaften der gewordenen, vielfältigen Wirklichkeit: Das Wirkliche *ist da*; es wird oder entwickelt sich dialektisch, indem es unterscheidbare Zustände annimmt, die Hegel als ›an-sich‹, ›für-sich‹ und ›an-und-für-sich‹ bestimmt. Dabei zeigt sich: Alles ist bestimmt, d.h., alles hat bestimmte Qualitäten; es ist zudem auch numerisch bzw. quantitativ bestimmbar, weil etwa viele Vorkommnisse einem Typ zugeordnet werden können, und schließlich ist alles auch messbar.

Die unterschiedlichen rein formalen Bestimmungen sind insofern allgemein, als sie jedem x-beliebigen Ding oder Seienden zukommen. Denn es gibt nichts, was nicht da wäre – und sei es auch nur gedachtermaßen –, das sich nicht veränderte, das keinerlei Qualität hätte und das nicht, bei ausreichender begrifflicher Abstraktion, mannigfaltig auftreten würde: Ein Baum etwa *ist* da, er hat bestimmte Eigenschaften, er wächst und es gibt ihn in mannigfacher Art und Ausführung. In der ›Seinslogik‹ werden also die nicht-spezifischen Eigenschaften von allem, was ist, insofern und weil es geworden und werdend ist, als Ausdruck der Bewegungen des Geistes verhandelt. Daher ist es »erstens unmittelbar die *Ontologie*, an deren Stelle die objektive Logik tritt, – der Teil jener Metaphysik, der die Natur des *Ens* erforschen sollte; [...]. Alsdann aber begreift die objektive Logik auch die übrige Metaphysik insofern in sich, als diese mit den reinen Denkformen die besonderen [...] zu fassen suchte und die *Bestimmungen des Denkens* das *Wesentliche* der Betrachtungsweise ausmachten.« (WdL I 1986, 5: 61)

Im Einzelnen können folgende Aspekte des Werdensprozesses benannt werden: Die reine Negativität oder Relationalität zeigt sich als Widerspruch zwischen zwei Zuständen, wie etwa in dem Satz: Die Knospe ist nicht (mehr) die Blüte. Hier kann die Relation als negierender Bezug zwischen unterscheidbaren oder unterschiedenen Dingen, Zuständen, Sachverhalten etc. aufgefasst werden, die sie zugleich trennt und verbindet. Sie trennt, weil sie als verschiedene gesehen werden; sie verbindet, weil sie durch das ›Nicht-das-andere-Sein‹ doch aufeinander bezogen werden. Auf der Ebene des konkreten Werdens wird in Hegels Worten die Knospe in der Blüte ›aufgehoben‹, d.h., sie verschwindet nicht spurlos, sondern wird transformiert. Die nachfolgende, sich aus der Blüte entwickelnde Frucht hebt wiederum die Blüte auf, indem sie diese ihrerseits verwandelt. Insofern erfolgt der Entwicklungsprozess für Hegel in dreifacher Bedeutung *aufhebend*: aufheben in der Bedeutung von verschwinden, wie in ›das Gesetz wird aufgehoben‹ (negare); aufheben in der Bedeutung von bewahren, wie in ›die Kekse werden aufbewahrt‹ (conservare), und aufheben, wie in ›hebe doch bitte das Papier vom Boden auf‹ (elevare) (vgl. WdL I 1986, 5: 113 f.).[27] Letztere Verwendung ist ein wenig unscharf, da hier das deutsche Adjektiv ›erhaben‹ als Ableitung von ›erheben‹ im Sinne einer Besserstellung oder sogar Vervollkommnung treffender ausdrückt, was gemeint ist, denn der dritte Sinn meint das Erreichen eines reiferen, weiter entwickelten, fortgeschrittenen Zustands.

In jedem Fall sind in den Veränderungen des Werdens immer alle drei Bedeutungen von Negation bzw. Aufheben – als Verschwinden, als Bewahrung, als Vervollkommnung – *zugleich* gemeint (und daher mitzudenken). Die Hegel'sche formale Benennung der einzelnen Zustände oder ›Momente‹ mit ›An-sich‹, ›Für-sich‹, ›An-und-für-sich‹ bringt gleichermaßen die Entwicklung zum Ausdruck. Denn die Knospe an sich steht zunächst in keinerlei Beziehung zu Anderem (ihrer selbst), wird also bloß an sich selbst in Augenschein genommen. Wird sie hingegen als Vorgänger der Blüte betrachtet, so ist bereits ein Abstand zu ihr gewonnen. Sie ist gewissermaßen nicht mehr bloß Knospe an und in sich selbst, sondern in Bezug auf das Andere (ihrer selbst) betrachtet, wird sie zur Knospe im Gegensatz zur Blüte, in der sie gleichwohl aufbewahrt bleibt. Schließlich transformiert sie sich in eine Frucht, die einen weiteren, vollendenden Schritt ihrer Entwicklung bedeutet. Jetzt hat sich die Bewegung wieder zurückgewendet, die Knospe ist um die Blüte angereichert zur Frucht geworden und vollendet damit die dialektische Bewegung:

> »So im Keim der Pflanze. Es ist dem Keime nichts anzusehen. Er hat den Trieb, sich zu entwickeln; er kann es nicht aushalten, nur an sich zu sein. [...] Das höchste Außersichkommen, das vorherbestimmte Ende ist die Frucht, d. h. die Hervorbringung des Keims, die Rückkehr zum ersten Zustande. Der Keim will sich selbst hervorbringen, zu sich selbst zurückkehren. Was darin ist, wird auseinandergesetzt und nimmt sich dann wieder in die Einheit zurück, wovon es ausgegangen. Bei den natürlichen Dingen ist es freilich der Fall, daß das Subjekt, was angefangen hat, und das Existierende, welches den Schluß macht – Frucht, Samen –, zweierlei Individuen sind. Die Verdoppelung hat das scheinbare Resultat, in zwei Individuen zu zerfallen; dem Inhalte nach sind sie dasselbe.«[28]

Zusammenfassung und Übergang zur Wesenslogik: Zusammenfassend lässt sich bis hierhin sagen, dass der Gegenstand der Philosophie das Ganze in seinem inneren, notwendigen Zusammenhang wie auch in seinem bislang gewordenen Zustand umfasst, d.h. als Wirklichkeit, wie wir sie vorfinden. Angemessen philosophieren bedeutet für Hegel, das Werden bzw. die Entwicklungen und Ausdrücke des Geistes zu (re-)konstruieren, um von dort aus die allgemeinen Bestimmungen am Seienden und die reine dialektische Bewegung selbst zu extrahieren und in der *Logik* darstellen zu können. Wenn wir nun mit Hegel dem Denken dabei zusehen, was es tut, wenn es denkt – sei es als unmittelbares Wahrnehmen, sei es, indem es solche Überlegungen anstellt –, dann richten wir die Aufmerksamkeit nicht mehr auf die konkreten dialektischen Prozesse der vielfältigen Wirklichkeit und auch nicht mehr auf das phänomenale Werden, d.h. die konkrete Entwicklung der ›Bewusstseinsgestalten‹ bzw. des Geistes selbst, sondern nur noch auf die reinen Denkprozesse oder -bewegungen. Im Fokus steht so weder das, was die dialektische Bewegung an Effekten hervorbringt, noch das, was daran wiederum als allgemeine Eigenschaften aufgefasst werden kann, sondern eben nur noch die reine Denktätigkeit des Geistes. Und das ist exakt das, was Hegel in der sogenannten Wesenslogik, dem zweiten Teil der ›objektiven Logik‹, macht: selbstreferenziell die reinen Denkprozesse beobachten und darstellen.

Hegel fragt also danach, was wir denkend tun, wenn wir beispielsweise die Knospe als Knospe bestimmen, indem wir sie von anderen Dingen oder Zuständen unterscheiden bzw. diese mit ihr in Verbindung bringen, sie aufeinander beziehen. An diesem Punkt unterscheiden sich das Wie oder die Formen des Denkens und der Inhalt oder das Was des Denkens nicht mehr, da die Formen oder Prozesse des Denkens und die Inhalte des Denkens, also das, worauf hier reflektiert wird, ein und dasselbe sind. Das Denken oder der Geist erfasst so nach Hegel, wie es bzw. er denkt, und das bedeutet, dass er sein eigenes *Wesen* erfasst. Die reine Denktätigkeit besteht nun für Hegel in einem zweifachen gegenläufigen Tun: im Identifizieren und Differenzieren.

Wenn das Denken sich in der Reflexion auf sein Tun selbst richtet, verdoppelt sich dieses gegenläufige Tun und bringt so zweierlei Reflexionsarten hervor, wovon die eine unvollkommen und die andere adäquat ist. Das soll der Reihe nach an einem Beispiel deutlich gemacht werden: Nehmen wir die Wahrnehmung eines Baumes. Dabei interessiert uns an dieser Stelle nicht, welche Bestimmungen den Baum als solchen erscheinen lassen, d.h., uns interessiert nicht, was einen Gegenstand zum Baum macht. Stattdessen interessiert uns, wie nach Hegel der Denkprozess einer solchen Wahrnehmung abläuft. Den Anfang macht das unmittelbare Denken, das mit seinem Gegenstand eins ist, es ist Baum-denkend: es weiß sich als seinen Gegenstand. Zugleich weiß das Denken aber auch, dass es nicht der Baum ist, sondern Bewusstsein. Um diese beiden einander widersprechenden Feststellungen zu machen, *vollzieht das Denken eine Bewegung*, indem es vom Baum-Denken zur Differenz zwischen sich und dem Baum als (s)einem Gegenstand übergeht. Das Bewusstsein respektive das Denken beobachtet sich gleichsam immer selbst bei allem, was es tut, ist sich also bei jedem Denkakt seiner selbst als denkend bewusst. Auch wenn es sich zunächst vollkommen mit dem Baum identifiziert, so ist ihm doch im nächsten Moment klar, dass es gar nicht der Baum, sondern nur das Denken des Baumes ist, sich also von ihm unterscheidet usw. Dadurch treibt es sich gleichsam von einer Gewissheit zur nächsten und entwickelt sich auf diesem Weg.[29]

Die explizite Feststellung, d.h. die Erkenntnis, dass Denken und Baum zunächst identisch sind, wie auch die, dass sie verschieden sind, ist aber nicht Inhalt des Wahrnehmungsprozesses selbst – das ist der Baum –, sondern es ist Inhalt des *Reflexionsprozesses*, der fragt, wie so ein wahrnehmendes Bewusstsein denkt. Denn nur in der (adäquaten) Reflexion erkennt das Denken, dass seine reinsten Tätigkeiten darin bestehen, zu identifizieren und zu trennen bzw. zu unterscheiden. In der reinen Reflexion werden diese zwei Tätigkeiten als Ordnungsmuster bzw. Kategorien erkannt, weshalb Hegel ›Identität‹ und ›Differenz‹ in der ›Wesenslogik‹ Reflexionskategorien nennt. Nun ist es aber so, dass das Denken nicht nur rein auf seine Tätigkeiten, sondern gleichermaßen auf die diversen Inhalte der Wahrnehmung – die Welt im weitesten Sinne – reflektieren kann. Dann stellt das analysierende Denken in der gesamten Wirklichkeit nach Hegel grundsätzlich entweder Identitäten oder Differenzen fest, also die Effekte der grundlegenden Denktätigkeiten, die die Wirklichkeit ordnen. Bleibt es dabei, d.h., bleibt es bei der Feststellung, dass das Wirkliche, die Dinge, die Menschen und alles Übrige unter dem Aspekt ihrer Gleichheit bzw. Unterschiedlichkeit erkannt und dann als solche festgeschrieben werden, dann vollzieht das Denken für Hegel aber bloß eine minderwertige Reflexion, die er ›verständige Reflexion‹ nennt. Es handelt sich um eine Reflexion, die im Entweder-Oder steckenbleibt, die die Prozesshaftigkeit alles Seienden verkennt, sich in den Effekten verliert, weil sie ihr eigenes Tätigsein nicht sieht.

Sieht das reflektierende Denken aber, dass die festgestellten Differenzen oder Identitäten wiederum aufgehoben werden müssen, dass es also bei dieser Fest-Stellung nicht stehenbleiben darf – genauso wenig wie das unmittelbare Bewusstsein dabei stehenbleibt, der Baum zu *sein* –, dann heißt sie ›vernünftige Reflexion‹. Die vernünftige Reflexion erkennt demnach, *dass* es sich bloß um Momente eines Prozesses handelt, dass diese Momente eben nur Momentaufnahmen sind *und dass* die dialektische Bewegung vom einen zum anderen *das reine Denken* ausmacht. Zugleich erkennt sie auch, *dass* sich das Denken gerade in dieser selbstnegierenden wie selbstaffirmierenden Bewegung entwickelt und herstellt. Dieses vierfache Verhältnis zwischen dem Denken und seinem gedachten Gegenstand als erstens identisch und zweitens (und zugleich) verschieden, das in der verständigen Reflexion drittens als Identität bzw. Differenz festgestellt und in der vernünftigen Reflexion viertens als identifizierende und differenzierende Bewegung erkannt wird, beschreibt das reine *dialektische* Wesen des Denkens bzw. des Geistes – sei es unmittelbar wahrnehmend, sei es verständig oder vernünftig reflektierend, sei es profan oder philosophisch. Denn der ›wahre‹ Philosoph vermag darüber hinaus noch zu sehen, dass dies die sich immer gleichbleibende Werdensform mit ihren unterschiedlichen Momenten ist, der differenzierende wie verbindende Entwicklungsmotor, aus dem alles, was geworden ist und wird, (re-)konstruiert werden kann: d.h. für Hegel *in summa* das Ganze, das Wahre, das Absolute.

Zusammenfassung: Die dialektische Methode Hegels als *Logik* ist die Extrahierung der (Denk-)Bewegung selbst, die den Weg hat entstehen und sich entwickeln lassen, indem er gegangen worden ist. Dieser Weg wird zunächst in den Schriften, die die ontologischen Effekte des Gewordenen und des Werdens darstellen, beschritten bzw. nachvollzogen, um von dort aus auf die reine Werdens- bzw. Denkbewegung selbst zu reflektieren. Die dialektische Methode, die in der *Logik* sowohl am Gewordenen wie an der Bewegung des Denkens dargestellt wird, die gleichermaßen die *Logik* ist, ist demnach Weg und die den Weg erzeugende reine Denk- oder Geistbewegung zugleich. Ihr Inhalt ist ihre eigene Praxis, ihr Tun ist ihr Gegenstand. Warum macht Hegel das? Was treibt ihn dazu, gut 25 Jahre nachdem Kant den aufklärend-kritischen Weg in Form der transzendentalen Methode als ersten und einzigen philosophischen Weg propagiert hatte, erneut von vorne anzufangen? Die Antwort lautet, dass er, genau wie Kant vor ihm, die Philosophie noch immer in einem erbärmlichen Zustand wähnt. Im Gegensatz zu Kant geht es Hegel aber nicht darum, die Widersprüche, in die sich die Vernunft – falsche Schlüsse ziehend – verstrickt, als Scheingefechte darzustellen, die bei ausreichender Aufklärung überwindbar wären. Ihm geht es vielmehr darum nachzuweisen, dass die Widersprüchlichkeit das Elixier des Lebens schlechthin darstellt, dass sie das Werden und somit das Sein prozessiert. Das Problem sind also nicht die Widersprüche, die das Denken bzw. bei Kant die spekulative Vernunft herstellt. Vielmehr besteht das Problem darin, dass deren positive, schöpferische und gestaltende Kraft nicht erkannt wird. Das aber bedeutet für Hegel, dass die Philosophie ihrer eigentlichen und erhabensten Aufgabe, »das Absolute [...] für das Bewusstsein [zu] konstruieren« (Dif 1986, 2: 25) und darzustellen, nicht nachkommt.

Hegels theoretisches Problem: Während wir Hegels Methode in der *Logik* finden, stellt er sein philosophisches Programm bereits in seiner ersten Veröffentlichung vor. Sie trägt den Titel *Differenz des Fichteschen und Schellingschen Systems der Philosophie* (1801). Bevor Hegel in die im Titel angekündigte Gegenüberstellung einsteigt, präsentiert er unter der Überschrift ›Mancherlei Formen, die bei dem jetzigen Philosophieren vorkommen‹ in einer langen Passage, welche Bedeutung und Aufgabe die systematische Philosophie insgesamt hat bzw. haben sollte, und sein Urteil, dass sie derzeit dieser Aufgabe nicht nachkomme. Das bedeutet aber für Hegel nicht, dass sie ihrer Aufgabe noch nie nachgekommen sei – wie das etwa Kant behauptet hat. Vielmehr gibt es für ihn immer wieder Phasen, in denen die adäquate vernünftige Reflexion über die verstandesmäßige Reflexion die Oberhand gewinnt. Hierbei handelt es sich um Phasen, in denen die hypostasierten Fixierungen der Differenzen wieder aufgehoben werden und die Lebendigkeit des Ganzen in seinem inneren Zusammenhang sichtbar wird. Die unterschiedlichen systematischen Philosophien, die sich im Laufe der Zeit gezeigt haben, sind für Hegel je adäquate »Selbstreproduktionen der Vernunft« (Dif 1986, 2: 22) bzw. des Absoluten:

»Wenn aber das Absolute wie seine Erscheinung, die Vernunft, ewig ein und dasselbe ist (wie es denn ist), so hat jede Vernunft, die sich auf sich selbst gerichtet und sich erkannt hat, eine wahre Philosophie produziert und sich die Aufgabe gelöst, welche wie ihre Auflösung zu allen Zeiten dieselbe ist. Weil in der Philosophie die Vernunft, die sich selbst erkennt, es nur mit sich selbst zu tun hat, so liegt auch in ihr selbst ihr ganzes Werk wie ihre Tätigkeit, und in Rücksicht aufs innere Wesen der Philosophie gibt es weder Vorgänger noch Nachgänger.« (Dif 1986, 2: 17)

So gilt für die wahren Philosophien das, was für alles andere auch gilt: Die verstandesmäßige Reflexion entdeckt die Differenzen, aber die vernünftige Reflexion erkennt sie als nicht wesentlich, weil sie nicht etwa unterschiedlichen Vernünften und deren Tätigkeiten bzw. Bewegungen entspringen, sondern nur deren äußeren Gestalten zuzuschreiben sind. Gerade diese Einsicht fehlt aber nach Hegel seinen Zeitgenossen – die Vernunft erkennt sich gerade nicht vernünftig, sondern eben nur verstandesmäßig, mit Hegel: ›verständig‹. Das theoretische Problem Hegels lässt sich also wie folgt formulieren: Die Philosophie ist die Selbstdarstellung der Vernunft, die bei aller Diversität nur *eine* ist und daher irgendwie als solche auch ausgewiesen werden muss. Die Philosophie darf also nicht, entsprechend der verstandesmäßigen Reflexion, allein bei den gegebenen Differenzen oder dem Differenzieren stehenbleiben, sondern sie muss auch in Bezug auf sich selbst als identische denkbar gemacht werden. Dann und nur dann, wenn sie ihre Tätigkeit als differenzierend *und* integrativ identifizierend sieht und darstellt, wird sie wahre Philosophie: »Die freie Vernunft und ihre Tat ist eins, und ihre Tätigkeit und ihre reine Darstellung ihrer selbst. In dieser Selbstreproduktion der Vernunft gestaltet sich das Absolute [...] [das] vollendet ist, keinen Grund außer sich hat, sondern durch sich selbst in ihrem Anfang, Mittel und Ende begründet ist.« (Dif 1986, 2: 46) Wiederum zeigt sich, dass Inhalt und Methode der Philosophie bei Hegel zusammenfallen: Die adäquate Selbsterkenntnis der Vernunft *ist* Inhalt wie Methode der Philosophie, die so auch noch das Absolute zum Ausdruck und in einer Formel zur Darstellung bringt.

Allerdings bedeutet das nicht, dass alles in einer einzigen Identität verschwinden soll, denn die notwendige Entzweiung als Unterscheidungsprozess ist für Hegel »*ein* Faktor des Lebens, das ewig entgegengesetzt sich bildet« (Dif 1986, 2: 46). Zudem sei das Absolute als ›Totalität in der höchsten Lebendigkeit nur durch Wiederherstellung aus der höchsten Trennung möglich‹. Wenn es aber um die Tätigkeiten der Vernunft geht, dann gilt es eben über die Differenzierungstätigkeit des verständigen Denkens hinaus, auch die genuin vernünftige Vereinigungs- oder Identifikationstätigkeit zu sehen: »als ob [...] die Philosophie [...] etwas anderes wäre als die Untersuchung der Wahrheit, aber mit Bewußtsein über die Natur und den Wert der allen Inhalt verbindenden und bestimmenden Denkverhältnisse« (E I 1986, 8: 17).

Leistet die Vernunft bzw. die Philosophie das nicht, d.h. vermag das Denken nicht in diesem umfassenden, kein Außen zulassenden Sinne das Ganze in seinem inneren bewegenden Zusammenhalt zu denken, und bleibt sie stattdessen bei den ›Entzweiungen‹, bei unaufhebbaren ›Gegensätzen‹ stehen, dann beginnt sich nach Hegel das ›Bedürfnis der Philosophie‹ zu regen:

> »je fester und glänzender das Gebäude des Verstandes ist, desto unruhiger wird das Bestreben des Lebens, das in ihm als Teil befangen ist, aus ihm sich heraus in die Freiheit zu ziehen. [...] Die Gegensätze, die sonst unter der Form von Geist und Materie, Seele und Leib, Glaube und Verstand, Freiheit und Notwendigkeit usw. [...] sind [...] in die Form der Gegensätze von Vernunft und Sinnlichkeit, Intelligenz und Natur [...] übergegangen.
>
> Solche festgewordenen Gegensätze aufzuheben, ist das einzige Interesse der Vernunft.« (Dif 1986, 2: 20f.)

Wirkung: Über die *gesellschaftliche Relevanz* der Hegel'schen Philosophie ist trefflich gestritten worden. Hegel selbst formuliert, es gehe um »die *Versöhnung* mit der Wirklichkeit, welche die Philosophie denen gewährt« (RP 1986, 7: 27), die verstehen, wie alles zusammenhängt, und darum, dass die Wirklichkeit hier und heute Ausdruck des Absoluten *ist.* So liegt die gesellschaftliche Relevanz vor allem darin, dass Hegel dem, was der Fall ist, in gewisser Weise keine Mangelhaftigkeit zusprechen will, weil in der permanenten Selbstbewegung des Geistes alles seinen Platz hat. Und ebendies vermag die Philosophie zu erkennen – wenn sie ihrer Aufgabe gerecht wird. Ob das auch bedeutet, alles, was passiert, für gut und richtig zu erachten, kann hier nicht diskutiert werden. Es soll aber zu bedenken gegeben werden, dass es bei Hegel durchaus so etwas wie einen Entwicklungsfortschritt gibt; dessen Momente lassen sich jedoch nur *ex post* als notwendige *vom je heutigen Standpunkt* aus rekonstruieren. Nun ist diese grundsätzlich optimistische Überzeugung Hegels gerade das, was ihm manche der Nachgeborenen vorwerfen: dass er das Absolute pantheistisch überall am Werke sehe, dass seine Philosophie keine Kritikmöglichkeit mehr zulasse, weil sie keinen Standpunkt außerhalb ihrer mehr akzeptiere bzw. sich einen solchen immer schon einverleibt habe. Damit handle es sich, so die Kritiker, um eine (blind) gegenwartsbejahende, opportunistische Philosophie, die zudem einer totalitären Politik Vorschub leisten und Legitimation verschaffen könne.[30]

Affirmativ-transformierende Anschlüsse: Die Anschlüsse an Hegels Dialektik sind vielfältig und halten bis heute an. Das reicht vom linkshegelianischen und ökonomiekritischen Philosophen Karl Marx (1818–1883) über politische Revolutionäre wie Wladimir I. U. Lenin (1870–1924) oder Mao Zedong (1893–1976) bis hin zu rechts- und liberalkonservativen Philosophen, wie etwa Joachim Ritter (1903–1974) und manchen seiner Schüler. Inwiefern sie im Sinne Hegels die Dialektik *als Methode* begreifen, die das Denken in seinen Bewegungen darstellt und dadurch zugleich das Gewordene in seinem Werden rekonstruiert, kann hier nicht diskutiert werden. Sicherlich entspricht es jedoch nicht Hegels Intentionen, das dialektische Werden zur Legitimation des Fortschritts in dem Sinne zu gebrauchen bzw. zu missbrauchen, dass Leid und Unrecht dafür billigend in Kauf genommen werden müssen – wie das zuweilen in seinem Namen propagiert wurde und wird. Eine andere kontrovers diskutierte Frage ist die Frage nach der Totalität, einem abschließenden Telos, das das Werden (scheinbar) dirigieren muss. Auch hier ist Vorsicht geboten und die Empfehlung zu beherzigen, Hegel selbst zu studieren und eigenständig nach Belegen für eine Schließung zu suchen. In jedem Fall gilt es zu überlegen, ob die Realisierung von Freiheit tatsächlich als Schließung verstanden werden kann (oder muss) – handelt es sich doch um einen Begriff, der in sich selbst allgemein verstanden Unbestimmtheit impliziert. Wie dem auch sei – die Empfehlung lautet erneut, Hegels Texte besser selbst zur Hand zu nehmen. Von den zahlreichen *methodischen*, wenngleich transformativen Anschlüssen werden im Folgenden drei der theoretisch einflussreichsten wenigstens genannt: Marx, Adorno und de Beauvoir.

Karl Marx: Einen der bedeutendsten und bekanntesten Anschlüsse an Hegel bildet das Werk von Karl Marx, der sich kritisch mit Hegels Methode auseinandersetzt, obgleich er ihm methodisch verpflichtet bleibt. Das zeigt sich vor allem in Marx' frühen Schriften, den *Deutsch-französischen Jahrbüchern* (1843), der *Kritik der Hegelschen Rechtsphilosophie* (1844) sowie den *Ökonomisch-philosophischen Manuskripten* (1844). Für Marx bleibt die Dialektik zunächst eine Methode des Bearbeitens, eine Form der Darstellung, der Prozess der Begriffsentwicklung, d.h., sie ist Darstellung und Form der Gedankenentwicklung zugleich – allerdings nicht-idealistisch aufgefasst.[31] Die Methode dient ihm zur *Re*konstruktion der Kategorien bzw. des kategorialen Systems der Sozialwissenschaften, in denen die Welt ökonomisch beschrieben wird. Auf diese Weise avanciert sie zu einer ideologie- wie empiriekritischen Methode, denn die empirisch-ökonomischen Produktionsverhältnisse spiegeln sich in den sozialwissenschaftlichen Reflexionen und Reflexionsweisen, die sie bloß zu reflektieren vorgeben. Die analytischen Kategorien sind also von den ökonomischen Produktionsverhältnissen nicht unabhängig, sondern mit diesen verschränkt. Indem die Kritik der ökonomischen Theorien bzw. Ideologien dies zeigt, stellt sie immer auch die empirischen Prozesse selbst dar. Dialektik als Form der Ideologiekritik bedeutet erstens, den scheinbar unumstößlichen theoretisch-wissenschaftlichen Beschreibungen und Beschreibungskategorien die ideologische Verschleierung der wahren Verhältnisse nachzuweisen. Zweitens kann auf diese Weise dem Dargestellten seine Prozesshaftigkeit zurückgegeben werden. Dadurch werden aber scheinbar notwendig vorgegebene Kategorien destabilisiert, und die Kontingenz von Herrschaftsverhältnissen, die durch sie legitimiert werden, wird offengelegt – was einen Ausweg aus dem Verblendungszusammenhang verspricht. Dieses ideologiekritische Verfahren zeigt sich in einer sprachlichen Rezeptions- und Darstellungspraxis, die versucht, durch Satzformen, Textstrukturen und Systemgefüge die Prozessualität wie auch die gegenseitige Bedingtheit von Beschriebenem und Beschreibung einzufangen (vgl. insgesamt Frese 1972: 198–205).

Theodor W. Adorno: Adorno (1903–1969) ist sicherlich derjenige, der sprachlich am nächsten an das heran kommt, was Marx als dialektische, ideologiekritische Darstellungsform beschrieben hat. Denn Adorno beherrscht die Kunst, das Subjekt im Satz nicht als fix Gegebenes, sondern als Resultat eines Prozesses darzustellen, dessen einzelne Momente fälschlicherweise als fix erscheinen. Das Subjekt löst sich so in seine Beziehungen auf und ist niemals. In der *Negativen Dialektik* (1966) geht es auch und vor allem darum, trotz aller ideologiekritischen prozessualen Darstellungsversuche zu zeigen, dass Sprache immer nur eine Abstraktion des Konkreten sein kann, das sie zu beschreiben sucht – und dass sie daher ihren Gegenstand unausweichlich verfehlt. Das gilt auch für die Theorie selbst: »Nicht allein wird eine Methodologie der materialen Arbeiten des Autors gegeben: nach der Theorie negativer Dialektik existiert kein Kontinuum zwischen jenen und dieser. Wohl aber wird solche Diskontinuität, und was aus ihr an Anweisungen fürs Denken herauszulesen ist, behandelt.« (Adorno 1966: 9) So liegt genau in der Lücke zwischen Realität und sprachlichem Modell, d.h. in der Nicht-Identität von Begriff und dem, was er darstellen soll, das, was negative Dialektik leisten kann. Denn »Erkenntnis hat keinen ihrer Gegenstände ganz inne« (Adorno 1966: 25). Die Widerständigkeit des in der Theorie Verfehlten ist es, die nach Adorno das Denken und die Philosophie zur permanenten Selbstkorrektur zwingt, die ihr Ziel, adäquate Beschreibung zu werden, nicht zu erreichen vermag. »Die Freiheit der Philosophie ist nichts anderes als das Vermögen, ihrer Unfreiheit zum Laut zu verhelfen.« (Adorno 1966: 29)

Simone de Beauvoir: Zuletzt sei noch auf Simone de Beauvoirs Klassiker *Le deuxième sexe* (1949) hingewiesen, der auf Deutsch unter dem Titel *Das andere Geschlecht. Sitte und Sexus der Frau* (1968) erschienen ist. De Beauvoirs Analyse orientiert sich methodisch an Hegels Dialektik, insofern sie das zeitgenössische Verhältnis zwischen Männern und Frauen, das Selbstverhältnis der Frauen wie auch deren historische Entwicklung dialektisch rekonstruiert. Das erfolgt in Analogie zum Werden des Selbstbewusstseins in der *Phänomenologie*, das Hegel unter der Überschrift ›Selbständigkeit und Unselbständigkeit des Selbstbewußtseins; Herrschaft und Knechtschaft‹ darstellt (vgl. Hegel PdG 1986, 3: 144–155). De Beauvoir erklärt mithilfe dieser dialektischen

Denkfigur, dass Frauen nicht etwa natürlicherweise oder essentiell den Männern unterlegen wären, sondern dass sie durch politische wie ökonomische Machtansprüche und deren theoretisch-naturalistische Legitimationen erst in die Rolle der Unterlegenen gedrängt wurden und werden. Diese Rolle nähmen Frauen allerdings zuweilen auch gerne an. Der wesentlich Punkt ist, dass analog zu Hegels Selbstbewusstsein das männliche Subjekt als ›Herr‹ nur über die Vernichtung des anderen (in ihm) zu dem werden kann, was es ist, und daher essentiell auf dieses andere angewiesen ist und bleibt. Die Lösung, die de Beauvoir vorschwebt, zielt auf eine »Gesellschaft, in der die Gleichheit der Geschlechter konkret verwirklicht würde« (de Beauvoir 1968: 676). Das bedeutet aber nicht, dass die Frauen die Rolle der Männer einnehmen sollen, sondern dass sich beide Geschlechter in ihrem aufeinander bezogenen Selbstverhältnis so verändern müssten, dass die sie definierende Hierarchie überwunden wird. De Beauvoir hält das für eventuell utopisch – aber dennoch für möglich.

3. Phänomenologisches Einklammern

Philologisches: Das Wort Phänomen ist ein Lehnwort aus dem Griechischen und bezeichnet als Partizip Präsens von φαινε–σθαι (ans Licht kommen, sich zeigen) in der Philosophie unterminologisch alles, was im weitesten Sinne in das Bedeutungsfeld dieses Verbums gehört: das, was sich zeigt, das Evidente, der bloße Schein.[32] Der Begriff *Phänomen* nimmt mit unterschiedlicher Akzentuierung einen langen Weg durch die Philosophiegeschichte bis in die Moderne (vgl. Hossenfelder 1989: 462). So stellen die Phänomene etwa bei Kant die Art und Weise dar, in der wir uns empirische Gegenstände präsentieren. Die einzige Möglichkeit, in der wir die Welt erkennen können, besteht demnach darin, dass wir sie durch unseren Erkenntnisapparat präfiguriert, sozusagen phänomenalisiert wahrnehmen. Das bedeutet nicht, dass die ›Dinge an sich‹ (Noumena) vollkommen andere Eigenschaften aufweisen oder hinter der phänomenalen Welt noch eine weitere Welt-an-sich verborgen wäre, sondern bloß, dass das, was ist, uns so und nicht anders erscheint, dass wir es so und nicht anders wahrnehmen. Die Bedingung dafür, von einem Phänomen sprechen zu können, besteht darin, dass ein Phänomen jemandem, einem Bewusstsein erscheint. Die ontologische Frage, also die Frage nach dem Sein, lautet, ob den Phänomenen notwendig etwas Nicht-Phänomenales zugrunde liegen muss; die erkenntnistheoretische Frage, ob und ggf. wie es erkennbar ist.

Phänomenologie: Wer heute Phänomenologie sagt, denkt zuerst an Edmund Husserl (1859–1938), der sie mit dem Anspruch einführt, die einzige ausgewiesene Methode zur wahrhaften Erkenntnisgewinnung zu sein. Die Phänomenologie, d.i. die Lehre von den Phänomenen, taucht laut *Historischem Wörterbuch* zum ersten Mal bereits 1764 bei J. H. Lambert auf, der damit eine »Theorie des Scheins und seines Einflusses in die Richtigkeit und Unrichtigkeit der menschlichen Erkenntniß«[33] bezeichnet wissen wollte.[34] Seither hat auch die *Phänomenologie* Bedeutungsverschiebungen erfahren, je nachdem, ob beispielsweise von einem empirischen oder einem idealistischen Standpunkt aus beschrieben wird, was es mit den Erscheinungen auf sich hat. Prominent – wir haben sie schon kennengelernt – ziert sie den Titel von Hegels erster großer Studie: der *Phänomenologie des Geistes* von 1807. Hier bezeichnet Phänomenologie die Genese und Entwicklung der unterschiedlichen Gestalten des Bewusstseins. Erfahrungen machen, das Erfahrene bilden, dabei selbst werden, darauf reflektieren, es darstellen etc. sind nur einige der unterschiedlichen Erzählstränge, die Hegel den Leserinnen der *Phänomenologie* vorgibt, um sie mit ihnen zusammen nachzuvollziehen. Sie ist für ihn Darstellung des Werdens des Bewusstseins – wie seiner erscheinenden ›Gegenstücke‹ – und damit zugleich der Weg hin zur Wissenschaft sowie auch selbst bereits Wissenschaft als »Wissenschaft der *Erfahrungen des Bewußtseins*« (Hegel PdG 1986, 3: 80).

Husserl schließt mit seinem Verständnis von Phänomenologie insofern an Hegel an, als es auch ihm um die Erfahrungen des Bewusstseins geht. Aber bei ihm stehen die reinen – apriorischen – Gestalten und Formierungen des intentionalen Bewusstseins im Zentrum der Analyse. Im Gegensatz zu Hegels Vorstellung, dass sich die Gestalten in der Erfahrung erst entwickeln, bilden sie sich für Husserl nicht erst durch Erfahrung, sondern sind wesentlich apriorisch, d.h., sie ermöglichen jede Erfahrung. Um sie geht es Husserl im Wesentlichen. Das bedeutet, dass eines der größten Missverständnisse von Husserls Ansatz auf einer Fehldeutung seines Rufes ›Zu den Sachen selbst‹ beruht. Denn dieser vermeintliche Schlachtruf Husserls, der auch Existenzphilosophen wie Sartre zutiefst beeindruckt hat, bezieht sich gerade *nicht primär* auf die konkreten, empirisch erfahrbaren Dinge, an die sich die Philosophie fürderhin zu halten hätte. Im Gegenteil: ›Zu den Sachen selbst‹ bedeutet für Husserl, sich derjenigen Gestalten des Bewusstseins selbst anzunehmen, von denen wir in einer reflexiven und intuitiven Wesensschau wissen können. Damit sind im eigentlichen Sinne nur die gestaltenden Formen des Bewusstseins selbst gemeint: »Die Sachen selbst müssen wir befragen. Zurück zur Erfahrung, zur Anschauung, die unseren Worten allein Sinn und vernünftiges Recht geben kann. Ganz trefflich! Aber was sind denn die Sachen, und was ist das für eine Erfahrung, auf welche wir in der Psychologie zurückgehen müssen?«[35] – Die Sachen selbst sind eben die unterschiedlichen Formen oder Bewusstseinsarten, in denen sich das Bewusstsein intentional auf etwas bezieht, in denen es Erfahrungen macht. Wer also methodisch im Sinne Husserls (d.h. phänomenologisch) philosophieren will, darf sich nicht naiv empiristisch unmittelbar den Dingen selbst zuwenden, sondern muss die Art und Weise befragen, wie uns unser Bewusstsein die Gegenstände gibt bzw. phänomenal präsentiert.

Anders als etwa bei Kant, aber ähnlich wie bei Hegel, gibt es von Husserl nicht das einzelne Werk, das als die Methodenschrift gelten könnte. So stellen die *Logischen Untersuchungen* (1900) schon eine Anwendung seiner phänomenologischen Methode dar (vgl. Mayer 2009: 82). Explizit formuliert wird sie erst in den Vorlesungen *Die Idee der Phänomenologie*, die die Grundlage bilden für die *Allgemeine Einführung in die Phänomenologie*, dem ersten Band der *Ideen zu einer reinen Phänomenologie und phänomenologischen Philosophie*, die 1913 erscheinen.[36] Es lassen sich zwei zentrale methodische Aspekte unterscheiden: die *Epoché* oder die Zurückhaltung des Urteils und die *eidetische Reduktion*, die die phänomenologische Reflexion auf die grundlegenden reinen Gestaltungsformen des Bewusstseins sowie auf deren Zusammenhang bezeichnet. Die phänomenologische Analyse besteht darin, beide Aspekte gleichermaßen zu realisieren: Die Urteilsenthaltung ist der erste Schritt, der zu einer neuen wissenschaftlichen Haltung oder Einstellung führt, die den Philosophen im zweiten Schritt eine andere Frage an die Inhalte stellen lässt: Die untersuchten Bewusstseinsobjekte oder -phänomene sollen in der neuen, anderen Frage(haltung) unmittelbar und intuitiv ›geschaut‹ werden.

Epoché oder phänomenologische Reduktion: Husserl entlehnt den Begriff Epoché (εποχη, wörtlich: Anhalten) der antiken Skepsis. Es geht ihm dabei nicht um das Innehalten der Wahrheitssuche schlechthin, sondern um das Aussetzen der Urteilsbildungen, die wir ständig vollziehen, wenn wir wahrnehmen. Denn in der ›natürlichen Einstellung‹ oder unmittelbaren Haltung sind wir in die Welt versunken und fällen permanent Urteile der Art, dass wir feststellen, dass dort ein Baum steht, den wir sehen können, von dessen Existenz wir demnach ausgehen. »Ich bin mir einer Welt bewußt, endlos ausgebreitet im Raum, endlos werdend und geworden in der Zeit. Ich bin mir ihrer bewußt, das sagt vor allem: ich finde sie unmittelbar anschaulich vor, ich erfahre sie. Durch Sehen, Tasten, Hören usw., in den verschiedenen Weisen sinnlicher Wahrnehmung sind körperliche Dinge in irgendeiner räumlichen Verteilung *für mich einfach da.*« (Hua III 1976: 56) Zugleich gehören aber auch Werte, Güter, Normen zu unserer Welt, in die jede hineingeboren wird, in der wir uns befinden. Entscheidend ist, dass wir nach Husserl in der natürlichen Einstellung davon ausgehen, dass die Welt als Wirklichkeit immer da ist. Dass wir uns zuweilen täuschen mögen, ändert nichts daran, dass man »die ›Wirklichkeit‹ [...] als *daseiende vorfindet*« und sie hinnimmt, »*wie sie sich mir gibt, auch als daseiende.* Alle Bezweiflung und Verwerfung ändert nichts an der *Generalthesis der natürlichen Einstellung.*«[37] (Hua III 1976: 61). D.h., insofern wir uns in unserer unmittelbaren Haltung der Welt gegenüber also in der natürlichen Einstellung befinden, gehen wir implizit immer davon aus, dass es die Welt gibt.

Epoché: Die phänomenologische Epoché zu vollziehen bedeutet, diese unmittelbare Wahrnehmung, die immer mit der Existenzannahme einhergeht, zu unterbrechen, jegliches (Existenz-) Urteil über das Wahrgenommene auszusetzen, um die Aufmerksamkeit auf die reinen Gegebenheitsformen des Bewusstseins selbst richten zu können. Denn diese sind nicht Phänomene irgendeines zugrunde liegenden Seins, sondern eben bloße Erscheinungen. Es geht Husserl also unter explizitem Verweis auf Descartes' methodischen Zweifel nicht darum, an der Welt insgesamt zu zweifeln, indem infrage gestellt wird, dass es sie überhaupt gibt. Dass die Welt da ist, wird hier nicht negiert. Stattdessen wird die implizite Existenzannahme eingeklammert oder ausgesetzt, d.h. schlichtweg beiseitegeschoben, weil sie dabei stört, das Bewusstsein so zu betrachten, wie es nach Husserl zu betrachten ist: als reines Phänomen und nicht als seiendes Ding. Die radikale Veränderung der Einstellung des die Epoché vollziehenden Wissenschaftlers besteht also darin, dass er sich die Frage nach der Existenz der Welt wie seiner eigenen Existenz als Teil der ›Ding-Welt‹ nicht stellt und auch die philosophische Reflexion nicht von dieser Frage leiten lässt: »Die Thesis [der natürlichen Einstellung] ist *Erlebnis, wir machen von ihr aber ›keinen Gebrauch‹.*« (Hua III 1976: 63) So handelt es sich bei der Epoché um eine Transformation, die eine Umwertung der ursprünglichen, immer mitschwingenden Existenzthese vornimmt, indem sie diese einklammert: »In Beziehung auf jede Thesis können wir und in voller Freiheit diese eigentümliche εποχη üben, eine gewisse *Urteilsenthaltung, die sich mit der unerschütterten und ev. unerschütterlichen, weil evidenten Überzeugung von der Wahrheit verträgt*. Die Thesis wird ›außer Aktion gesetzt‹, eingeklammert, sie verwandelt sich in die Modifikation ›eingeklammerte Thesis‹, das Urteil schlechthin in das ›*eingeklammerte Urteil*‹.« (Hua III 1976: 64)

Die Epoché vollziehen bedeutet weder, überhaupt kein Urteil mehr zu fällen, wie es die (antike) Skepsis propagierte, noch das Dasein der Welt inklusive der eigenen Existenz zweifelnd zu negieren. Es bedeutet vielmehr, die erkenntnistheoretische Frage nach der Existenz nicht zu stellen (vgl. Mayer 2009: 87), indem sie eingeklammert, d.h. von ihr abgesehen wird. Die *phänomenologische* Epoché als Transformation der natürlichen Einstellung zu vollziehen bedeutet daher nicht nur die Rückwendung des Blicks auf das Bewusstsein selbst. Es bedeutet, an der phänomenalen Gegebenheit des Bewusstseins etwas anderes zu sehen, andere Aspekte hervortreten zu lassen, als dies in der natürlichen Einstellung der Fall ist. Husserl enthält sich nicht des Urteils über die Gegenstände schlechthin, sondern insofern sie ein raumzeitliches Dasein haben. Damit unterscheidet er die Erscheinungen raum-zeitlicher Körper von den genuin bewussten Phänomenen. Diese Unterscheidung erfolgt aber nach Husserl nicht, um es nochmals zu betonen, weil sich die Dinge eben vom Bewusstsein in ihrem Sein unterscheiden, sondern ausschließlich deshalb, weil das Bewusstsein, gleichsam aus sich selbst heraus, diese beiden ›Gegenstandsarten‹ anders konstituiert. Noch einmal anders: Sie werden nicht unterschieden, weil sie verschieden sind, sondern weil das Bewusstsein zu ihnen in einer jeweils unterschiedlichen Beziehung steht, sich unterschiedlich auf sie bezieht.

All das zeigt sich der Phänomenologin aber nur, wenn sie die durch die Epoché gewonnene neue wissenschaftliche Einstellung auch wirklich beibehält und nicht wieder unversehens in die alte zurückfällt. In der neuen Einstellung richtet der Phänomenologe also seine reflexive Aufmerksamkeit auf die Konstitutionsleistungen des Phänomens Bewusstsein, auf die unterschiedlichen Formen seines Gegenstandsbezugs, d.h. darauf, wie es sich selbst erscheint und wie ihm die Welt erscheint. Die unterschiedlichen Bewusstseinsvollzüge, die Denkformen des Erlebens, die Bewusstseinsakte, die Erlebnisweisen, mit einem Wort die Denkprozesse selbst werden nun zum Gegenstand der Analyse, sie sind die Phänomene, die es zu untersuchen gilt. »Alle Bewußtseinsarten, so wie sie sich unter dem Titel Erkenntnis sozusagen teleologisch ordnen lassen und, näher, sich den verschiedenen Gegenstands-Kategorien gemäß gruppieren – also die ihnen speziell entsprechenden Gruppen von Erkenntnisfunktionen –, müssen sich in ihrem Wesenszusammenhange und in ihrer Rückbeziehung auf die zu ihnen gehörigen Formen des Gegebenheitsbewußtseins studieren lassen.« (Hua XXV 1987: 16) Für Husserl besteht die phänomenologische Reflexion also nicht darin, auf die unmittelbaren empirischen Erfahrungsinhalte zu reflektieren, sondern auf die reinen bewussten Erfahrungs- oder Gegebenheitsformen jeder Erfahrung bzw. Erkenntnis überhaupt, die zusammen das Wesen des Bewusstseins ausmachen. Der zweite Schritt phänomenologischen Philosophierens, die eidetische Reduktion, zeigt die vielfältige Fülle der Bewusstseinsformen und wie sie zusammenhängend eine Einheit bilden.

Eidetische Reduktion: ›Eidetisch‹ ist ein aus dem Griechischen ειδος (Gestalt, das zu Sehende) abgeleitetes Prädikat. Seine Verwendung durch Husserl weist ebenfalls darauf hin, dass es der eidetischen Reduktion um die Formen, die Gestalten des Bewusstseins geht. Die grundsätzliche Erscheinungsform des Bewusstseins ist für Husserl die Intentionalität. Damit ist der Umstand gemeint, dass das Bewusstsein prinzipiell *intentional* auf seinen Gegenstand gerichtet ist, dass es prinzipiell Bewusstsein *von* etwas ist. Hierin folgt er seinem Lehrer Franz Brentano (1838–1917). Diese Gerichtetheit erfolgt in unterschiedlichen Weisen, je nachdem, ob sie auf unendlich viele reale oder auf bloß gedachte Gegenstände bezogen ist, je nachdem, ob sie einen realen Gegenstand für das Bewusstsein konstituiert oder einen gedachten. So gibt es beispielsweise wahrnehmendes Bewusstsein von etwas, phantasierendes Bewusstsein von etwas, sich erinnerndes Bewusstsein von etwas. Jede dieser unterschiedlichen Gestalten oder Wesensformen des Bewusstseins kann in der reinen Reflexion, die Husserl Wesensschau nennt, ›geschaut‹ werden. Dazu richtet sich das Bewusstsein zwar ebenfalls auf sich selbst, aber nicht, wie bereits betont, indem es bestimmte, konkrete vorhergegangene Bewusstseinsakte zum Gegenstand seiner Reflexion machte, sondern indem es fragt, welche Gestalt oder Form, welches Wesen solche Akte prinzipiell ›haben‹. Sie sind alle intentional, aber sie unterscheiden sich in Bezug darauf, wie sie ihren Gegenstand, das, worauf sie gerichtet sind, konstituieren.

Gegebenheitsformen: Die Phänomenologin erkennt diese Formen also nicht, indem sie sie aus der Erfahrung abstrahierend ableitet oder indem sie auf kantische Weise danach fragt, was diesen Erfahrungsprozess möglich macht. Sondern sie erkennt sie unmittelbar, intuitiv, indem sie nach den unterschiedlichen Arten und Weisen des Gegenstandsbezugs fragt. Dabei zeigt sich beispielsweise, dass eine Phantasie oder eine Erinnerung in einer anderen Weise gegeben ist als ein Baum. Denn der Baum ist dem Bewusstsein niemals vollständig oder auf einmal gegeben, sondern immer bloß in Abschattungen. Selbst wenn wir denkend um ihn herumgehen können, so ist er doch immer nur stückweise zu haben, sodass prinzipiell die Ansichten, die wir von ihm haben könnten, entsprechend den Perspektiven unendlich vermehrbar sind. Im Gegensatz dazu aber ist uns eine Erinnerung vollständig gegeben, sie überrascht uns nicht, wir kennen sie – auch wenn wir uns täuschen. Besteht also »die eidetische Intuition in einem Erkennen des *type* am *token*« (Mayer 2009: 93)? Vielleicht könnte man eher sagen, dass die Differenzen zwischen den unterschiedlichen Bewusstseinserlebnissen im Mittelpunkt der intuitiven Schau stehen; Differenzen, die nach Husserl unmittelbar einsichtig sind und so ihre Typologie gleichsam von selbst vorgeben.

Intentionale Bewusstseinsakte: Will man mit Husserl die Wesensschau vollziehen, gilt es zunächst, auch seine Unterscheidungen mitzuvollziehen: Die erste Unterscheidung betrifft den Bewusstseinsakt und den Inhalt, das, worauf jener bezogen ist. Wenn Bewusstsein immer Bewusstsein von etwas ist, gibt es zu jedem Bewusstseinsakt einen dazugehörigen, ›korrelierenden Gegenstand‹. Diese Gegenstände können nicht nur inhaltlich unterschieden werden, sondern unterscheiden sich auch in Bezug darauf, wie sich das Bewusstsein auf sie bezieht. Wenn es sich also etwa um ein wahrnehmendes Bewusstsein handelt, dann kann der korrelierende Gegenstand ein Baum, die Liebe oder die Sommerfrische sein; wenn es sich um ein phantasierendes Bewusstsein handelt, das Einhorn, eine eingebildete Krankheit oder Liebe; oder aber, wenn es sich um ein erinnerndes Bewusstsein handelt, der gestrige Ausflug oder ein Kinderreim. Mit anderen Worten: Korrelierende Gegenstände sind nicht nur vielfältig, sondern sie unterscheiden sich auch in ihrem Seinsstatus – *entsprechend der Art und Weise, wie sich das Bewusstsein auf sie bezieht bzw. beziehen kann.* Oder anders formuliert: wie sich das Bewusstsein den Gegenstand gibt bzw. geben kann. Erst daraus lässt sich im Weiteren *schließen*, ob ein Phänomen Phänomen eines realen oder wirklichen Dings ist oder nicht. Die einen geben wir uns in Abschattungen; die anderen, die reinen Gegebenheitsformen, aber auch die Phantasmen auf einmal, zur Gänze, »abschattungsfrei« (Held 1985: 45).

Wesensschau: Die Wesensschau als philosophische Reflexion selbst ist allerdings von anderer Art als die intentionalen Bewusstseinsakte oder -vollzüge, als die Wahrnehmung – sei es Hören, sei es Sehen, die Phantasie, die Erinnerung –, die sie analysiert: »Wesensschauung [ist] nichts weniger als ›Erfahrung‹ im Sinne von Wahrnehmung, Erinnerung oder gleichstehenden Akten [...]. Die Schauung erfaßt das *Wesen als Wesenssein* und setzt in keiner Weise Dasein. [...] Die Wesenserfassung ist dadurch gar nicht berührt, sie ist schauende als Wesenserfassung, und das ist eben andersartiges Schauen als das Erfahren.« (Hua XXV 1987: 33 f.) Sie muss auch von ganz anderer Art sein, da sie ja sonst die natürliche Einstellung nicht verlassen hätte, die die von ihr untersuchten Formen immer auch mitbestimmt. Deshalb haben wir es im Unterschied zu Kant in dieser philosophischen Reflexion keineswegs mit einer gleichartigen (ontologischen) Verdopplung des Gegenstandsbezugs zu tun, indem das Denken einmal auf die Welt und einmal in gleicher Weise reflexiv auf sich selbst bezogen wäre. Stattdessen ist die Wesensschau eine ganz eigene Art und Weise des Erkennens, die gerade unter Ausschaltung der Generalthese vollzogen wird, also nicht auf die Existenzannahme bezogen ›schaut‹. So richtet sich der Blick auf das Wesen des Phänomens Bewusstsein selbst, das sich in seinen unterschiedlichen Gegenstandsbezügen zeigt.

Das bedeutet auch, dass die Wesensschau Husserl nicht vorrangig zeigt, wie es um das Verhältnis von Bewusstsein und Welt, das er als Transzendenzverhältnis bezeichnet, bestellt ist. Sie präsentiert ihm eine reine, immanente, ›monadische‹ und dennoch allgemeine Bewusstseins- bzw. Erkenntnisordnung. Diese besteht nicht nur in einer Typologie unterschiedlicher Bewusstseinsformen, wie sie als unterschiedliche Gegenstandsbezüge erscheinen, sondern auch in der Einsicht, dass sie als inneres Fließen miteinander verbunden sind, einen Bewusstseinsstrom bilden: Die Einheit des Bewusstseins hat »ihre ganz eigenen ›Formen‹ [...]. Es ist ein zweiseitig unbegrenzter Fluß von Phänomenen, mit einer durchgehenden intentionalen Linie, die gleichsam der Index der alldurchdringenden Einheit ist, nämlich der Linie der angangs- und endlosen immanenten ›Zeit‹, einer Zeit, die keine Chronometer messen.« (Hua XXV 1987: 30)

Zusammenfassung: Halten wir fest, dass wir es methodisch mit einer wesentlichen Verschiebung oder Transformation zu tun haben, die darin besteht, weder nach dem Sein der Gegenstände noch nach dem Sein des Bewusstseins zu fragen. Husserls Phänomenologie bricht mit der Vorstellung, dass ein Phänomen immer auf ein Seiendes, nicht-phänomenales Sein verweist. Vielmehr sieht er im Bewusstsein selbst ein reines Phänomen – *und sonst nichts*. Dieses lässt sich sich und die Welt allerdings in unterschiedlichen Formen erscheinen, weshalb es möglich ist, diese in einer reinen Typologie zu ordnen und ihren Zusammenhang als zeitliches Fließen zu bestimmen. Wichtig ist, dass all dies für Husserl nur erkannt werden kann, wenn man die natürliche Einstellung als Existenzsetzung in der philosophischen Reflexion transformiert, d.h. einklammert, weil nur so die eidetische Reduktion auf die reinen Wesensformen der Bewusstseinsakte und deren Korrelate möglich wird. Husserl nennt diesen die natürliche Einstellung transformierenden Vollzug der Haltungsänderung auch *phänomenologische Reduktion* (Hua III 1976: 65f.). Die phänomenologische Reduktion, die Epoché oder die »reflexive Blickwendung« (Mayer 2009: 92) beschreiben also alle den ersten Schritt der neuen Methode, die dem befragten Gegenstand gerechter werden soll. Der zweite Schritt, die Wesensschau, besteht darin, in dieser neuen Haltung den Gegenstand, das sind die immanenten, aber allgemeinen Erscheinungsformen des Bewusstseins, der *eidetischen Reduktion* zu unterziehen.

Methodologisch betrachtet, lässt sich Husserl seine philosophischen Fragen also nicht mehr von der natürlichen Einstellung diktieren – weder wie die Skeptiker, die sich keinerlei Urteile mehr erlaubten, noch wie Descartes, der die Welt zweifelnd negiert hat, noch wie Kant, der aus dieser Perspektive bloß nach den Möglichkeitsbedingungen der natürlichen Einstellung gefragt hat. Stattdessen nimmt er eine neue, phänomenologische Haltung ein, die einen fundamentalen Haltungswechsel voraussetzt, der gerade in der Einklammerung dessen besteht, was normalerweise unseren Zugang zur Welt ausmacht: die Voraussetzung der Existenzannahme und damit die ontologische Frage überhaupt. Husserl geht davon aus, durch diese von der (konkreten) Existenz unabhängige und von den konkreten Erfahrungen abstrahierende Wesensschau eine apriorische Typologie der unterschiedlichen Gestalten des Bewusstseins aufstellen zu können: »Soweit die Intuition eine reine ist, die keine transienten Mitmeinungen befaßt, soweit ist das erschaute Wesen ein adäquat Erschautes, ein absolut Gegebenes.« (Hua XXV 1987: 32 f.) Die Reinheit hängt davon ab, wie konsequent die Epoché vollzogen wird. Das auf diese Weise intuitiv erfassbare Bewusstsein soll nach Husserl zur ersten tatsächlich wahren philosophischen Fundierung der Wissenschaften dienen. In diesem Sinne interessiert Husserl »das Bewußtsein nur als Ort des Erscheinens der Welt« (Held 1985: 41).

Warum aber glaubt Husserl, auf diese andere Weise die Wissenschaften, d.h. insbesondere die erstarkende Psychologie begründen zu müssen? Ich hatte oben angemerkt, dass es im Œuvre Husserls nicht die einzelne Schrift gibt, die man als die Methodenschrift bezeichnen könnte; wohl aber gibt es eine frühe

Schrift, in der Husserl programmatisch formuliert, warum er es sich zur Aufgabe gemacht hat, mit einer neuen Methode die *Philosophie als strenge Wissenschaft* (1910/1911) auszuweisen. Dort beschreibt er sein Programm ganz kantisch als aufklärend-kritisch und spricht selbst von einer notwendigen aufklärenden ›Vernunftkritik‹, die es erstmals wirklich zu leisten gelte, um die Philosophie aus ihrem beklagenswerten, eigentlich ganz unphilosophischen Zustand zu befreien. So finden wir in Husserl – wie schon in Kant und Hegel – erneut einen Retter der Philosophie, der endlich alle vorhergehenden Pseudophilosophien zu entlarven weiß, um ihr und folglich den Wissenschaften das erste, richtige und unbezweifelbare Fundament zu geben. Es gibt »nur ein Heilmittel: wissenschaftliche Kritik und dazu eine radikale, von unten anhebende, in sicheren Fundamenten gründende und nach strenger Methode fortschreitende Wissenschaft: die philosophische Wissenschaft [...]. Weltanschauungen können streiten, nur Wissenschaft kann entscheiden und ihre Entscheidung trägt den Stempel Ewigkeit.« (Hua XXV 1987: 57)

Der verfehlte philosophische Anspruch: Die Philosophie erhebt für Husserl seit ihren Anfängen den Anspruch, »strenge Wissenschaft zu sein [...], die den höchsten theoretischen Bedürfnissen Genüge leiste und in ethisch-religiöser Hinsicht ein von reinen Vernunftnormen geregeltes Leben ermögliche. [...] Dem Anspruch, strenge Wissenschaft zu sein, hat die Philosophie in keiner Epoche ihrer Entwicklung zu genügen vermocht.« (Hua XXV 1987: 3) Die historisch überlieferte Philosophie sei stattdessen »wissenschaftliches Halbfabrikat« (Hua XXV 1987: 55), weil sie bislang noch nicht in der Lage gewesen sei, sich selbst als strenge Wissenschaft zu konstituieren: »Wie die Philosophie zu den Natur- und Geisteswissenschaften stehe, ob das spezifisch Philosophische ihrer doch auf Natur und Geist wesentlich bezogenen Arbeit prinzipiell neue Einstellungen erfordere, mit denen prinzipiell eigenartige Ziele und Methoden gegeben seien, ob also das Philosophische uns gleichsam in neue Dimensionen führe oder sich mit den empirischen Wissenschaften von Natur und Geistesleben in einer und derselben Ebene abspiele: das ist bis heute strittig. Es zeigt, daß nicht einmal der eigentliche Sinn der philosophischen Probleme zu wissenschaftlicher Klärung gekommen ist.« (Hua XXV 1987: 3 f.) Die Aufzählung solch vernichtender Urteile Husserls über den Zustand der Philosophie ließe sich fast beliebig fortsetzen. Er beklagt, dass sie der Forderung nach ›reiner und absoluter Erkenntnis‹, ›reinem und absolutem Werten und Wollen‹ in ›absolut gültiger Weise‹, nach dem Vorbild der Mathematik, die ›kein Meinen und keine Standpunkte zulasse‹ etc., bislang nicht gerecht werde – auch wenn genau das, wie Husserl betont, bereits seit ihren Anfängen ihr Anliegen ist. Schlimmer noch: der Anspruch selbst sei gegenwärtig zerfallen (vgl. Hua XXV 1987: 6). Warum ist das so?

Die theoretische Situation: Für Husserl stellt sich die Lage der Philosophie am Ende des 19. und zu Beginn des 20. Jahrhunderts auf eine ähnliche Weise als verfahren dar wie für Kant gut hundert Jahre früher: Er identifiziert zwei einander bekämpfende wissenschaftliche Lager, eine naturalistische Philosophie, den naturwissenschaftlichen Empirismus bzw. die Psycho-Physik, die alles Erleben auf physikalisch messbare Reize zurückführt, auf der einen Seite, denen auf der anderen Seite der Skeptizismus, der Historizismus oder die Weltanschauungsphilosophie gegenüberstehen (vgl. hierzu auch Kap. 4). Beide verfehlen sie für Husserl jedoch *methodisch* das, was Philosophie leisten könnte und vor allem leisten soll. Die einen, weil sie naiv in der natürlichen Einstellung verharrend dem positivistischen Primat des Seins aufsitzen, die anderen, weil sie, einer relativistischen Sichtweise verhaftet, überhaupt keine geschichtsunabhängige Wahrheit mehr für denkbar halten. So sind beide nach Husserl nicht in der

Lage, den hohen Anspruch, den die Philosophie an sich stellt und dem sie sich stellen muss, zu erfüllen. Deshalb war eine neue Vernunftkritik vonnöten. Sie sollte nicht nur einen Ausweg aus dem Streit der Wissenschaften zeigen, sondern auch, warum die philosophische Vernunft bislang zu keiner wahren Wissenschaftlichkeit in der Lage war: weil sie sich ihre Fragen von der natürlichen Einstellung diktieren ließ.

Methodenstreit der Wissenschaften: Obwohl die Diagnose einer entzweiten, unversöhnlich gespaltenen philosophischen Wissenschaft, wie wir gesehen haben, auch Hegel gestellt hat, kehrt Husserl, was den Weg zur Lösung betrifft, in gewisser Weise wieder vor Hegel zu Kant zurück. Denn er versucht nicht zu zeigen, dass der Widerstreit der Positionen einer dialektischen Entwicklung und damit Notwendigkeit folgt. Stattdessen führt er ihn auf eine gemeinsame Fehlleistung des vernünftigen, reflektierenden Denkens zurück: Bei Kant ist es die überschwängliche Art der philosophierenden Vernunft, dort Schlüsse zu ziehen, wo es ihr nicht zusteht. Bei Husserl ist es das bisherige Unvermögen der philosophierenden Vernunft, sich als in einer natürlichen Einstellung befindlich zu entdecken. Das Problem ist demnach nicht die natürliche Einstellung an sich, sondern dass die Philosophie sich noch nicht über das eigentliche Hindernis wahren Philosophierens aufgeklärt hat. Nur wenn sie entdeckt, dass *auch* die *philosophische Reflexion* bislang in einer natürlichen Einstellung gefangen geblieben ist, kann sie sich auch von diesem Hindernis befreien. Husserl würde also Kant zustimmen, dass eine Selbstaufklärung der philosophischen Vernunft unumgänglich ist. In Bezug auf die Frage, was die Aufklärung zeigt, sprich inwiefern die Vernunft in ihren Reflexionen fehlgeht, trennen sich aber die Geister. Ein weiterer entscheidender Unterschied zwischen Kant und Husserl liegt in der Identifizierung der Kombattanten, denn bei Husserl stoßen nicht mehr die Empiristen und die Dogmatiker in Bezug auf die Begründung von Natur- und Sittlichkeitsgesetzen aneinander. An ihrer Stelle stehen nun die naiven Naturalisten und die skeptizistischen Weltanschauungsphilosophen, die um die Bestimmung dessen streiten, was den Geist, die Psyche bzw. das Bewusstsein *als seiendes* ausmacht. Wobei es letztlich gleichermaßen um die daraus resultierenden Gewissheiten und Begründungsmöglichkeiten geht – die nach Husserl von beiden Lagern schon aus methodischen Gründen verfehlt werden.

Psychologismus: Die erkenntnistheoretische Problematik besteht für Husserl darin, dass aufseiten der Naturalisten das Bewusstsein ›naturalisiert‹, d.h. ›verdinglicht‹ werde, weil sie es zu einem Gegenstand im raum-zeitlichen Gefüge machten. Das ist für ihn eine Folge ihrer naiven Prämisse, die Psyche sei höchstens ein Epiphänomen (Begleiterscheinung) der physischen Natur. In ihrer Selbstbetrachtung glaube die experimentelle Psychologie zwar, einen ähnlich wissenschaftlichen Fortschritt vollzogen zu haben, wie etwa Galilei oder Lavoisier – eigentlich sitze sie aber einem ›erkenntnistheoretischen Psychologismus‹ bzw. ›Physizismus‹ auf. Dieser bestehe eben gerade darin, dass die naturalistische Psychologie von der psycho-physischen Gegebenheit des Bewusstseins ausgehe, in einem Wort: von der natürlichen Einstellung: »Jedes psychologische Urteil schließt die existenziale Setzung der psychischen Natur in sich, ob nun ausdrücklich oder nicht.« (Hua XXV 1987: 14) Entscheidend ist allerdings, dass für Husserl das Ziel der naturalistischen Psychologie, nämlich die Philosophie als strenge Wissenschaft zu etablieren, weiter zu verfolgen ist – auch wenn die Mangelhaftigkeit der methodischen Durchführung dieses Ziel zugleich in Diskredit gebracht habe – ein Zustand, den es zu korrigieren gilt (vgl. Hua XXV 1987: 10).

Neben dieser richtigen Zielsetzung übt die Psychologie auch anerkennenswerte Kritik an der Erfahrung – im kantischen Sinne –, was allerdings zu keinerlei wahren Erkenntnissen führt, weil sie insgesamt, wie alle übrigen Naturwissenschaften auch, in der falschen Einstellung denkt und daher Fragen produziert, die sie aus dieser Einstellung heraus entweder nicht beantworten kann oder die an sich selbst schon widersinnig seien. Dennoch ist »eine ganz andere Erfahrungskritik [...] noch möglich und unerläßlich, eine Kritik, die die gesamte Erfahrung überhaupt und das erfahrungswissenschaftliche Denken zugleich in Frage stellt« (Hua XXV 1987: 14). Das Problem ist, wie bereits oben beschrieben, dass die Psychologie hier in der gleichen Art und Weise auf das Bewusstsein reflektiert, in der dieses in der natürlichen Einstellung die Welt erfährt. D.h. dass sie sich das Bewusstsein zu einem seienden Gegenstand macht, dem sie dann bestimmte Eigenschaften etc. zuschreibt, *indem sie von der Erfahrung ausgeht und die Haltung der Erfahrung nicht verlässt.* Es geht aber nach Husserl nicht darum, das empirische, gegebene Bewusstsein zu analysieren, sondern um die Einsicht in das der Erfahrung zugrunde liegende Wesen des reinen Bewusstseins. Das Problem ergibt sich daher aus einer Verwechslung beider Perspektiven (vgl. Hua XXV 1987: 17).

Im Ergebnis bringt die naturwissenschaftliche Psychologie aufgrund der natürlichen Einstellung, die eigentlich gar nicht wissenschaftlich genannt werden dürfte, nicht nur einfach andere Erkenntnisse hervor, sondern falsche. Zum einen stellt sie in ihrer verdinglichenden Reflexion ein Bewusstsein her, das zwar Ding ist, aber dennoch keine Abschattungen zulässt – und daher einer Chimäre gleicht. Und zum anderen kommt sie erst gar nicht dahin zu sehen, dass sie diesen Mangel hat, weil sie ja nicht zwischen der Wesensschau, in der sich das reine Bewusstsein zeigt, und dessen konkreten Erfahrungen zu unterscheiden weiß. Sie produziert also trotz bester Absichten auf ihrem falschen Weg eigentlich nur Unsinn (vgl. Hua XXV 1987: 38 f.). Ihre Gegenspieler auf der anderen Seite des (pseudo-)wissenschaftlichen Spektrums, die skeptizistischen Weltanschauungsphilosophen bzw. Historisten, machen es für Husserl nicht besser, sondern noch schlechter. Denn obwohl sie eigentlich Geisteswissenschaftler sind – hier hat er in der Nachfolge Hegels vor allem Dilthey im Blick –, gehen sie zusätzlich noch von einer zweiten fatalen Prämisse aus: Sie relativieren jede Art von wissenschaftlicher Erkenntnis, indem sie auch die Denkstrukturen selbst und folglich die Philosophie als gewordenes bzw. werdendes Kulturphänomen betrachten. Damit naturalisiere der ›Historizismus‹ zwar nicht, er setze aber das empirische Geistesleben in der Tatsachensphäre absolut, was nach Husserl in »einen extremen skeptischen Subjektivismus« (Hua XXV 1987: 43) führt.

›Skeptischer Subjektivismus‹ bedeutet hier, dass nichts mehr als wahre, ewige Erkenntnis ausgewiesen werden kann und die Wissenschaften inklusive der Philosophie keinerlei Sicherheit mehr versprechen können: die »Ideen Wahrheit, Theorie, Wissenschaft würden dann, wie alle Ideen, ihre absolute Gültigkeit verlieren« (Hua XXV 1987: 43) – und damit auch die Logik, der Satz vom Widerspruch etc. Das ist für Husserl nicht hinnehmbar, weshalb er darauf drängt, den Unterschied zwischen ›fließender Geltung‹ und ›objektiver Gültigkeit‹, zwischen ›Wissenschaft als Kulturerscheinung‹ und ›Wissenschaft als System‹ stark zu machen. Nur dann sei ein ›aufklärendes Verständnis‹ zu erlangen. Und gerade darin liegt der Mangel der historistischen Weltanschauungsphilosophien: dass sie diese Unterscheidung weder mitvollziehen noch überhaupt vom Standpunkt ihrer Prämissen darüber entscheiden können, *ob diese Unterscheidung* richtig oder falsch ist. Denn die Gründe, die sie anführen könnten, wären immer nur empirische, historische Tatsachen, die aber in

Bezug auf ewige Ideen gar nichts ausrichten können. »Die Historie kann danach wie gegen die Möglichkeit absoluter Gültigkeiten überhaupt, so im besonderen gegen die Möglichkeit einer absoluten, d. i. wissenschaftlichen Metaphysik und sonstigen Philosophie nichts Relevantes vorbringen.« (Hua XXV 1987: 45) Könnte sie es doch, dann nur, indem sie selbst das, was sie bestreitet, in Anspruch nimmt. Damit argumentiert Husserl wie Aristoteles und Kant vor ihm und wie viele nach ihm auch mit der elenktischen Beweisform bzw. dem performativen Widerspruch (vgl. 1. Kapitel: transzendentales Argument als Letztbegründung).

Historismus: Gleichermaßen argumentiert Husserl, dass die Wertungen des Historikers – sofern er welche abgibt – entweder nur theorieimmanent möglich sind oder aber aufgrund vorausgesetzter Werte, die er selbst nicht begründen kann. Aber er kritisiert nicht nur, sondern gewinnt auch der Weltanschauungsphilosophie noch etwas ab, nämlich im Hinblick auf die je gegenwärtige Bildung, den Habitus, die Weisheit, die authentischer Lehrer bedürfen. Ob diese Passagen allerdings ganz frei von Ironie sind, kann bezweifelt werden, wenn Husserl von einer Humanität spricht, die eine »Kunstlehre [...] vom tugendhaften und tüchtigen Menschen« erzeugt, der er das Prädikat »*unbedingt* empfehlenswert« verleiht (Hua XXV 1987: 50 f.). Solche Lehrer sind jedenfalls Praktiker und keine Theoretiker im eigentlichen Sinne, d.h., sie sind keine wissenschaftlichen Philosophen, weil sie eben für Husserl immer nur situiert, lebensweltlich gefangen argumentieren und keine reine Wesensschau vollziehen. Dennoch gesteht er zum einen zu, dass es sich um zweierlei Ideen handelt, um die Bildung und die Forschung, und dass diese beiden in der Zukunft durchaus wieder konvergieren könnten. »Die große Frage der Gegenwart ist, neben der klaren Scheidung, die relative Wertung dieser Ziele und hierbei auch die ihrer praktischen Vereinbarkeit.« (Hua XXV 1987: 53) Eindringlich warnt er davor, die praktischen Ziele ›übermächtig‹ werden zu lassen, weil das die theoretische Kraft zersetzen würde.

Fazit: So lässt sich als Fazit formulieren, dass es Husserl darum geht, dem skeptischen Relativismus Einhalt zu gebieten, indem er diesem eine streng wissenschaftliche Phänomenologie als Fundierung der Wissenschaft entgegenstellt, und darum, den Naturalismus auf seine problematischen Vorannahmen aufmerksam zu machen, indem die Existenzfrage eingeklammert wird, sodass an die Stelle der verdinglichenden, positivistischen Reflexion auf das Bewusstsein die intuitive eidetische Reflexion auf sein ewiges Wesen treten kann. So muss die Weltanschauungsphilosophie ihren Anspruch auf Wissenschaftlichkeit aufgeben und einsehen, dass sie kaum mehr als eine praktische, bildungspolitische Relevanz hat. Die wissenschaftliche Philosophie müsse den ›Tiefsinn‹ hinter sich lassen, um ganz cartesisch ›deutliche‹, ›klare‹ und ›evidente‹ Erkenntnisse zu erzeugen; das ›Chaos‹ in ›Kosmos‹, d.h. ›Ordnung‹ verwandeln und aus ›Ahnungen‹ ›rationale Gestaltungen‹ machen (vgl. Hua XXV 1987: 59). Dies ist für Husserl nicht nur wissenschaftlich geboten, sondern insbesondere auch gesellschaftlich notwendig, weil die Philosophie eine Verantwortung gegenüber der Menschheit habe, es keine Zeit zu verlieren gebe, sie am Skeptizismus leide und die Philosophie zu wenig Macht habe. Deshalb gilt es, mit der ›radikalen‹ – im Sinne von lat. *radix*, Wurzel – phänomenologischen Methode die Wissenschaft von den Anfängen und Ursprüngen allererst zu begründen. Und passend zur intuitiven Wesensschau fügt er abschließend hinzu, dass sie gegen Descartes und die rationalistische Tradition bis Kant »ohne alle indirekt symbolisierenden und mathematisierenden Methoden, ohne den Apparat der Schlüsse und Beweise, doch eine Fülle strengster und für *alle* Philosophie entscheidender Erkenntnisse gewinnt« (Hua XXV 1987: 62).

Affirmativ-transformierende Anschlüsse: Dem Wunsch Husserls, dass die Philosophie insgesamt seiner neuen Methode folge, ist sie nicht nachgekommen. So stellt Verena Mayer fest, dass es nur wenige Schüler gibt, die der idealistisch anmutenden Wendung in Husserls Denken gefolgt sind. Husserl hat seinen Ansatz auch *transzendentale Phänomenologie* genannt, was nach Meinung mancher Interpreten bedeutet, dass er wieder enger zu einem kantischen Philosophieverständnis zurückgekehrt sei (vgl. Held 1985: 40 f.). Das lässt sich in Analogie zur kantischen Vorgehensweise wie folgt plausibilisieren: erstens, weil sich hier das Bewusstsein auf sich selbst bezieht, seine eigenen Funktionsweisen zum Gegenstand seiner Befragung macht; zweitens präsentiert sich das Erfahrung(en) machende Bewusstsein seine Gegenstände in Raum und Zeit unter Zuhilfenahme bestimmter synthetisierender Kategorien. Kant nennt die präsentierten Gegenstände *Phänomene*, also Erscheinungen. Husserl fragt hier (ebenfalls mit Kant) weiter, wie diese Phänomenpräsentation vonstatten geht. Im Gegensatz zu Kant gibt er sich aber nicht mit den allgemein gehaltenen zwölf Kategorien zufrieden, sondern sucht die unterschiedlichen Konstitutionsweisen für unterschiedliche Arten von ›Gegenständen‹, wie Wahrgenommenem, Phantasien, Erinnerungen etc., im Bewusstsein zu entdecken.

Die Ironie des Schicksals ist vielleicht, dass weniger seine Methode als sein falsch verstandener Ruf *Zu den Sachen selbst* Husserl einigen Nachruhm beschert hat. Zudem ist an seine eidetischen Analysen des inneren Zeitbewusstseins angeschlossen worden. Sie sind hier nicht behandelt worden, weil sie ein Resultat seiner Wesensschau darstellen und keinen genuinen Aspekt der Methode selbst. Zu den berühmtesten Nachfolgern im dreifachen Sinne, zuweilen eben auch gegen Husserls ursprüngliche Intention, zählen Martin Heidegger, Maurice Merleau-Ponty, Jean-Paul Sartre, Niklas Luhmann, aber auch Jacques Derrida. Zwei will ich herausgreifen: Sartre und Luhmann.

Jean-Paul Sartre: Der Untertitel zu Sartres *Das Sein und das Nichts* (1943) lautet: *Versuch einer phänomenologischen Ontologie.* Schon der Titel zeigt, dass Husserl sich vermutlich vollkommen missverstanden gefühlt hätte, ging es ihm doch gerade nicht um eine Ontologie (Lehre vom Sein) des Bewusstseins, die augenscheinlich das Thema von Sartres Studie ist. Aber der erste Schein trügt, denn was Sartre dort darstellt, sind zwar existentielle Strukturen des Bewusstseins, aber dessen Seinsstatus wird als *Nichts* ausgegeben, als reines, sich und die Welt spiegelndes wie strukturierendes Phänomen. Ob Husserl das hätte gelten lassen, lässt sich hier nicht beantworten. Auch muss hinzugefügt werden, dass Sartre methodisch Husserl dort nicht folgt, wo er von den *Erlebnissen* bzw. *Erfahrungen* ausgehend die transzendentale Frage nach den strukturellen Möglichkeitsbedingungen dieser Bewusstseinsphänomene stellt – hier verfährt Sartre eher wie Kant. Zudem nimmt er keinerlei feste, apriorische Formen oder Gestalten des reinen Bewusstseins an, da sich das Bewusstsein für ihn ständig (neu) kreiert, strukturiert, entwirft. Die Formen, in denen es die Welt und sich selbst erfährt, sind vielmehr – zweiter Fauxpas im Sinne Husserls – ganz gemäß Hegel historisch geworden und daher permanent veränderbar. Sartres Analyse des inneren Zeitbewusstseins ist entsprechend ebenfalls auf die historisch variable Selbststrukturierung des Bewusstseins bezogen. Methodisch klammert Sartre die Existenzfrage des Bewusstseins nicht ein, sondern gibt ihr einen anderen, phänomenalen Sinn, weil das Bewusstsein für ihn nichts als ein sich selbst erscheinendes Phänomen ist, das allerdings in dieser Erscheinung immer als Bewusstsein von etwas das Sein als jeweilige Welt spiegelt.

Niklas Luhmann: Dass Luhmann sich viel mit Husserl beschäftigt hat, ist auf den ersten Blick nicht so offensichtlich wie bei den anderen drei genannten Philosophen. Dennoch ist Husserls kritische, um Aufklärung bemühte Auseinandersetzung mit den

Wissenschaften seiner Zeit für Luhmann Vorbild, wobei auch Luhmann genau wie Sartre den *Gegenstand* der eidetischen Reduktion erheblich transformiert. Allerdings nicht, indem er die Seinsfrage gleichsam in eine Nichtsfrage ummünzt, sondern indem er die Funktion, die Husserl dem reinen Bewusstsein zuschreibt, d.i. gegenstands- und formgebend in einem Zeitfluss zu sein, im *Sinn* als Medium der Formen auflöst. Luhmann geht allerdings nicht mehr vom Bewusstsein bzw. vom modernen Subjekt aus, dem dieses selbst bzw. die Welt phänomenal erscheint, indem es sie ordnet. Vielmehr geht er von unterschiedlichen autopoietischen Systemen aus (z.B. soziale Systeme, Bewusstseinssystem), die sich selbst ordnend strukturieren und dabei ihre je eigenen Elemente erzeugen. Jedes System erhält sich selbst, indem es einerseits auf etwas anderes als sich selbst hinweist, analog zum abschattenden Bewusstsein von etwas, und andererseits immer zugleich auf sich selbst als davon Unterschiedenes verweist. Analog dazu verweist das Bewusstsein für Husserl eben immer zugleich auf sich als reines, Phänomene gebendes. So besteht der wesentliche Anschluss Luhmanns an Husserl darin, dass die Theorie der autopoietischen Selbsterhaltung und Sinngebung sämtlicher Systeme auf Husserls Phänomenologie des inneren Zeitbewusstseins fußt.[38]

4. Hermeneutisches Verstehen

Philologisches: Auch Hermeneutik ist ein Lehnwort aus dem Griechischen, das von ερμηνευειν (›erklären‹, ›auslegen‹, ›übersetzen‹, ›verkünden‹) abgeleitet ist. Hans-Georg Gadamer deutet eine Verbindung zu Hermes, dem Götterboten, an, dessen Aufgabe darin bestand, den Menschen den Willen der Götter zu übermitteln und verständlich zu machen (Gadamer 2010: 170 sowie Gadamer 1974: 1061) – ob es sich dabei um mehr als eine gemeinsame Wortwurzel handelt, ist jedoch umstritten (Seiffert 1992: 9) Das Suffix -ik verweist wie im Fall der Dialektik darauf, dass es um eine Kunstfertigkeit, ein Können geht, dass also das angemessene Erläutern des Gemeinten eine erlernbare Praxis ist. Begriffsgeschichtlich hat ›Hermeneutik‹ seit der Verwendung durch Platon einige Bedeutungsveränderungen erfahren, die von der ursprünglich sakralen Bedeutung als Auslegung von Orakelsprüchen, als Lehre vom Satzbau bei Aristoteles über die Verwendung in den Rechtswissenschaften, in der (reformatorischen) Theologie und die daran angelehnte philologische Methode der Textauslegung bis zur historistisch ausgerichteten geisteswissenschaftlichen Methode reichen. In jüngerer Zeit hat Hans-Georg Gadamer versucht, sie als philosophische Methode zum Verständnis der (philosophischen) Überlieferung zu etablieren. Allen Verwendungen von Hermeneutik als Auslegungskunst ist gemeinsam, dass ihr Gegenstand gesprochene Worte oder Texte sind, die es angemessen zu verstehen gilt, d.h. möglichst nah an ihrer ursprünglichen Intention, um diese Intention weiterzugeben oder situationsgerecht zu aktualisieren.[39]

Juristisch: Neben einer langen historischen und einer jungen philosophischen Tradition lässt sich im juristischen Zusammenhang das Handeln der zuständigen Funktionsträger auch heute als hermeneutisch gehaltvoll bezeichnen. Im aktuellen Rechtsverständnis sind z. B. Gerichte an die geltenden Gesetze gebunden. Das bedeutet, dass sie deren Sinngehalt der konkreten Situation entsprechend auslegen, d.h. anpassen müssen. Dabei haben sie einen gewissen Spielraum, der aber durch die Bedeutung des immer schon formulierten, allgemeinen Gesetzes vorgegeben und eingeschränkt ist. Indem die Gesetze ihrerseits als (verbindliche) Vorschläge für die Lösung übergeordneter, ›unverfügbarer‹ Sachprobleme betrachtet werden können, ähneln sie im Übrigen den Rechtsauslegungen der Gerichte. Diese können sich bei der Auslegung zudem an bereits gefällten Urteilen (Präjudizien) orientieren, wobei sie aber selbst keine Gesetzeskraft haben, da in Staaten mit Gewaltenteilung die Legislative (die gesetzgebende Gewalt) von der Judikative (der rechtsprechenden Gewalt) strikt getrennt wird. Die Gerichte legen demnach vorhandenes Recht aus – und formulieren bzw. verabschieden selbst keine Gesetze.[40] Die verabschiedeten Gesetzestexte sind zu weiten Teilen nichts anderes als eine stete Anpassung an gesellschaftliche Veränderungen und dadurch neu entstandene Bereiche, die rechtlich geordnet werden (müssen). Das so verstandene Rechtssystem ist demnach ein dynamisches System, das es mit im Laufe der Zeit immer wieder veränderten Gesetzen zu tun hat, an denen – und an den besagten übergeordneten Sachfragen, wie z. B. dem Problem der Schuld – sich die Gerichte interpretierend orientieren, bis diese Gesetze an sich selbst neu interpretiert, formuliert oder sogar abgeschafft werden.[41] Der Dogmen- oder Wahrheitscharakter des Gesetzes ist mithin zeitlich gebunden, weil es keine ewige Gültigkeit beanspruchen kann, sondern gesellschaftlich bedingten, semantischen Veränderungen unterliegt. Hermeneutisch ist die Recht*sprechung*, weil es den Gerichten obliegt, das vorhandene Gesetz seinem Sinngehalt gemäß und situationsgerecht *auszulegen* und es zur Grundlage des Urteilens und Handelns zu machen.

Theologisch: In der theologischen Hermeneutik gibt es nur einen unveränderlichen Text, den es auszulegen gilt: die Bibel. Das gilt aber nur dann, wenn man davon absieht, dass die jüdische Hermeneutik auch den Talmud auslegt und Teile der protestantischen Hermeneutik versuchen, Veränderungen des biblischen Textes nachzuzeichnen. Die theologische Auslegungskunst reicht historisch bis in die Antike zurück und wird beispielsweise bei Augustinus (354–430) als Methode vorgestellt. In der durch zunehmende Aufklärung geprägten Neuzeit gewinnt sie in der Reformationsbewegung als expliziter Kontrapunkt zur dogmatischen Verkündungspraxis der katholischen Kirche erneut Bedeutung. ›Zurück zum Wortlaut der heiligen Schrift selbst‹, lautete das Credo, da die Bibel als ursprüngliches Wort Gottes wörtlich zu nehmen sei. Das gilt vor allem für Martin Luther (1483–1546) und Philipp Melanchthon (1497–1560). Der Appell, sich bei der Interpretation wieder dem ursprünglichen Wortlaut zuzuwenden, beruht zum einen auf der Einschätzung, dass die Kirche sich in ihrer Auslegungs- und Privilegienpraxis nicht mehr wirklich im Geiste des Evangeliums bewegt habe. Zum anderen richtete er sich aber auch gegen die *allegorische* Auslegungspraxis. Diese besteht, vereinfacht gesagt, darin, den biblischen Text seinerseits als Allegorie (αλληγορια ~ andere Rede, d.h. das Gemeinte wird in verschleiernden Worten gesagt), als Metapher (μεταφορα ~ übertragen, übersetzen, transportieren) für noch andere, wenngleich ähnliche Bedeutungen zu verstehen. Dem Text wird so noch ein verborgener, nicht wörtlicher Sinn zugeschrieben, den die Bibel anzeigt, indem sie dafür u.a. Bilder verwendet. In diesem Sinne sind Wörter wie ›Leben‹, ›Licht‹ oder ›Anfang‹ metaphorische Stellvertreter für ›Gott‹.

Philologisch: Der philologischen Hermeneutik, die eng mit der theologischen verwandt ist bzw. von dem Reformer Friedrich Schleiermacher (1768–1834) aus ihr heraus entwickelt wurde, geht es ebenfalls um die Reproduktion des ursprünglich in historischen, vor allem klassischen Texten Gemeinten. Die theologische Textauslegung erfährt hier zugleich eine Anpassung ihrer Methode und eine Ausdehnung ihres Anwendungsbereichs auf profane, literarische, aber auch philosophische Texte, d.h. vor allem solche der griechischen und römischen Antike.[42] Im Mittelpunkt steht die adäquate Reproduktion des intendierten Sinns, den es verstehbar zu machen gilt – ein Ideal, das dadurch erreicht werden soll, dass das einzelne Wort im Satzgefüge, der Satz im Text, der Text im Werk, das Werk bezogen auf den Autor und auf seine Zeit kontextualisiert wird. Umso mehr Informationen über das Umfeld, die Entstehungssituation gefunden werden können, desto adäquater die Auslegung bzw. die Reproduktion. Eine weitere Voraussetzung ist, dass das Ideal der adäquaten Reproduktion des ursprünglich Gemeinten überhaupt in hinreichender Näherung möglich ist – wobei dieses Ideal auch nach Schleiermacher nie ganz erreichbar ist. Dennoch wird davon ausgegangen, dass prinzipiell zu jedem historischen Zeitpunkt jedes um Erkenntnis bemühte Denken in der Lage ist, den in den Texten niedergelegten Sinngehalt trotz unterschiedlicher historischer Situationen auf die gleiche Weise sehen und verstehen zu können. Dass die Entblätterung aus dem historischen Zusammenhang ein geschichtliches Bewusstsein voraussetzt, das umfassende historische Forschungen fordert, liegt auf der Hand.

›Historische Schule‹: Wilhelm Dilthey (1833–1911) als Hauptvertreter der sogenannten historischen Schule des 19. Jahrhun-

derts schließt an diesen Anspruch, allerdings beeinflusst von Hegels umfassender Weltgeistphilosophie, an. Eine der großen Fragen dieser Zeit war, wie es um den Wahrheitsgehalt historischer Forschungen und um die Wissenschaftlichkeit ihrer Ergebnisse steht; wie sich solche Forschung also mit Blick auf die neuzeitliche naturwissenschaftliche Methode und in Abgrenzung zu ihr begründen lassen konnte. Diltheys Antwort bestand zusammengefasst in dem Versuch, die Hermeneutik als grundlegende wissenschaftliche Methode der (historischen) Geisteswissenschaften zu etablieren. Das sollte die Geisteswissenschaften den Naturwissenschaften gleichstellen, und zwar aufgrund einer der neuzeitlichen naturwissenschaftlichen Methodik gleichwertigen, aber von dieser unabhängigen, selbständigen erkenntnistheoretischen Methode. Die Erforschung der ›geistigen Erscheinungen‹, analog zu den historisch unterschiedlichen Bewusstseinsgestalten als Ausdruck des werdenden Geistes (Hegel), sollte hermeneutisch erfolgen. Mit dem Begriff ›geistige Erscheinungen‹ bezeichnet Dilthey insgesamt jede Art von Kulturgütern, wie Texte, Bauwerke oder Musikpartituren, aber auch die unterschiedlichen historischen Gestaltungen ›geschichtlicher Seelenvorgänge‹, also diverse seelische oder psychische Verfassungen. Sofern es dabei auch um ganze philosophische Systeme geht, vertritt Dilthey einerseits – mit Hegel – die Auffassung, dass jedes dieser Systeme *in seiner Zeit* verstehbar ist. Andererseits hat aber keines der Systeme einen Vorrang, weil er gegen den historischen Optimismus eines Kant oder Hegel der Geschichte keine Vorstellung natürlichen oder weltgeistigen Fortschritts unterlegt.

Methodische Differenzen: Die Differenz zwischen naturwissenschaftlicher und der avisierten geisteswissenschaftlichen Methode besteht vor allem darin, dass die geforderte Objektivität bei der ersten durch experimentelle Wiederholbarkeit und Absehung von besonderen Umständen hergestellt wird. Es darf nur dann von Einzelereignissen per Induktion auf eine Gesetzmäßigkeit geschlossen werden, wenn diese Ereignisse experimentell von Zeit und Ort unabhängig wiederholbar sind. Im Gegensatz dazu ist die Zeit- und Ortabhängigkeit im Historismus Dilthey'scher Prägung Programm. Denn es geht um die Vermittlung von historisch *Gewordenem* und damit historisch unterschiedlich gestaltetem Bewusstsein und Wahrheitsanspruch. Die Hermeneutik als *verstehende* Wissenschaft ist eine Methode, mit der historisch verschiedene ›geistige Erscheinungen‹ jeder Art, d.h. auch verschiedene seelische Vorgänge, erforscht werden sollen, um sowohl in jeder punktuellen Auslegung den genuinen Sinn als auch in der Gesamtschau das Wesen des Menschen insgesamt, also über die Zeit hinweg, *verständlich* zu machen. Darin besteht ihr Wahrheitsanspruch. Inwiefern dies der geforderten Objektivität und damit dem Wahrheitsanspruch der Naturwissenschaften Genüge leistet, kann und soll hier nicht diskutiert werden. Es ist aber festzuhalten, dass auch von geisteswissenschaftlicher Seite nicht alle diesem Vorschlag gefolgt sind. So haben wir bereits gesehen, dass sich auch Husserl gegen den historischen, abwertend so genannten ›Psychologismus‹ Diltheys wendet, weil er in der historischen Relativierung des Wahrheitsanspruchs ein Argument sieht, das dem Anspruch auf Wissenschaftlichkeit den Garaus macht. Deshalb hat Husserl eine andere methodische, nämlich phänomenologische Grundlegung der Geisteswissenschaften bzw. insbesondere der Philosophie gefordert und vorgelegt. Aber auch ein anderer Zeitgenosse Diltheys, Gottlob Frege (1848–1925), steht einer derartigen Methode skeptisch gegenüber und schlägt ein anderes, sprachanalytisches Vorgehen zur Begründung der Wissenschaften bzw. der Mathematik vor (vgl. Kap. 3 bzw. Kap. 5).

Martin Heidegger: Auch wenn eine der Aufgaben der abendländischen Philosophie immer auch im adäquaten Verstehen von Begriffen besteht, geht es bei der Hermeneutik als genuin *philo-*

sophischer Methode oder Haltung um mehr. Bevor die von Hans-Georg Gadamer (1900–2002) entwickelte explizit *nicht* naturwissenschaftliche Methode skizziert wird, gilt es noch, den letzten und einflussreichsten Autor seiner Ahnenreihe kurz vorzustellen: Martin Heidegger (1889–1976), der nicht nur Husserls Schüler, sondern auch Gadamers Lehrer gewesen ist. In Heideggers *Sein und Zeit* (1926) wird das hermeneutische Tun, das Verstehen des Vergangenen und Verschiedenen, nicht mehr als mögliche Handlung des Bewusstseins oder als instrumentelle Eigenschaft unter anderen verstanden, sondern als die grundsätzliche Verfasstheit überhaupt, in der bewusstes Sein da ist. Der Mensch ist als Verstehender da – das beschreibt wesentlich seine Existenz, sein Dasein in der Welt.

»Zum Sein des Daseins gehört Seinsverständnis. Verständnis hat sein Sein in einem Verstehen. Wenn dem Dasein wesenhaft die Seinsart des In-der-Welt-seins zukommt, dann gehört zum wesenhaften Bestand seines Seinsverständnisses das Verstehen von In-der-Welt-sein. Das vorgängige Erschließen [...] ist nichts anderes als das Verstehen von Welt, zu der sich das Dasein als Seiendes immer schon verhält.« (Heidegger 1986: 85f.)

Mit dieser Auffassung erhebt Heidegger das Verstehen zu einer Seinsweise, indem er sagt, der Mensch oder das Bewusstsein sei nichts anderes als ein verstehendes In-der-Welt-sein. Da die Welt aber nicht für jeden Menschen immer wieder neu entsteht, sondern allen immer schon als geschichtlich gestaltete gegeben ist, d.h. als eine, in die wir hineingeboren werden, existiert der Mensch als ›verstehender Entwurf‹ immer in einer schon gewordenen, im weitesten Sinne sozial geordneten, d.h. kulturell und ökonomisch geprägten Welt. In der Welt zu sein ist nach Heidegger gleichbedeutend damit, in eine Welt versenkt zu sein, die es zu verstehen gilt und angesichts deren es sich selbst zu verstehen gilt.

Dies ist nichts, wozu sich der Mensch entscheiden könnte, denn es beschreibt seine grundsätzliche Daseinsweise, an der er von Anfang an ›nicht vorbeikommt‹.

Das grundsätzlich verstehende Verhältnis, als das das menschliche Dasein existiert, lässt sich auch auf das Verhalten Philosophierender übertragen. Sofern das spezifisch philosophierende Verhalten versucht, überlieferte philosophische Texte zu verstehen, nennt Heidegger es ein »Gespräch« (vgl. Heidegger GA 11 2006: 59 u. ö.) mit der Geschichte der Philosophie. Ein solches Gespräch hat nicht nur verschiedene Gesprächspartner, sondern kann auch mit unterschiedlichen Haltungen geführt werden. Hegels Gespräch mit der Geschichte der Philosophie ist für Heidegger ein Beispiel dafür, wie so ein Gespräch nicht geführt werden sollte: Hegel stülpe den einzelnen historischen Ereignissen bzw. Erzeugnissen des Geistes von vornherein sein dialektisches Geschichtsverständnis über, sodass die Geschichte ihm immer nur zeige, wovon er ohnehin schon ausgegangen war: eine dialektische Entwicklung. So spiegeln die Hegel'schen geschichtsphilosophischen Rekonstruktionen für Heidegger immer nur deren eigene, mitgebrachte Verstehensmuster. Dadurch haben die analysierten Philosophien aber von vornherein keine Chance, ihren ursprünglichen, vermutlich abweichenden Sinn bzw. ihre ureigene Bedeutung *jenseits der dialektischen Rekonstruktion* zu zeigen.

Gespräch mit der Geschichte: Dem setzt Heidegger seine Form des Gesprächs mit der Geschichte entgegen, das er auch als »Schritt zurück« (Heidegger GA 11 2006: 58 f. u. ö.) bezeichnet. Der Schritt-zurück besteht nun nicht einfach in »in einem historischen Rückgang zu den frühesten Denkern der abendländischen Philosophie« (Heidegger GA 11 2006: 61), wie das etwa Schleiermacher favorisierte. Methodisch den ›Schritt-zurück‹ zu gehen bedeutet vielmehr, nach den *impliziten*, nicht thematisierten Voraussetzungen oder auch Überzeugungen des philosophisch Gedachten zu fragen und sie dadurch sichtbar zu machen. D.h., hier wird nicht nach offensichtlichen, historischen und persönlichen Kontexten eines überlieferten Textes gefragt, die das Verstehen ermöglichen, sondern es sollen die das Denken leitenden, latenten Grundüberzeugungen oder -differenzierungen offengelegt werden.[43] Der Schlüssel zum Verständnis eines Textes sind also nicht der Autor und sein Werk oder die historische Situation, in der der Text verfasst wurde, sondern die vorausgesetzten, die Welt betreffenden Überzeugungen, die in jedem Text latent vorhanden sind und dessen Sinn bestimmen.

Aber das Gespräch zeigt nicht nur die verborgenen Denkmuster, die den historischen Texten zugrunde liegen, sondern auch die der um Verständnis ringenden Leser. Damit wird hier auch die historische Variabilität der jeweils vorausgesetzten verstehenden Denkmuster deutlich. Denn an der Widerständigkeit des zu verstehenden historischen Textes, d.h. am *Un*verständnis dem philosophischen oder literarischen Text gegenüber, können die je *eigenen* historisch-gewordenen Grundüberzeugungen und -differenzierungen erst deutlich werden. Das Gespräch mit dem historischen Text dient also nicht nur dem Verstehen des Textes durch Offenlegung seiner gleichsam kategorialen Voraussetzungen, sondern es offenbart gleichermaßen die gegenwärtigen, dem Verständnis zugrunde liegenden bzw. es leitenden Muster des verstehenden In-der-Welt-seins. Eine so aufgefasste Hermeneutik bezieht den Verstehenden ebenso mit ein wie den Text, der verstanden werden soll – und lässt die damit verbundene historische Situiertheit und Differenz zum wesentlichen Moment des Verstehens werden.

Hans-Georg Gadamer: An diese Auffassung schließt Gadamer mit *Wahrheit und Methode. Grundzüge einer philosophischen Hermeneutik* (1960) unmittelbar an. Nach Heideggers ontologischer

Wende, d.h. nach seiner Erhebung des Verstehens zu einer Seinsweise, nehme sich »der Problemkreis der wissenschaftlichen Hermeneutik plötzlich sehr anders aus« (Gadamer 2010: 264). Der Herausarbeitung dieser neuen Aspekte des hermeneutischen Problems ist sein Buch gewidmet. Im *Historischen Wörterbuch der Philosophie* zieht er das Fazit, dass

> »eine *philosophische* Hermeneutik [...] zu dem Ergebnis kommen [wird], daß Verstehen nur so möglich ist, daß der Verstehende seine eigenen Voraussetzungen ins Spiel bringt. Der produktive Beitrag des Interpreten gehört auf eine unaufhebbare Weise zum Sinn des Verstehens selber. Das legitimiert nicht das Private und Arbiträre subjektiver Voreingenommenheiten, da die Sache, um die es jeweils geht, vollen Disziplinierungswert behält. Wohl aber ist der unaufhebbare, notwendige Abstand der Zeiten, der Kulturen, der Klassen, der Rassen ein selber übersubjektives Moment, das dem Verstehen Spannung und Leben verleiht.« (Gadamer 1974: 1070)

Insofern Hermeneutik auch das eigene situierte Denken miteinbeziehen muss, will Gadamer sie nicht nur im engen instrumentellen Sinne als neutrale Methode zum Erkenntnisgewinn begreifen. Vielmehr beschreibt er damit eine bestimmte Haltung, die prinzipiell allem und allen anderen gegenüber, also jedem zu verstehenden Objekt gegenüber eingenommen werden kann. So geht es Gadamer darum, in der spezifisch philosophischen Hermeneutik als wissenschaftlicher Haltung den Texten der Philosophiegeschichte gegenüber deutlich zu machen, dass sowohl dem Sinn der Texte als auch dem Sinn, den die verstehenden Leser bzw. Nach-Denkerinnen ihnen verleihen, ihr jeweiliger geschichtlicher Horizont wesentlich eingeschrieben ist. *Zugleich* ist dieser Sinn aber genau deshalb verstehbar, weil er auch überzeitlich ist. Philosophische Hermeneutik steht so für eine verstehende Praxis, durch die ein philosophischer, allgemeiner Sinn des in der Geschichte Gedachten, in Texten Verfassten zutage treten kann – je ausgedrückt im vergangenen Produkt wie in der gegenwärtigen Interpretation.

Zwei Zielsetzungen: Eine Zielsetzung der philosophischen Hermeneutik Gadamers besteht daher in »der Überwindung der Hermeneutik des Historismus« (Gadamer 2010: 336, Anmerkung), womit er sich auch gegen den historischen Relativismus stellt (vgl. Gadamer 2010: 240). Denn eine notwendige Bedingung der philosophischen Hermeneutik besteht in der Voraussetzung, dass es einen allgemeinen Sinn oder ›verbindlich Gesetztes‹ *gibt* (vgl. Gadamer 2010: 335). Das verbindlich Gesetzte wird lediglich im Laufe der Zeit in verschiedenen sprachlichen bzw. textuellen Gewändern immer wieder neu zum Ausdruck gebracht und kann mit der hermeneutischen Haltung angemessen gehört und verstanden werden. Das bedeutet nicht, dass dem verbindlich Gesetzten oder dem Sinn außerhalb seines je historisch-spezifischen Vorkommens in Texten oder Interpretationen eine Existenz zugesprochen würde. Es bedeutet nur, dass es einen verbindlichen, nicht relativen Sinn gibt, der trotz historischer Veränderungen immer wieder anders zum Ausdruck kommt – oder wenigstens kommen kann. Die immer wieder neu zu vollbringende hermeneutische Leistung besteht darin, dies am historischen Gegenstand in der Gegenwart zu zeigen. Eine zweite wichtige Zielsetzung besteht darin, die Verbindlichkeit der naturwissenschaftlichen Methode für die Geisteswissenschaften aufzuheben. Positiv formuliert, geht es daher auch Gadamer noch um die Etablierung einer gleichwertigen, aber *anderen*, weil nicht naturwissenschaftlichen Forschungsmethode für diejenigen Wissenschaften, die es mit den Produkten des Denkens im weitesten Sinne zu tun haben.[44] Im engeren Sinne soll auch die Philosophie selbst als hermeneutische, d.h. als historisch bedingte und bestimmte Wissenschaft ausgewiesen werden, wobei eben (manche) ihre(r) Texte als Verkündungsorte von Wahrheit zu legitimieren sind.

Beide Zielsetzungen Gadamers betreffen nach wie vor die Überwindung eines Mangels oder einer Fehleinschätzung, die er im Hinblick auf die vorhandenen Methoden in den Geisteswissenschaften immer noch am Werke sieht: Denn der Anspruch auf Objektivität der neuzeitlichen naturwissenschaftlichen Methodologie, dem zufolge Erkenntnisse über das, was ist, nur auf dem Wege experimentell wiederholbarer Versuche herzustellen sind, sodass die Resultate von Zeit und Ort unabhängig immer wieder nachgewiesen werden können, lässt sich aus einer historischen Perspektive gar nicht einholen. Diese Voraussetzung, induktiv auf eine allgemein gültige Regel, auf ein ›Naturgesetz‹ schließen zu dürfen, mithin Erkenntnis hervorzubringen, ist in Bezug auf historische Ereignisse, Situationen oder Sinnkontexte gar nicht einlösbar, weil diese prinzipiell nicht experimentell wiederholbar sind. So versucht auch Gadamer, die diagnostizierte Frontstellung zwischen den Wissenschaften und die damit einhergehende postulierte Überlegenheit der naturwissenschaftlichen Methode zu überwinden, indem er im Anschluss an Schleiermacher und Dilthey beiden Wissenschaftszweigen einen je eigenen, gleichwertigen Weg zur Erkenntnis, eine je eigene Erkennenspraxis zuweist. Er modifiziert das hermeneutische Erkennen, indem er dem erkannten Sinn einen überzeitlichen Charakter zuschreibt. Dadurch sucht er die hermeneutische Methode gegen den Vorwurf des historisch bedingten Relativismus zu immunisieren. Die Hermeneutik muss aber auch insofern neu gefasst werden, als sie, wie bereits erwähnt, keinen rein instrumentellen Charakter mehr aufweist, sondern seit Heidegger auch eine ontologische, d.h. das Sein des Menschen betreffende Bedeutung innehat. Die avisierte philosophische Hermeneutik soll demnach die nicht-teleologisch gedachte geschichtliche Diversität mit der auf verbindliche Weise Sinn nachvollziehenden hermeneutischen Auslegungskunst historisch gegebener Artefakte und mit der Bestimmung menschlicher Existenz als (sich selbst und seine Welt auslegendes) Verstehen verbinden. Diese *neue philosophische* Bedeutung von Hermeneutik, die ontologische und erkenntnistheoretische Facetten hat, expliziert Gadamer in *Wahrheit und Methode* in mehreren Schritten.

Wahrheit und Methode: Zunächst wird die Frage gestellt, wie es überhaupt zum Alleingeltungsanspruch der naturwissenschaftlichen Methode gekommen sei angesichts der Tatsache, dass sowohl historisch betrachtet – in der Antike – als auch transdisziplinär betrachtet – in der Rechtspraxis und der Theologie – andere Methoden der Wahrheitsfindung anerkannt, d.h. zulässig sind. Die falsche Weichenstellung für die methodischen Verirrungen in Bezug auf mögliche Wege zur Erkenntnis identifiziert Gadamer in einer falsch verstandenen Aufklärung, die auch in Kants Ausschluss der Kunst, d.h. des ästhetischen Urteils, aus dem Bereich der objektiven Erkenntnis zum Ausdruck kommt. Denn Kant habe in der *Kritik der Urteilskraft* (1799) die »Ästhetik subjektiviert« (Gadamer 2010: 48–61) und damit jegliches objektives Erkennen den Naturwissenschaften allein zugestanden.[45] Diesen Fehler gilt es zu korrigieren, weil der Geltungsanspruch in der Kunst *unbegründet*, d.h. *dogmatisch* nach Anerkennung verlange, ohne deshalb willkürlich zu sein. So beendet Gadamer seine Analyse der Auffassungen von Ästhetik und ästhetischem Bewusstsein bei und im Anschluss an Kant damit, dass er das Kunstwerk einem Text gleichstellt, das ebenso wie dieser auszulegen sei, um es überhaupt als Kunstwerk verständlich zu machen: »Die Hermeneutik muß [...] im ganzen so bestimmt werden, dass sie der Erfahrung der Kunst gerecht wird. Das Verstehen muss als ein Teil des Sinngeschehens gedacht werden, in dem der Sinn aller Aussagen – derjenige der Kunst und derjenige aller sonstigen Überlieferung – sich bildet und vollendet.« (Gadamer 2010: 170) Die Kunst ist für Gadamer gleichsam das prototypische Beispiel für die Einheit aus soziokulturell bedingter Darstellungsform und darin ausgedrücktem überzeitlichen ästhetischen Sinn. So bleibe es unbezweifelbar, »daß die Kunst niemals nur als vergangene ist, sondern den Abstand der Zeiten durch ihre eigene Sinnpräsenz zu überwinden weiß« (Gadamer 2010: 171). Das gilt ihm als erstes Vorbild für die avisierte hermeneutische Methode.

Verstehen: Ebenso wesentlich für die immer wieder stattfindende Produktion des überzeitlich begriffenen, spezifischen Sinns ist aber das je mit seiner Zeit verwobene, d.h. durch sie bedingte Verstehen selbst. Wirkliches Verstehen reproduziert nicht einfach, sondern es ist Koproduktion. Es lässt im Verstehen den überzeitlichen Sinn erneut entstehen, aber in seiner eigenen Form – so wie eine Predigt das Evangelium nicht nur profan wiederholt, sondern es in der Verkündigung erneut vollzieht, auch indem sie es aktuell interpretiert. So definiert Gadamer den adäquaten Vollzug philosophischer Hermeneutik durch drei gleichermaßen und gleichzeitig zu berücksichtige Aspekte: Er muss Verstehen (intellegere), Auslegen (explicare) und Anwenden (applicare) des ›verbindlich Gesetzten‹ *in einem* sein (vgl. Gadamer 2010: 313). Und genau deshalb kann die philosophische Hermeneutik nach Gadamer in Bezug auf den hervorgebrachten bzw. hervorgetretenen Sinn auch Wahrheit beanspruchen: da nur seine auftretende historische Gestalt variabel ist, nicht aber sein Gehalt. In welcher Gestalt diese überzeitlichen Sinngehalte uns gegenübertreten, ob in der Kunst als Oper, Literatur oder Plastik oder in der Philosophie als platonischer Dialog, aristotelische Abhandlung, augustinisches Bekenntnis, thomistische Disputation oder neuzeitlicher Essay, spielt dabei keine Rolle. Wenn es sich um einen Ausdruck des philosophischen Sinnes, d.h. um Wahrheit handelt, ist dieser ursprüngliche Sinn hermeneutisch erfahrbar und kann in der Interpretation erneut produziert werden.

Im ersten Teil von *Wahrheit und Methode* weist Gadamer also den historischen Ursprung des diagnostizierten Problems der unterschiedlichen Wertigkeit wissenschaftlicher Methoden in Kants kritischem Umgang mit der Kunst aus. Der für ihn problematische gegenwärtige Status quo in den Wissenschaften wird im Anschluss in seiner weiteren Entwicklung bis in die zweite Hälfte des 20. Jahrhunderts skizziert, also bis zu der Zeit, in der Gadamer selbst philosophiert. Der zweite Teil ist dann nicht mehr der Genealogie des diagnostizierten Problems, sondern gewissermaßen der Geschichtlichkeit und damit der historischen Bedingtheit seines eigenen Forschungsstandpunkts gewidmet. Kurz, der zweite Teil kann als Antwort auf die Frage gelesen werden, warum es gerade jetzt an der Zeit und *möglich* war, die »Geschichtlichkeit des Verstehens zum hermeneutischen Prinzip« zu erheben (Gadamer 2010: 270 ff.). Dafür zeigt Gadamer zunächst, warum die bisherigen Anwendungen der Hermeneutik auf die Geschichte – von Schleiermacher bis Dilthey – nicht angemessen waren. Daran anschließend macht er deutlich, dass es der »Überwindung der erkenntnistheoretischen Fragestellung durch die phänomenologische Forschung« (Gadamer 2010: 246) – bei Husserl und Heidegger – bedurfte, um seine Fragestellung und Lösung denken bzw. präsentieren zu können.

Hermeneutische Erfahrung ...: Gadamers Zielsetzung, die »Überwindung des Historismus«, die durch die »Überwindung der erkenntnistheoretischen Frage« möglich wurde, lautet positiv, die Hermeneutik als »Theorie der hermeneutischen Erfahrung« (Gadamer 2010: 270 ff.) neu zu bestimmen. Die wesentliche Herausforderung der neuen philosophischen Hermeneutik, die zugleich Verstehen, Auslegen und Anwenden sein soll, besteht in der Vermittlung von geschichtlicher Situiertheit aufseiten des auszulegenden Textes wie der auslegenden Anwendung und der Offenlegung des ursprünglichen, überzeitlichen Sinnes auf der anderen

Seite.[46] Für Gadamer stellen die beiden Momente – Geschichtlichkeit und Wahrheit – keinen Widerspruch mehr dar, sondern für ihn ist die Offenlegung des Sinns, also seine adäquate Erkenntnis, überhaupt nur durch die ›gemeinsame geschichtliche Seinsart‹ von Text und Interpret möglich. Um zu zeigen, dass und wie die philosophische Hermeneutik die anvisierte Vermittlung leisten kann, definiert Gadamer verschiedene Bedingungen oder Aspekte der verstehenden Haltung, die er auch hermeneutische Erfahrung nennt:[47] die eben erwähnte gemeinsame ›geschichtliche Seinsart‹ von Verstehendem und Verstandenem, ihr Prinzip ›Verstehen‹ und ›Vorurteile‹ als Bedingung des Verstehens, die genuinen Aufgaben ›Rekonstruktion‹ *als* ›Integration‹, die Bedeutung des zeitlichen Abstands zum Analysegegenstand, das praktische hermeneutische Grundproblem der Anwendung sowie die ontologische Wendung zum ›wirkungsgeschichtlichen Bewusstsein‹.

... als Seinsweise: Die Neubestimmung der Hermeneutik bedeutet ihm insbesondere, mit Heidegger das Verstehen nicht mehr als eine beliebige menschliche Praxis unter vielen zu begreifen, sondern als genuin menschliche *Seinsweise*. D.h., Verstehen wird zum grundlegenden Verhalten, das den Menschen als Menschen immer schon auszeichnet bzw. *als das er existiert*. So schreibt Gadamer der ›Theorie der hermeneutischen Erfahrung‹ eine Ontologie (Lehre vom Seienden) ein, indem er das hermeneutische Verstehen analog zur verstehenden Seinsweise des Menschen begreift. Das hermeneutische Verstehen ist gewissermaßen die geisteswissenschaftliche Dimension dieser Seinsweise, denn philosophische Hermeneutik ist nichts anderes als verstehender Vollzug. Ein wesentliches Merkmal des Verstehens besteht darin, das Gegebene auf einen Sinn hin zu erfassen bzw. ihm einen Sinn zu verleihen. Auch das wird von Gadamer auf die Haltung übertragen, die prinzipiell eingenommen werden (sollte), wenn wir ›einen

Text verstehen wollen‹. Der Sinn einer solchen spezifischen Verstehensbemühung besteht gerade darin, den Text ›verstanden zu haben‹. Nach Gadamer eröffnet dies eine »neue geistige Freiheit«, die erst durch das Verstehen möglich werde: den Text auslegen, Bezüge herstellen, Folgerungen ziehen etc.: »wer versteht, [entwirft] sich auf Möglichkeiten seiner selbst hin« (Gadamer 2010: 265).

Zugleich zeichnet sich diese verstehende Seinsweise nach Gadamer dadurch aus, dass sie *geschichtlich* ist – denn eine weitere ihrer Facetten besteht darin, ein sich verzeitlichender Entwurf zu sein. Das Verstehen umfasst nämlich einen Jetztzustand, zu dem noch nicht verstanden worden ist, und ist der Entwurf auf einen zukünftigen Zeitpunkt hin, zu dem das Verstehen erreicht ist. Das gilt gleichermaßen für die verstehenden Interpreten wie für die zu verstehenden oder verstandenen Texte. Denn nach Gadamer lassen sich der zu verstehende Text oder das Kunstwerk nur deshalb verstehen, d.h. ihr Sinn lässt sich angemessen erkennen, weil sie und der Verstehende in ihrem Sein eine Besonderheit teilen: »die *Besonderheit* der Seinsart [besteht] darin, daß weder der Erkennende noch das Erkannte ›ontisch‹, ›vorhanden‹ sind, sondern ›historisch‹, d.h. von der *Seinsart der Geschichtlichkeit* sind« (Gadamer 2010: 265). Ihnen liegt also beiden ein Zeit einschließender Entwurf zugrunde, der sie mit ihrer Epoche verbindet, wodurch sie beide immer auch durch ihre jeweilige Epoche bedingt sind. So hat die Geschichtlichkeit wiederum – entsprechend dem Verstehen – mehrere Dimensionen: Die Welt, in die das Dasein verstehend geworfen ist, hat bereits eine Geschichte, eine Tradition, wenn man so will: eine gewordene Kultur, die »unüberholbar [...] dem Dasein vorausliegt, was all sein Entwerfen ermöglicht und begrenzt« (Gadamer 2010: 269). In Bezug auf die Existenz des Einzelnen ist die Geschichtlichkeit das je eigene Leben als vergangene Erfahrung und gegenwärtiger verstehender Entwurf auf (s)eine Zukunft hin freilich immer eng verwoben und bedingt durch die Geschichtlichkeit der Welt, in der sich das Dasein befindet. Der Text schließlich ist ebenfalls geschichtlich, weil er Ausdruck einer bestimmten Zeit, eines bestimmten Verstehens des ihm zugrunde liegenden, ihn ermöglichenden geschichtlichen Horizontes ist. Insofern besteht das Gemeinsame von Text und Interpret darin, *dass* sie verstehende, geschichtliche, in ihre Zeit verwobene, durch ihre Zeit bedingte ›Artefakte‹ sind. Das hermeneutische Verstehen legt dies nach Gadamer offen – man könnte es auch seine Wahrheit nennen.

Geschichtlichkeit: Die unterschiedlichen Dimensionen der Geschichtlichkeit haben für die hermeneutische Erfahrung unterschiedliche Bedeutung: eine trennende und eine vereinende. Zunächst bewirkt die Geschichtlichkeit der zu verstehenden Gegenstände wie des verstehenden Interpreten faktisch eine Differenz zwischen ihnen, die das unmittelbare Verstehen erschwert. Wie etwa soll ein Text in einer nicht bekannten (alten) Sprache verständlich werden? Dieselbe Schwierigkeit stellt sich angesichts von Hieroglyphen oder des Sinns eines Bauwerks oder einer Komödie etc. Aber auch wenn die ersten Hürden überwunden sind, die zweite Hürde liegt darin, *zu verstehen, was der Text tatsächlich meint*: Was wollte Platon mitteilen, wenn er die Sonne als Metapher für das Wahre und Gute verwendet? Welche Bedeutung haben hier die Begriffe ›Wahres‹ und ›Gutes‹? Hier sieht Gadamer nur einen Weg: Vorurteile zu fällen. Man könnte auch sagen: Hypothesen über den vorliegenden Sinn zu bilden, die wieder verworfen werden, wenn sie nicht bestätigt werden können. Gerade darin aber liegt ihre Funktion: entweder die weitere Richtung für die Interpretation vorzugeben oder zu zeigen, dass die eingeschlagene Richtung, die Vermutung, das Vorurteil unpassend war. Hypothesenbildung erfolgt allerdings keinesfalls arbiträr, denn sie sollte aus dem Text motiviert sein: »Alle rechte Auslegung muß sich gegen die Willkür von Einfällen und die Beschränktheit unmerklicher Denkgewohnheiten abschirmen und den Blick ›auf die Sachen selber‹ richten. [...] Sich dergestalt von der Sache bestimmen lassen, ist für den Interpreten offenkundig nicht ein einmaliger ›braver‹ Entschluß, sondern wirklich ›die erste, ständige und letzte Aufgabe‹. Denn es gilt, den Blick auf die Sache durch die ganze Beirrung hindurch festzuhalten, die den Ausleger unterwegs ständig von ihm selbst her anfällt.« (Gadamer 2010: 271) Die positiv konnotierten Vorurteile oder Hypothesen sind von dem, was den Interpreten ›von ihnen selbst her anfällt‹, strikt zu unterscheiden. Denn dies sind ihre eigenen geschichtlich bedingten, unreflektierten Denkmuster, Sinn- und Weltauffassungen, die aber die hermeneutische Erfahrung gleichermaßen offenzulegen vermag.

Voraussetzungen des Verstehens: Das hermeneutische Verstehen als Gespräch mit einem historischen Text setzt also in jedem Fall erstens Offenheit gegenüber dem anderen voraus. Damit ist der Anspruch an den Interpreten gemeint, wohlwollend vorauszusetzen, dass der Text tatsächlich einen Sinn hat, den es hervorzuholen gilt (vgl. Gadamer 2010: 305).[48] Zweitens setzt es Strenge gegenüber der historischen Gewordenheit des eigenen Meinens, also eine ständige Auseinandersetzung mit den eigenen Voreingenommenheiten voraus. Und schließlich gilt es drittens, von der Differenz zwischen den eigenen und den den Text leitenden historisch bedingten und daher variablen Denkmustern auszugehen. In diesem Sinne sind Vorurteile – seien es die Hypothesen, die vorläufig und bei aller reflexiven Vorsicht in Bezug auf den Text formuliert werden, seien es die latenten, die das eigene Denken anleiten – nicht subjektive oder zufällige Fehlleistungen der Einzelnen. Vielmehr »*sind die Vorurteile des einzelnen weit mehr als seine Urteile die geschichtliche Wirklichkeit seines Seins*« (Gadamer 2010: 281). Die Geschichtlichkeit, der sowohl der Text als auch die Interpreten unterliegen, trennt sie aber nicht nur voneinander, sondern verbindet sie miteinander. Das macht sie nicht allein rein formal, sondern in gewisser Weise inhaltlich: Geschichtlichkeit bedeutet auch so etwas wie Verbundenheit durch Tradition. Denn das, was wir vorfinden, wenn wir auf die Welt kommen und anfangen, sie verstehend zu erfahren, ist an sich selbst der Effekt geschichtlichen Werdens. Insofern das Vorgefundene aber immer bedingend ist für die konkreten Entwürfe, kann die Tradition *konstitutiv* für das Verstehen genannt werden. Da die um Verständnis bemühten Interpreten immer in eine bestimmte Epoche ›geworfen‹ sind, denken sie mit dem sprachlichen wie logischen Instrumentarium, das ihnen ihre Zeit zur Verfügung stellt. Daher beschreibt Gadamer das hermeneutische Verstehen auch als »in ein Überlieferungsgeschehen versetzt, das Vergangenheit und Zukunft vermittelt« (Gadamer 2010: 295). Das hermeneutische Verstehen entspricht damit »dem Einrücken in ein Überlieferungsgeschehen« (Gadamer 2010: 295), das insgesamt *sowohl* den Text *als auch* die Interpreten umfasst. Die hermeneutische Situation bildet den Horizont der eigenen Gegenwart aufgrund der Vergangenheit (vgl. Gadamer 2010: 311). Wer nicht prinzipiell offen ist gegenüber dem zu verstehenden Text und zusätzlich blind gegen den Nutzen und das Vorhandensein von Vorurteilen, macht nach Gadamer die Überlieferung unsichtbar und versteht auch sich selbst nicht adäquat. So eröffnet die historische Sinntradierung die Möglichkeit, Einsicht in die Zugehörigkeit zu einer gemeinsamen Tradition zu erlangen – eine weitere hermeneutische Bedingung (vgl. Gadamer 2010: 296). Eine genuine Aufgabe des hermeneutischen Verstehens besteht daher darin, »das Wunder des Verstehens als Teilhabe am gemeinsamen Sinn aufzuklären« (Gadamer 2010: 297).

Deshalb bestimmt Gadamer den wahren Ort der Hermeneutik als ein ›Zwischen‹. Das ›Zwischen‹ steht einerseits für die geschichtlich bedingte Distanz zwischen Interpret und Text. Andererseits weiß sich die Hermeneutik durch die Tradition mit ihrem Auslegungsgegenstand tief verbunden, sodass Vertrautheit und Fremdheit zugleich da sind (vgl. Gadamer 2010: 300). So vermag sie die angestrebte Vermittlungsleistung zwischen der historisch bedingten Variabilität und dem überzeitlichen Sinn, der durch alle Verschiedenheit hindurch erfahrbar ist, zu erbringen. Freilich lässt sich fragen, woher wir wissen können, dass es sich beim Gehörten tatsächlich um den ursprünglichen Sinn handelt. Was beweist uns, dass der Text so und nicht anders gemeint war? Hier würde Gadamer antworten, dass der Sinn selbst nicht okkasionell (hier: ereignisabhängig) ist; vermutlich nicht einmal das geschichtliche Gewand, in dem er auftritt. Wenn die Verstehenden *richtig* zu hören vermögen, dann spricht sie der Text mit seinem Sinn an – und sie vermögen ihn zu verstehen und adäquat zu interpretieren, weil sie eben, in die gleiche Tradition gestellt, vernehmen können, was der wahrheitsverkündende Sinn ist, war und sein wird – so wie ein Kunstwerk als Kunstwerk erkannt werden kann, wenn es ein Kunstwerk ist. Hier weisen Gadamers Überlegungen einen gewissen hegelianischen Zug auf: Wer dem nicht zustimmen mag oder andere Maßstäbe anlegt, schließt sich gleichsam selbst aus dem hermeneutischen Spiel mit der eigenen Vergangenheit und Gegenwart aus. – Am Ende einer längeren Auseinandersetzung mit dem Wahrheitsstatus von Reflexionstheorien beruft sich Gadamer auf Platons *7. Brief* als Kronzeugen für die Überzeugung, dass es keine letzten Kriterien gibt, um die Plausibilität einer These oder Prämisse tatsächlich gegen Einwände abzusichern: »Plato ist es auch gewesen, der klar gesehen hat, daß es kein argumentativ zureichendes Kriterium gibt, durch das sich wahrhaft philosophischer Gebrauch der Rede von sophistischem unterscheiden ließe.« (Gadamer 2010: 350) Der Sinn hat einen dogmatischen Charakter und deshalb kann er auch zum Vorschein gebracht werden.

Zusammenfassung: Die philosophische Hermeneutik Gadamers zeichnet sich dadurch aus, dass sie nicht nur Texte verstehen will, um deren Sinn auslegen und anwenden zu können. Sie will zugleich erneut eine Antwort auf die ontologische Frage ›Was ist der Mensch?‹ und die erkenntnistheoretische Frage ›Wie können wir wissen?‹ geben. Die Logik der Geisteswissenschaften sei die »Logik der Frage« (Gadamer 2010: 375), sodass ihre Methode mehr das fragende Verhalten als ein beweisendes, antwortendes beschreibt. Das hermeneutische Verstehen beruht nach Gadamer auf dem positiven Vorurteil, einem oder zunächst jedem Text einen Sinn zuzusprechen, dem es sich Hypothesen bildend zu nähern gilt. Die Annäherung an den eigentlich gemeinten, ursprünglichen Sinn erfolgt, indem der Text daraufhin untersucht wird, ob er zu der aus ihm gebildeten Hypothese passt. Passt er nicht, ist das nicht als Fehler des Textes, sondern als Fehler im Verständnis zu werten und die Hypothese zu revidieren. Ob ein Text tatsächlich sinnhaltig ist und ob der Interpret dies trifft, entscheidet sich daran, ob sich eine sachliche, d.h. am Text orientierte Interpretation finden lässt. Voraussetzung jeder angemessenen hermeneutischen Interpretation ist die gemeinsame historische Tradition, aber auch die Distanz, durch die die Vorurteile und impliziten Denkmuster zutage treten können. Diese liegen zwar nicht dem überzeitlichen Sinn zugrunde, dafür aber den unterschiedlichen Ausdrücken, die dieser in der sprachlichen Darstellung erfährt. Verstehen heißt hier also, aus der geschichtlichen Differenz heraus, aber auch durch die traditionsbedingte Zugehörigkeit, die zwischen Text und Interpret besteht, den wahren Sinn ermitteln zu können.

5. Analytisches Verdeutlichen

Philologisches: Das Adjektiv ›analytisch‹ ist ebenfalls ein Lehnwort aus dem Griechischen, abgeleitet von αναλυσις (›Auflösung‹, ›Trennung‹), dessen Gegenbegriff ›synthetisch‹ von συνθεσις (›Verknüpfung‹) abstammt. Die Analyse wird von Aristoteles in der *Nikomachischen Ethik* als Methode beschrieben, die Mittel oder Bedingungen zu finden, die zu einem bestimmten Ziel führen, das Ziel also realisierbar machen. In seiner *Analytik* genannten Sammlung wird das Analysieren u.a. als korrektes Schließen und Argumentieren zum Oberbegriff wissenschaftlicher Methoden. Das gilt, wenn sich auch der Anwendungsbereich verschoben bzw. erweitert hat, bis heute. Allgemein formuliert, analysieren sowohl die Chemikerin als auch der Geisteswissenschaftler ihre jeweiligen Gegenstände, indem sie sie auseinandernehmen, detailliert befragen, nach ihren grundlegenden Elementen, aber auch komplementär dazu nach Zusammenhängen oder übergeordneten Verbindungen suchen. Für das Fach Philosophie wird wohl niemand ernsthaft leugnen, dass das analytische Vorgehen eine wesentliche Rolle in jedem philosophierenden Denken spielt. Die am Detail interessierte Analyse – wie auch die am Zusammenhang interessierte Synthese – von Sachproblemen, der Sprache als Denk-, Ordnungs- Ausdrucks- und Gestaltungsmittel, von vorliegenden Theoriemodellen bzw. Texten, die alle auf ihre Form, ihre Struktur, ihren Inhalt, ihre Intention und Wirkung hin untersucht werden, macht die philosophische Arbeit aus. Das gilt gleichermaßen für die Theoriebildung, wenn die Einführung neuer Unterscheidungen geboten ist, um Sachverhalte genauer gegeneinander abzugrenzen oder um spekulativ neue Denkräume zu eröffnen, die andere Lösungen für Sachprobleme ermöglichen.

Die Analyse ...: Nimmt man das Analysieren in dieser umfassenden Bedeutung, erscheint der Name ›analytische Methode‹ als Pleonasmus, da alles Philosophieren immer auch Analysieren ist. Dennoch wird dieser Name derzeit in der akademischen Philosophie gebraucht, um mit ihm eine Art und Weise des Philosophierens zu bezeichnen, die sich seit mehr als hundert Jahren, auch in Abgrenzung zu anderen Methoden und philosophischen Zugangsweisen, etabliert hat. Allerdings besteht weder in Bezug auf die negativen Abgrenzungen noch in Bezug auf eine einheitliche positive Bestimmung *innerhalb* der Gruppe derer, die sich zu den ›analytisch‹ Philosophierenden zählen, Einigkeit.[49] Diese Einführung ist nicht der Ort, an dem die Geschichte der ›analytisch‹ genannten Methoden mit ihrer inneren Vielfalt und ihren Verschiebungen auch nur grob dargestellt werden könnte. Stattdessen werden zwei Ereignisse skizziert, die beide maßgebliche Wendepunkte in Hinblick auf die Auffassung der Sprache markiert haben – und damit als Initialtexte der analytischen Methode bzw. ihrer pragmatischen Öffnung gelten können. Damit wird keinesfalls beansprucht, das Feld der analytischen *Philosophie* bzw. all dessen, was unter diesem Namen firmiert, in seiner Breite zu erfassen.

... der Sprache: Ganz allgemein ist es das Ziel der Sprachanalyse, die sprachlichen Strukturen (Syntax) und die Bedeutung (Semantik) der verwendeten Zeichen (zusammen: Semiotik), aber auch die geäußerte Sprache als Handlung (Pragmatik), als Sprechakt zu analysieren. Die Darstellung der Analysen, die Prämissen

(Voraussetzungen) hervorheben bzw. benennen und daraus ableitbare korrekte von falschen Schlüssen unterscheiden, bedient sich häufig formallogischer Mittel.[50] Es lassen sich grob zwei Richtungen von Analysen unterscheiden: die geschichtlich gesehen älteren, konstruktiv an einer *Idealsprache,* und jüngere, deskriptiv an der *Alltagssprache* interessierten. Gemeinsam ist beiden Ansätzen, dass sie die Funktionalität von Sprache betrachten: Die eine Richtung analysiert Sprache mit dem Zweck, ihre Repräsentationsleistung zu optimieren; die zweite analysiert Sprache, um sie darüber hinaus pragmatisch, d.h. in ihrem Gebrauch zu verstehen. Die Texte, die die Wendepunkte für beide Richtungen markieren und die im Folgenden in einigen ihrer Aspekte betrachtet werden, sind für den ersten Gottlob Freges (1848–1925) *Funktion und Begriff* (1891) und *Über Sinn und Bedeutung* (1892); für den zweiten John L. Austins (1911–1960) wiederholt in Harvard gehaltene Vorlesung *How to Do Things with Words* (1962 veröffentlicht).

(Formallogische) Sprachanalyse

Freges Absichten: Auf die Frage nach den *Anfängen* der formallogischen Sprachanalyse werden in der Regel zwei Antworten gegeben: Die eine nennt Gottlob Frege, die andere dessen Schüler Rudolf Carnap. In der *Begriffsschrift* (1879) und später in *Funktion und Begriff* bzw. *Über Sinn und Bedeutung* schlägt Frege zum einen vor, Begriffe als Funktionen aufzufassen. Zum anderen macht er terminologische Unterscheidungen, die ein sinnvolles, Ungenauigkeiten und Missverständnisse vermeidendes Sprechen in Bezug auf mathematische Erkenntnisse, aber auch *über* Sprache möglich machen sollen. Frege ging es aber nicht primär um eine exaktere Sprache, sondern der habilitierte Mathematiker wollte der Mathematik eine logische Grundlegung voranstellen – wie später auch Bertrand Russell (1872–1970) und Alfred N. Whitehead (1861–1947) in den *Principia Mathematica* (1910). Dabei interessierte ihn auch die Möglichkeit der sprachlichen *Darstellung*, d.h. wie eine ideale Sprache aussehen müsste, mit der im wissenschaftlichen Diskurs vorkommende Ungenauigkeiten und Mehrdeutigkeiten als Ursache für Miss- oder Unverständnisse aus der Welt geschafft werden könnten. Denn diese sieht Frege nicht etwa durch mangelnde Einsicht hervorgerufen, sondern durch eine nicht ausreichend differenzierte Alltagssprache, die für die Darstellungen der »feineren logischen Strukturen ungeeignet ist« (Patzig 2008: XII), welche bei der Analyse bestimmter mathematischer Schlussfolgerungen auftauchen. Zudem kommen in der Alltagssprache Worte vor – Günther Patzig nennt als Beispiel ›sein‹ –, die ganz verschiedene Arten von Relationen ausdrücken: Identitäts-, Zugehörigkeits- und Einordnungsverhältnisse, aber auch die bloße Existenz: X ist; X ist der 25. Buchstabe im Alphabet; X ist ein Zeichen, X ist Teil eines Zeichensystems etc. Die Konstruktion einer idealen Sprache ist daher *auch* motiviert durch den Mangel, entdeckte Differenzen und Zusammenhänge nicht exakt benennen zu können, weil die vorhandene Alltagssprache zu grob, zu ungenau und oftmals mehrdeutig ist. In diesem Sinne ist Frege einer oder *der* Begründer philosophisch-*idealsprachlicher* Analysen, die in Anlehnung an mathematische Funktionen und Formeln *formallogisch* formuliert werden.[51]

Beibehaltung der Prämisse ...: Die sprachanalytischen Untersuchungen Freges beruhen ganz traditionell auf der stillschweigenden Annahme, dass Sprache die Realität beschreibt und abbildet: Sie vermag das, was real oder der Fall ist, adäquat zu repräsentieren. Unter dieser Prämisse sagt die Analyse sprachlicher Strukturen zugleich etwas über die Welt aus. Diese Auffassung von Sprache ist weder neu, noch kennt sie keine Gegner – so wird sie etwa schon von Hegel infrage gestellt. Was aber neu ist, ist die Art und Weise, *wie* Sprache hier analysiert wird.

... aber Verschiebung der Analysefrage: Im Gegensatz zu früheren diskursiven oder begrifflichen Analyseverfahren – etwa noch bei Kant – wird nicht mehr primär gefragt ›Welches Prädikat lässt sich analytisch aus dem jeweiligen Subjekt-Begriff ableiten / bestimmt ihn wesentlich?‹, um auf diese Weise Erkenntnisse zu gewinnen oder auch – im Anschluss an Aristoteles – Antworten auf ontologische Fragen wie ›Welches Attribut gehört wesentlich zu einer Substanz?‹ zu geben. Vielmehr wird den Bezeichnungen Begriff und Prädikat ein anderes Verständnis unterlegt, obgleich das nichts an der grundlegenden Überzeugung ändert, dass Sprache die Realität abbilden und angemessen beschreiben kann. Ein Prädikat$_F$ – F indiziert nach Frege – oder Ausdruck$_F$ bedeuten für Frege einen Begriff$_F$; und ein Begriff$_F$ ist eine Funktion, die auf bestimmte Argumente bzw. Gegenstände angewendet den Wahrheitswert: das Wahre oder das Falsche annimmt. Wobei der Wahrheitswert etwas darüber aussagt, ob die Anwendung der Funktion auf das Argument einem Gegenstand in der Realität entspricht. Hat demnach eine Funktion den Wert wahr, dann lässt sich korrekterweise ein entsprechendes Urteil formulieren. Die Frage an die Sprache lautet demnach nicht mehr, welche wesentlichen oder arbiträren Eigenschaften (als Attribut bzw. Prädikat) einem Begriff (als Substanz bzw. Subjekt) zukommen. Sondern stattdessen: Durch welche Argumente (Gegenstände) erhalten Funktionen welchen (Wahrheits-)Wert? Entsprechend können zutreffende und nicht zutreffende Aussagen über die Realität gemacht werden.

Begriffe als Funktionen: In *Funktion und Begriff* (1891) geht Frege also davon aus, »daß ein rechtes Verständnis dessen, was eine Funktion im Sinne der Mathematik ist, und dessen, was die Logik unter dem Titel ›Begriff‹ behandelt, von der Einsicht abhängt, daß *Begriffe eine spezielle Klasse von Funktionen* sind« (Patzig 2008: VIII). Begriffe sind nach Frege einstellige Funktionen, die Gegenstände im weitesten Sinne als Argumente auf Wahrheitswerte abbilden – also etwa: *P* (x) = W, lässt das Urteil zu: x ist ein Pinguin. Neben einstelligen Funktionen gibt es mehrstellige Funktionen, wie etwa die Funktion *Mutter*: Die Funktion *ist Mutter von* angewandt auf die Argumente y und x = Wahr, formal *M* (y,x) = Wahr, lässt das Urteil zu, dass y die Mutter von x ist. Prädikate wie *Pinguin* oder *Mutter* werden so als sprachliche Bezeichnungen von Funktionen aufgefasst, die Frege Begriffe$_F$ nennt. Haben sie den Funktionswert ›das Wahre‹, bilden sie Realität ab – sprich: die Pinguinfunktion bildet die Menge der Wahrheitswerte ab, nämlich genau so, dass gilt: a ist ein Pinguin genau dann, wenn *Pinguin* angewandt auf a = das Wahre.

Bedeutung$_F$: In *Über Sinn und Bedeutung* schließt Frege an solche Überlegungen an, wenn er das Verhältnis von ›Zeichen‹, ›Bedeutung‹, ›Sinn‹, ›Vorstellung‹ etc. analysiert. Er beginnt mit der Frage, was ›Gleichheit‹ sei, um unmittelbar unter Rekurs auf die Begriffsschrift deren Ergebnis, dass Gleichheit eine Beziehung »zwischen Namen oder Zeichen für Gegenstände« (Frege 2008: 23) sei, genauer zu differenzieren: Wenn zwei verschiedenen Zeichen Gleichheit zugesprochen wird, dann kann diese Gleichheit Verschiedenes ausdrücken. Erstens, dass trotz der verschiedenen (Eigen-)Namen oder Buchstabenformatierungen auf den gleichen Gegenstand referiert wird – und daher der Unterschied nur die Zeichen*gestalt* betrifft. Oder zweitens, dass mit den verschiedenen Namen oder Zeichen zwar auch auf den gleichen Gegenstand referiert wird, aber dennoch ein *realer* Unterschied markiert wird. Der erste Fall liegt etwa bei den Bezeichnungen ›16. demokratischer Präsident der USA‹ und ›Obama‹ vor, weil beide Namen die gleiche Person bezeichnen; oder auch wenn die Variablen ›a‹ und ›b‹ für die gleiche Konstante x stehen. »Damit würde dann ein Satz *a* = *b* nicht mehr die Sache selbst, sondern nur noch unsere Bezeichnungsweise betreffen; wir würden keine eigentliche Erkenntnis darin ausdrücken.« (Frege 2008: 23) Denn eine ›eigentliche Erkenntnis‹ muss für Frege in irgendeiner Weise einen Bezug zur Realität aufweisen, kann also kein reines Vervielfältigungsspiel von Zeichengestalten sein: ›16. demokratischer Präsident der USA‹ und ›Obama‹ unterscheiden sich nur ihrer Wortgestalt nach, nicht aber, insofern sie als Namen oder Zeichen die gleiche Person bzw. den gleichen Gegenstand bezeichnen. An dieser Stelle definiert Frege das Bezeichnete, den Gegenstand – »dies Wort im weitesten Umfange genommen« (Frege 2008: 24) – als die Bedeutung$_F$ des Zeichens, die er voraussetzt, »wenn auch mit dem Vorbehalte: falls eine solche vorhanden ist« (Frege 2008: 29). Frege enthält sich hier der Entscheidung, ob Zeichen tatsächlich existierende Gegenstände bezeichnen; es reicht ihm, dass wir »beim Sprechen oder Denken« diese Absicht haben – was an Husserls ›natürliche Einstellung‹ erinnert.

Sinn$_F$: Wenn nun ein und derselbe Gegenstand mit zwei unterschiedlichen Namen bezeichnet wird, aber dennoch der Satz a = b eine ›eigentliche Erkenntnis‹ im oben beschriebenen Sinne sein soll, dann, so Frege, muss die unterschiedliche Gestalt der Zeichen »einem Unterschied in der Art des Gegebenseins des Bezeichneten entsprechen« (Frege 2008: 24), sprich die unterschiedlichen Zeichen müssen trotz der Gleichheit des Gegenstandes, den sie bezeichnen, einen *realen* Unterschied markieren, »der doch auch nicht der Gegenstand selbst ist« (Frege 2008: 27). Und diesen Unterschied in der Art des Gegebenseins nennt Frege ›Sinn‹ – auch das erinnert an Husserls ›unendliche Abschattungen‹ –, denn der Sinn$_F$ eines Namens bzw. Zeichens beleuchtet den Gegenstand »immer nur einseitig« (Frege 2008: 25), also aus einer bestimmten Perspektive. Zwei oder mehr Zeichen für ein und denselben Gegenstand bringen also unterschiedliche

Perspektiven auf ihn zum Ausdruck. Frege nennt als Beispiel die unterschiedlichen Bezeichnungen, mit denen der Schnittpunkt der drei Geraden a, b und c bezeichnet werden kann, die in einem beliebigen Dreieck die gegenüberliegenden Ecken A, B und C mit den Mittelpunkten der Schenkel verbinden. Er lässt sich als Schnittpunkt von a und b *oder* von b und c angeben. Das Beispiel wird noch deutlicher, weil dieser hier Schnittpunkt genannte Punkt *auch* durch den Namen: Schwerpunkt des Dreiecks bezeichnet werden kann. Das zweite Beispiel Freges ist der ›Morgenstern‹ und der ›Abendstern‹, beides Namen für ein und denselben Gegenstand: den Planeten Venus, der uns auf verschiedene Weisen gegeben ist. Frege hat hier vor Augen, dass uns ein und derselbe Gegenstand auf unterschiedlichste Weisen gegeben ist und dass die Verschiedenheit der Namen, die ihn bezeichnen, auf diese unterschiedlichen Gegebenheitsweisen hinweisen kann – das wären dessen Sinne$_F$.

Vorstellung$_F$: Bis hierhin ist klar, dass (einstellige) sprachliche Zeichen, d.h. (Eigen-)Namen nach Frege auf einen Gegenstand verweisen, das ist ihre Bedeutung$_F$; und dass sie eine Gestalt oder äußere Form haben, die auf eine Art und Weise der Gegebenheit verweist, die er ihren Sinn$_F$ nennt. Vom Gegenstand aus betrachtet, kann es auch mehrere ihn bezeichnende Zeichen geben, deren Gleichheit ausdrückt, dass sie einen verschiedenen Sinn$_F$ haben: »Die regelmäßige Verknüpfung zwischen dem Zeichen, dessen Sinn und dessen Bedeutung ist derart, daß dem Zeichen ein bestimmter Sinn und diesem wiederum eine bestimmte Bedeutung entspricht, während zu einer Bedeutung (einem Gegenstande) nicht nur ein Zeichen zugehört.« (Frege 2008: 25) Der zitierte Satz ist von Frege wohlformuliert, denn ›dass dem Sinn eine Bedeutung *entspricht*‹ heißt nicht, auch tatsächlich immer eine ›Bedeutung‹ zu haben – sprich, dass es den Gegenstand, den er bezeichnet, auch *gibt*. Denn Zeichen können auch dann Sinn$_F$

haben, wenn sie grammatisch korrekt gebildete Ausdrücke, d.h. verstehbare Sätze sind, die aber dennoch nicht wirklich auf etwas referieren, wie z.B. ›die Präsidentin der USA im Jahr 2014‹. Trotzdem haben solche Zeichen nach Frege Sinn_F – wenn auch eben keine Bedeutung_F. So bestätigt sich erneut, dass Sinn_F und Bedeutung_F eines Zeichens nicht das Gleiche sind. Schließlich markiert Frege auch noch einen Unterschied zur Vorstellung, die durch ein Zeichen hervorgerufen wird. Mit dem Zeichen verknüpfte Vorstellungen_F sind für Frege streng subjektiv, weil die »Vorstellungen des einen nicht die des anderen« sind (Frege 2008: 26). Vorstellungen_F sind also immer privat und nicht (mit-)teilbar – der Sinn_F eines Zeichens ist hingegen intersubjektiv (mit-)teilbar, weil auch anderen der Gegenstand auf die gleiche (abgeschattete) Weise gegeben sein kann.

Frege nennt die drei Aspekte eines Zeichens: seine Bedeutung_F, d.i. der Gegenstand, auf den das Zeichen verweist; dessen Sinn_F, d.i. die Art und Weise, wie der Gegenstand gegeben ist, und dessen Vorstellung_F, d.i. das singuläre, persönliche, unteilbare »innere Bild« (Frege 2008: 26), das es hervorruft. Entsprechend unterscheidet er »drei Stufen der Verschiedenheit von Wörtern, Ausdrücken und ganzen Sätzen« (Frege 2008: 27 f.): Sie können sich erstens bloß auf die je singulären, persönlichen Vorstellungen_F beziehen, zweitens auf den intersubjektiv geteilten Sinn_F, ohne die Bedeutung_F zu betreffen, und drittens auf die Bedeutung_F selbst. Wenn wir also sprachliche Zeichen oder Namen verwenden, dann sind diese alles andere als eindeutig mit genau einer Bedeutung_F, einem Sinn_F oder einer Vorstellung_F verbunden – im Gegenteil macht die genaue Analyse eines Zeichens die vielen Möglichkeiten deutlich, wie Missverständnisse erzeugt werden können. *Eine* dieser Möglichkeiten schließt Frege von den weiteren Analysen aus, nämlich die subjektive, singuläre Vorstellung, die ein Zeichen hervorrufen mag, wenn er festlegt:

»Ein Eigenname (Wort, Zeichen, Zeichenverbindung, Ausdruck) drückt aus seinen Sinn, bedeutet oder bezeichnet seine Bedeutung. Wir drücken mit einem Zeichen dessen Sinn aus und bezeichnen mit ihm dessen Bedeutung.« (Frege 2008: 28)

Mit dieser semiotischen (~ zeichentheoretischen) Detailanalyse macht Frege deutlich, inwiefern sprachliche Zeichen unterschiedliche Dimensionen der Realität spiegeln, deren explizite Kennzeichnung zu größerer Klarheit und damit zu weniger Missverständnissen im Sprachgebrauch führen soll.

Wahrheitswert$_F$: Nach dieser analytischen Klärung, was unter Sinn$_F$ und Bedeutung$_F$ zu verstehen ist, und ihr entsprechend fragt Frege nach Sinn$_F$ und Bedeutung$_F$ ganzer Behauptungssätze (propositionaler Sätze). Nun ordnet er zunächst den spezifischen Gedanken dem Sinn$_F$ zu, also der Gegebenheitsweise, und legt fest, dass die Bedeutung$_F$ eines Satzes sein Wahrheitswert sein soll, *um den es eigentlich gehe*. Zwar räumt er ein, dass etwa ein Epos lauter *sinnvolle* Sätze aufweise, die Vorstellungen und Gefühle weckende Erlebnisse erzeugen; aber dennoch hätten diese Sätze keinerlei Bedeutung$_F$, weil sie auf nichts Reales verweisen. Deshalb würde er solche Zeichen gerne nur ›Bilder‹ nennen – heute würde man wohl Fiktion oder Imagination sagen. Davon zu unterscheiden sind eben jene Sätze, die es mit Tatsachen zu tun haben, die mehr als einen Sinn$_F$, nämlich einen Wahrheitswert aufweisen: »Das Streben nach Wahrheit also ist es, was uns überall vom Sinn zur Bedeutung vorzudringen treibt.« (Frege 2008: 30) Das, was über den Gegenstand mit dem Satz ausgesagt wird, kann zutreffen oder nicht; entsprechend ist der Wahrheitswert, d.h. die Bedeutung des Satzes, ›wahr‹ oder ›falsch‹. Dass es etwas gibt, über das ein wahres oder ein falsches Urteil gefällt werden kann, so Frege , werde von jedem, der einen Behauptungssatz ausspricht – also ein Urteil der Art ›die kleine

Kugel ist eine Orange‹ oder ›die Zahl 5 ist eine Primzahl‹ fällt – *immer schon vorausgesetzt*, d.h. beim Aussprechen eines Behauptungssatzes in Anspruch genommen. Bei Husserl hatten wir diese implizite Existenzvoraussetzung oder auch ›Existenzpräsupposition‹ als ›natürliche Einstellung‹ kennengelernt.

Zusammenfassung: Die Bedeutung$_F$ eines (propositionalen, nicht fiktiven) Satzes liegt für Frege in dessen Wahrheitswert, was ihn dazu veranlasst, folgende Verallgemeinerung zu formulieren: *alle wahren Sätze* haben die gleiche Bedeutung$_F$, nämlich auf etwas, das es tatsächlich gibt, hinzuweisen; ebenso wie alle *falschen Sätze* dieselbe Bedeutung$_F$ haben, nämlich Falsches auszusagen. »Wir sehen daraus, daß in der Bedeutung eines Satzes alles einzelne verwischt ist. Es kann uns also niemals auf die Bedeutung eines Satzes alleine ankommen; aber auch der bloße Gedanke gibt keine Erkenntnis, sondern erst der Gedanke zusammen mit seiner Bedeutung, d.h. seinem Wahrheitswert.« (Frege 2008: 32) So zeigt sich, wie Frege von der Analyse bestimmter Zeichen, Namen etc. dazu übergeht, die allgemeine Bedeutung von Sprache zu explizieren. Dabei grenzt er seine Auffassung von Sprache immer mehr von anderen Auffassungen ab: Weder soll der Aspekt der Vorstellung$_F$ weiterhin eine relevante Rolle spielen noch alle Sätze, die er Bilder nennt, weil sie keine Bedeutung$_F$ haben, sondern bloß ›fiktiv‹ sind. Schließlich wird auf der Satzebene die Bedeutung$_F$ nur noch mit dem Wahrheitswert selbst identifiziert. Um auch hier Missverständnisse zu vermeiden, analysiert Frege im Weiteren das Verhältnis von Nebensätzen und Hauptsätzen in Bezug auf ihren Einfluss auf bzw. ihre Relevanz für ihren Wahrheitswert$_F$. Dabei kommt er immer wieder darauf zurück, dass eine ideale Sprache vor allem eines nicht haben darf: bedeutungslose Zeichen.

»Von einer logisch vollkommenen Sprache (Begriffsschrift) ist zu verlangen, daß jeder Ausdruck, der aus schon eingeführten Zeichen in grammatisch richtiger Weise als Eigenname gebildet ist, auch in der Tat einen Gegenstand bezeichne, und daß kein Zeichen als Eigenname neu eingeführt werde, ohne daß ihm eine Bedeutung gesichert sei. Man warnt in den Logiken vor der Vieldeutigkeit der Ausdrücke als einer Quelle von logischen Fehlern. Für mindestens ebenso angebracht halte ich die Warnung vor scheinbaren Eigennamen, die keine Bedeutung haben.« (Frege 2008: 37)

Zweck: An dieser Stelle kann die Rekonstruktion der Analysen Freges abgeschlossen werden, insofern ihr zentraler Impetus deutlich geworden sein sollte: Dieser Art Sprachanalyse geht es allgemein betrachtet darum, Begriffe auf ihre unterschiedlichen Aspekte hin zu analysieren, um sie zu bestimmen bzw. gegebenenfalls Einschränkungen oder Veränderungen vorzunehmen. Dies geschieht jedoch nicht um seiner selbst willen, sondern in Hinblick auf das, was Sprache repräsentiert. Denn es geht immer auch um die ursprünglich vorausgesetzte Eigenschaft der Sprache, die Wirklichkeit zu repräsentieren. Die Analysen Freges stellen zudem zugleich eine metasprachliche Betrachtung dar, weil ja nicht über eine *bestimmte* Bedeutung$_F$ oder einen *bestimmten* Sinn$_F$, sondern allgemein darüber reflektiert wird, was überhaupt unter Sinn und Bedeutung zu verstehen ist. Das Ideal wäre, sich in der Wissenschaft, d.h. auch in der Philosophie und in den Geisteswissenschaften, einer Sprache zu bedienen, die eindeutig festgelegt wäre und dadurch keine Missverständnisse mehr produzierte. Auch ließen sich auf diese Weise historische Divergenzen, die aus einer historischen Perspektive in Bezug auf bestimmte Begriffe auftauchen, als unterschiedliche Sinne$_F$ derselben oder verschiedene Namen, d.i. Zeichen, verstehen, die dennoch letztlich dieselbe Bedeutung$_F$, denselben Gegenstand bezeichnen. Ob diese Bedeutung$_F$ dann mit einem propositionalen Satz treffend oder unzutreffend beschrieben wird, erforderte freilich Kriterien, die darüber bestimmen, was ›zutreffen‹ heißt.

Frage nach der Beziehung von Zeichen und Bezeichnetem: Die Frage, ob und wie die Relation zwischen der Bezeichnung (Zeichen) und dem Bezeichnetem (Bedeutung$_F$) *tatsächlich* zu bestimmen ist, ist allerdings eine nicht nur in der Moderne viel diskutierte Frage der Philosophie. Gefragt wird hier, ob es sich um eine Repräsentations-, Konstruktions- oder auch eine ganz andere Art von Beziehung handelt.[52] Die Entscheidung darüber, welcher Art diese Beziehung ist, ist aber keineswegs trivial oder folgenlos – im Gegenteil bestimmt die Auffassung über diese Beziehung als fundamentale Prämisse die Art und Weise der sprachphilosophischen Analysen und was aus ihnen gefolgert werden kann. So hebt das zuletzt angeführte Zitat nochmals deutlich hervor, dass die Repräsentationsauffassung wesentlich einen Teil des Selbstverständnisses der *analytischen* Sprachphilosophie bestimmt. Das macht aus der Sprache ein reines Mittel bzw. Instrument und hat u.a. zur Folge, dass alle Fragen oder Sätze, die mit aus dieser Perspektive bedeutungslosen Begriffen gebildet werden, aus der Klasse der *wissenschaftlichen*, um *Erkenntnisse* bemühten Untersuchungen auszuschließen wären. Genau hier schließt Rudolf Carnaps (1891–1970) im zweiten Band von *Erkenntnis* erschienener Aufsatz *Überwindung der Metaphysik durch logische Analyse der Sprache* (1931) an. Der Titel des berühmten Aufsatzes wie auch Carnaps Schrift *Der logische Aufbau der Welt* (1928) machen dabei zweierlei deutlich: dass die adäquate Sprachanalyse als Beitrag dazu verstanden wird, philosophische Fragestellungen nicht nur zu klären, sondern als obsolet aufzudecken. Und dass die Welt als mit Mitteln der (formalen) Logik rekonstruierbar angenommen wird.

Weil im akademischen Diskurs, wenn es um methodische wie inhaltliche Abgrenzungen gegenüber anderen Arten des Philosophierens geht, häufig Carnap mit dem genannten Aufsatz angeführt wird, sei er im Folgenden in aller Kürze referiert. Sein Inhalt lautet im Wesentlichen, dass nur die logische Analyse der Sprache die Philosophie davor bewahre, ›metaphysische Scheinprobleme‹ zu diskutieren, die für Carnap von Begriffen – wie auch schon ähnlich bei Frege von Ausdrücken – erzeugt werden, welche gar keinen realen Gegenstand bezeichnen, mithin ›bedeutungslos‹ sind.

Carnaps Satzanalysen: Im Anschluss an seinen akademischen Lehrer Frege beschäftigt sich Carnap mit der Möglichkeit, mithilfe der Logik Bedingungen dafür anzugeben, was wahrhafte Begriffe und Sätze ausmacht, um sie von »Scheinbegriffen« und »Scheinsätzen« (Carnap 1931: passim) abzugrenzen. Solche »sogen. Sätze« bzw. Begriffe macht er insbesondere in der Metaphysik, d.h. für ihn der »Nicht-Philosophie« (Carnap 1931: 241) ausfindig, wie er am Beispiel eines Textauszugs von Heideggers *Was ist Metaphysik?* (1929) zeigt. Zunächst fasst Carnap seine Überlegungen zur Bestimmung eines echten Begriffs wie folgt zusammen:

»›a‹ sei irgendein Wort und ›S(a)‹ sein Elementarsatz, in dem es auftritt. Die hinreichende und notwendige Bedingung dafür, daß ›a‹ eine Bedeutung hat, kann [...] in jeder der folgenden Formulierungen angegeben werden [...]:

1. Die *empirischen Kennzeichen* für ›a‹ sind bekannt.
2. Es steht fest, aus was für Protokollsätzen ›S(a)‹ *abgeleitet* werden kann.
3. Die *Wahrheitsbedingungen* für ›S(a)‹ liegen fest.
4. Der Weg zu *Verifikation* von ›S(a)‹.« (Carnap 1931: 224)

Das heißt, dass z.B. ›Pinguin‹ dann eine Bedeutung hat oder dann ein echter Begriff ist, wenn es (1) empirische Eigenschaften gibt, die ›Pinguin‹ definieren, wie etwa: bezeichnet ein Lebewesen, das im Meer an der Antarktis lebt, maximal 120 Zentimeter groß ist etc. Solche Sätze, die die empirischen Kennzeichen angeben, nennt Carnap Protokollsätze – oder Prämissen –, aus ihnen kann der Elementarsatz ›S (Pinguin)‹ – sprich: ›x ist ein Pinguin‹ – (2) abgeleitet werden. Das heißt gleichermaßen, dass (3) die Wahrheitsbedingungen für ›x ist ein Pinguin‹ festliegen – sollte es sich bei dem für x eingesetzten Argument um ein Lebewesen der Arktis handeln, reichte das, um dem Satz den Wahrheitswert ›falsch‹ zuzuordnen. Anders formuliert lässt sich (4) angeben, wie ›x ist ein Pinguin‹ verifiziert bzw. falsifiziert werden kann: indem die Prämissen erfüllt sind – oder nicht. So ist ›Pinguin‹ ein Begriff mit Bedeutung, weil sich exakt angeben lässt, welche (empirischen) Eigenschaften eines ›Gegenstandes‹ mit ihm verbunden werden – und weil es ›Gegenstände‹ (Argumente) gibt, die ihn erfüllen.

Scheinsätze: Scheinsätze sind Wortreihen, die zwar syntaktisch wohlgeformt sind, also wie sinnvolle Sätze aussehen, aber dennoch sinnlos sind, wie z.B. »Caesar ist eine Primzahl« (Carnap 1931: 227). Während aber Sätze wie dieser von jedem und jeder unmittelbar als sinnlos beurteilt werden können, sei dies bei philosophischen Sätzen, die von metaphysischen Themen, wie etwa ›Gott‹ oder ›Nichts‹, handeln, sehr viel schwieriger (Carnap 1931: 228). Deshalb gilt es auch in Bezug auf Sätze, Regeln zu finden, die es ermöglichen, sinnvolle von sinnlosen, ›sogenannten‹ Sätzen zu unterscheiden, soll sinnloses Sprechen und vor allem falsche Wissenschaft vermieden werden. Scheinsätze sind also Wortreihen, in denen Scheinbegriffe oder auch Scheinadjektive vorkommen, wodurch die Sätze bedeutungslos werden. Im Gegensatz dazu zählt Carnap zu den sinnvollen Sätzen Tautologien, die er mit Kants analytischen Urteilen identifiziert. Sie sind allein aufgrund ihrer Form ›wahr‹, aber »besagen nichts über die Wirklichkeit« (Carnap 1931: 236) und Kontradiktionen (Widersprüche), die aufgrund ihrer Form immer ›falsch‹ sind, sowie alle anderen Sätze, zu denen sich Protokollsätze, d.h. »*Erfahrungssätze*« (Carnap 1931: 236) angeben lassen, weshalb sie zum Bereich der empirischen Wissenschaften gehören:

> »Will man einen Satz bilden, der nicht zu diesen Arten gehört, wird er automatisch sinnlos. Da die Metaphysik weder analytische Sätze sagen, noch ins Gebiet der empirischen Wissenschaft geraten will, so ist sie genötigt, entweder Wörter anzuwenden, für die keine Kriterien angegeben werden und die daher bedeutungsleer sind, oder aber bedeutungsvolle Wörter so zusammenzustellen, daß sich weder ein analytischer (bzw. kontradiktorischer) noch ein empirischer Satz ergibt. In beiden Fällen ergeben sich notwendig Scheinsätze.« (Carnap 1931: 236)

So fällt Carnap »das Urteil der Sinnlosigkeit über jede vorgebliche Erkenntnis, die über oder hinter die Erfahrung greifen will« (Carnap 1931: 237). Hierzu zählt er neben der Metaphysik die Ethik, die Ästhetik, den Realismus, der über das Feststellen von Regelmäßigkeiten, die Induktion zulassen, hinausgeht, sowie den subjektiven Idealismus. Was bleibt, ist »nur *eine Methode*, nämlich die der logischen Analyse« (Carnap 1931: 237), deren positiver Gebrauch zur logischen Grundlegung der Realwissenschaft und der Mathematik diene. Von dieser strikten Auslegung in Bezug auf die Themen und Begriffe, mit denen sich Philosophie zu beschäftigen habe, ist die analytische Philosophie allerdings in den letzten Jahrzehnten auf ihren vielfältig verzweigten Wegen immer mehr abgerückt, um nicht zu sagen: gänzlich abgekommen. Denn in der Zwischenzeit gibt es auch so etwas wie ›analytische Metaphysik‹, ›analytische Theologie‹, ›analytische Gesellschaftskritik‹ oder ›analytischen Feminismus‹, um nur einige wenige Beispiele zu nennen.

Analyse der Normalsprachen

Wenn es um die Anfänge der *ordinary language philosophy* geht, wird neben John L. Austin auch Ludwig Wittgenstein (1889–1951) angeführt, genauer: der ›späte‹ Wittgenstein, der in den *Philosophischen Untersuchungen* (1936–1949 verfasst; 1953 postum veröffentlicht) sein Interesse von der *formalen* Idealsprache zur Alltags- oder Normalsprache verschiebt. Eine wesentliche Einsicht ist hier, dass die Bedeutungen von Begriffen immer auch von ihrem Kontext abhängen, sprich davon, in welchem Zusammenhang, in welchem ›Sprachspiel‹ sie gerade gebraucht werden. Das bedeutet aber nicht, dass dem Blickwechsel Wittgensteins eine andere Absicht zugrunde läge als die, die er bereits im *Tractatus logico-philosophicus* (1918) formuliert hat: »Das Buch will also dem Denken eine Grenze ziehen – nicht dem Denken, sondern dem Ausdruck der Gedanken [...]. Die Grenze wird also nur in der Sprache gezogen werden können, und was jenseits der Grenze liegt, wird einfach Unsinn sein.« (Wittgenstein 1990: 7) So verfolgt Wittgenstein auch später noch den von ihm so benannten ›therapeutischen‹ oder ›kurativen‹ Zweck philosophischer Analysen, sinnleere Sätze etc. zu vermeiden – wenn auch nicht mehr bloß im wissenschaftlichen Sprechen, sondern gleichfalls in der Alltagssprache. In diesem Sinne verändern sich zwar das Mittel der Therapie und der Bereich der Analyse, aber der Anspruch, Sprache zu einem exakteren, klareren, weil eindeutigen Instrument zu machen, um Missverständnisse und hohle Dispute zu verhindern, bleibt der gleiche.

Sprache als Sprechakt: In John L. Austins Vorlesungen *How to Do Things with Words* geht die Hinwendung zur Analyse der Alltags- bzw. Normalsprache nicht nur mit einer Verschiebung der Fragestellung einher, sondern sie führt auch zu einer grundlegenden Kritik an sprachanalytischen Prämissen. So untersucht

Austin zwar primär Sprache vor allem in Hinblick auf deren Gebrauch – also unter ihrem pragmatischen Aspekt. Dabei geht es aber nicht darum, einen angemesseneren Gebrauch vorzuschlagen, sondern darum, durch die Analyse des Gebrauchs etwas über die Funktionalität von Sprache überhaupt herauszufinden. Im Ergebnis führt das Austin dazu, scheinbar unumstößliche Leitunterscheidungen und Abstraktionen nicht nur für fragwürdig, sondern zum Teil sogar für obsolet zu erklären. Das gilt etwa für die wahr/falsch-Differenz, mit der Sätze in ihrer Beziehung zur Realität beurteilt werden, oder für die normativ/faktisch-Differenz, anhand deren Satzarten unterschieden werden. In Austins Vorlesungen kann man dabei zusehen, wie die Auffassung von Sprache gleichsam unter der Hand von einem bestimmte Sachverhalte konstatierenden Mittel zu einem vieldimensionalen Phänomen *en situation* mutiert, dessen Funktionalität gerade durch seine Situiertheit ermöglicht und festgelegt wird. »Letzten Endes gibt es nur ein wirkliches Phänomen, um dessen Klärung wir uns bemühen, und das ist der gesamte Sprechakt in der gesamten Sprechsituation.« (Austin 2002: 266, teilweise eigene Übersetzung).[53]

Definition über Differenz konstativ-performativ ...: Austins Aufmerksamkeit gilt der Sprache, insofern sie in Sprechakten geäußert wird. Sehen wir zu, wie er bei seiner verschiebenden Analyse vorgeht, die in den zwölf Vorlesungen vollzogen, dargestellt und reflektiert wird. Austin selbst nennt das »see-change« bzw. »transition« (Austin 1962: 149). Die Veränderung der Sicht oder der Übergang von einer Auffassung der Sprache zur anderen erfolgt in fünf Schritten: Nach einigen Hinweisen darauf, dass sich »zweifelsfrei« (Austin 2002: 27) gerade eine Revolution in der Philosophie vollziehe, weil die starre Vorstellung ins Wanken geraten sei, dass Sätze ausschließlich darstellende Funktion hätten, lenkt er die Aufmerksamkeit auf Sprech*akte*, die nicht ›konstatieren‹, also nicht (primär) etwas über die Realität aussagen, sondern etwas ›tun‹, also z.B. Sachverhalte *erzeugen*. So wird im ersten Schritt (1) das Analysefeld *erweitert*, indem der Fokus auf bislang philosophisch noch nicht beleuchtete sprachliche Äußerungen gerichtet wird. Austin führt sie zunächst als verschieden von den bekannten, konstativen Sätzen ein, weil sie etwas tun, sie sind *performativ*. Das lässt sich philologisch mit dem Hinweis auf ›per‹ im Sinn von ›mithilfe von‹ und ›formare‹ als ›gestalten‹ motivieren.[54] Denn mithilfe solcher Aussagen wird, wenn man so will, etwas gestaltet oder erzeugt – wobei ›etwas‹ eben nicht einfach den Sprechvollzug selbst meint, sondern etwas über das bloße Sprechen Hinausgehendes. Als Beispiele für solche Sprechakte nennt Austin:

> »a. ›Ja (sc. Ich nehme die hier anwesende XY zur Frau)‹ als Äußerung im Laufe der standesamtlichen Trauung.
> b. ›Ich taufe dieses Schiff auf den Namen ›Queen Elisabeth‹ als Äußerung beim Wurf der Flasche gegen den Schiffsrumpf.
> c. ›Ich vermache meine Uhr meinem Bruder‹ als Teil eines Testaments.
> d. ›Ich wette einen Fünfziger, daß es morgen regnet.‹ [...]
>
> Jeder würde sagen, daß ich mit diesen Äußerungen etwas Bestimmtes tue (natürlich nur unter den passenden Umständen); dabei ist klar, daß ich mit ihnen nicht beschreibe, was ich tue, oder feststelle, daß ich es tue; den Satz äußern heißt: es tun.« (Austin 2002: 28 f.)

... scheitert: Diese anderen Äußerungen gilt es nun exakt zu bestimmen, d.h. sie zu *definieren*. Klassisch kann eine Definition am einfachsten durch die Abgrenzung von bereits Bekanntem erfolgen, hier also im Gegensatz zu den konstatierenden Sätzen. So beginnt Austin gleichsam *analog* zu der Bedingung, die einen Behauptungssatz ›wahr‹ oder ›falsch‹ sein lässt – die Wirklichkeit, auf die er sich bezieht –, im zweiten Schritt (2) die situativen *Bedingungen* oder *Voraussetzungen* zu klären, die dazu nötig sind,

damit performative Äußerungen funktionieren. Das erfolgt aber nicht positiv, sondern *ex negativo*, d.h. unter Ausschluss derjenigen Bedingungen, die dafür verantwortlich sind, wenn die untersuchten Äußerungen *nicht funktionieren*, sie also das, was sie tun sollen, nicht zustande bringen. Er nennt drei Klassen mit je zwei Unterarten von ›infelicities‹. Da die Untersuchungen der ›Verunglückungsarten‹ aber nicht zur gesuchten *eindeutigen* Bestimmung performativer Sprechakte führen, versucht Austin ab der vierten Vorlesung in einem dritten Schritt (3) nun anhand spezifischer Merkmale, also über eine *differencia specifica* – grammatikalische, lexikographische –, die Differenz zu den konstativen Sätzen herauszuarbeiten. Wiederum scheitert dieser Versuch, was Austin die Vermutung äußern lässt: »perhaps indeed there is no great distinction between statements and performative utterances« (Austin 1962: 52). So machen die scheiternden Versuche, ein klares und distinktes Kriterium zur Unterscheidung derjenigen Sprechakte, die etwas ›tun‹, von denjenigen, die etwas behaupten, zu finden, deutlich, dass mit *jedem* geäußerten Satz etwas getan wird: »uttering is doing something« (Austin 1962: 60). Die scheiternde Analyse hat demnach gezeigt, dass sich die anfänglich angenommene spezifische Differenz als Gemeinsamkeit erweist, als übergeordnetes *genus proximum*. Folglich kann die Definition performativer Sätze nicht mehr über diese äußere Abgrenzung zu konstativen Sätzen versucht werden.

Definitionsversuch über innere Ausdifferenzierung ...: Aufgrund dieser Einsicht, die in der fünften Vorlesung formuliert wird, ist Austin gezwungen, methodisch die Strategie zu ändern. So stellt er in einem vierten Schritt (4) von dem Versuch, über Abgrenzung eine Definition vorzunehmen, auf eine positive Bestimmung über ›innere‹ Ausdifferenzierung der performativen Sätze um. Dafür nennt er zunächst Verben, deren Äußerung einen Satz zu einem performativen machen, und differenziert diese weiter in primäre und explizierende: »(1) ›Ich werde da sein.‹ [...] ›Ich verspreche, daß ich da sein werde.‹« (Austin 2002: 89). Die binnendifferenzierende Analyse der Sprechakte erfolgt wiederum unter unterschiedlichen Aspekten, je nachdem, was sie tun und wie sie es tun. An dieser Stelle zeigt die Analyse dann, dass es nötig ist, genauer zu erklären, was eigentlich ›tun‹ in diesem Zusammenhang bedeuten soll, was es also überhaupt heißt zu »sprechen, die Sprache oder Sätze zu gebrauchen« (Austin 2002: 89). Deshalb unterscheidet Austin im Anschluss *zunächst* die drei Gebrauchsweisen, für die er berühmt geworden ist. Sie werden in der achten Vorlesung eingeführt:

»Einen lokutionären Akt vollziehen heißt im allgemeinen auch und eo ipso einen *illokutionären* [*illocutionary*] Akt vollziehen, wie ich ihn nennen möchte. [...] Den Vollzug einer Handlung [...] habe ich den Vollzug eines ›illokutionären‹ Aktes genannt, d.h. einen Akt, den man vollzieht, *indem* man etwas sagt, im Unterschied zu dem Akt, *daß* man etwas sagt.« (Austin 2002: 116f.)

»Wenn etwas gesagt wird, dann wird das [...] Wirkungen auf die Gefühle, Gedanken oder Handlungen des oder der Hörer [...] haben; und die Äußerung kann mit dem Plan, in der Absicht, zu dem Zweck getan worden sein, die Wirkungen hervorzubringen. [...] Das Vollziehen einer solchen Handlung wollen wir das Vollziehen eines *perlokutionären* [*perlocutionary*] Aktes nennen.« (Austin 2002: 118f.)

... stellt nicht zufrieden: Hier haben wir es also immer noch mit dem Versuch zu tun, durch immer feinere Unterscheidungen von Sprechhandlungen und Sprechhandlungsfolgen mehr Klarheit zu erlangen, ein eindeutiges und bestimmendes Kriterium zu finden. Aber auch dieses Ergebnis stellt Austin nicht wirklich zufrieden, sodass er im fünften Schritt (5) in der elften Vorlesung zusammenfassend die Einsicht formuliert, dass erstens kein unterscheidendes Merkmal zwischen konstatierenden und perfor-

mativen Sätzen gefunden werden konnte, weil sie abgesehen davon, dass sie beide als Äußerungen etwas tun, auch noch beide sehr ungenau sind. So sei häufig ein Urteil, ob ein Satz wahr oder falsch sei, gar nicht möglich mangels ausreichenden Wissens bzw. aufgrund der Kontext- und/oder Situationsgebundenheit:

> »Wahrheit und Falschheit sind (abgesehen vom Fall der für bestimmte Zwecke gerechtfertigten, immer möglichen, künstlichen Abstraktion) keine Namen für Beziehungen, Eigenschaften oder dergleichen, sondern für eine Dimension der Beurteilung – wie nämlich *die Äußerung vor dem Anspruch besteht*, den Tatsachen, Ereignissen, Situationen und so weiter, mit denen sie zu tun hat, zu genügen. [...] Aus demselben Grund muss der vertraute Grundsatz zwischen ›normativ‹ (oder ›wertend‹) und ›faktisch‹ wie so viele andere Dichotomien beseitigt werden.« (Austin 2002: 166 f.)

Veränderte Auffassung von Sprache: Damit hat Austin im Laufe der Vorlesung – die er mehr als einmal mit dem gleichen Inhalt gehalten hat – die Auffassung über Sprache durch unterschiedliche Analyseschritte der Bedeutungstransformation unterzogen, die er zu Beginn als Teil einer Revolution in der Philosophie angekündigt hatte. Denn sprachliche Äußerungen referieren nach dieser Analyse nicht mehr einfach auf etwas, das sie beschreiben oder behaupten, was ihren Wahrheitswert im Sinne Freges ausmachte, sondern sie tun alle etwas. Deshalb passen sie gar nicht in eine der beiden Gruppen von Sätzen, die nach Frege und Carnap entweder bedeutungsvoll oder bedeutungslos sind. Folglich gilt für sie auch nicht die logische wahr/falsch-Unterscheidung, die ja nur auf bedeutungsvolle Sätze anwendbar ist. Was Austin hier macht, ist eine Anwendung ›klassischer‹ Definitionsmethoden, die ihn in fast dekonstruktiver Weise dazu führen, die stillen Voraussetzungen – die er sogar als *Entscheidungen* einführt – für wenigstens nicht eindeutig erklären zu können. Damit übt er im

Sinne Kants Kritik an philosophischen Prämissen, wie etwa der Repräsentationsvoraussetzung, der situationslosen wahr/falsch-Beurteilung, der normativ/deskriptiv-Unterscheidung, *indem* er Sprache ganz klassisch analysiert – allerdings ohne sie vorher auf einen bestimmten Satztypus wie Aussagesätze einzuschränken.

Auf diese Weise macht er ihre relationale Vielfalt zu den Bedingungen deutlich, die Sätze erst bedeutsam werden lassen. Sprache scheint nicht einfach abbildend auf etwas zu referieren und sie scheint auch kein simples, unbeteiligtes Mittel zu sein. Das *zeigt sich* in Austins Vorlesungen – weshalb das, was Austin hier macht, ebenso in Bezug auf sein eigenes Vorgehen, also mit Blick auf den Weg, den er beschreitet, betrachtet werden muss. Denn nicht nur sieht man ihm beim schrittweisen Suchen und Verwerfen zu, sondern man erfährt dabei auch, dass die erwartete Eindeutigkeit und Klarheit der Definitionen, wenn nicht unerreichbar, so doch wenigstens mit erheblichen weiteren Unterscheidungen – Analysen – verbunden ist und sein muss. Das liegt an der Komplexität der Sprache, die mehr Funktionen oder Dimensionen aufweist, als zu repräsentieren bzw. kontextgebunden auf etwas hinzuweisen – wie bereits Wittgenstein hervorgehoben hat. Die Bedeutungen der Zeichen und des Sprechens können demnach nach Austin nicht nur dann angemessen begriffen werden, wenn sie situiert werden, sondern es bedarf auch einer Analyse ihres Erscheinens, d.h. der Art und Weise, *wie* und *in welchem Kontext* aufgrund *welcher Konventionen* bzw. *Traditionen* sie gebraucht werden, um sie zu verstehen. Auch das ist eine sprachanalytische Einsicht.

Affirmative Anschlüsse insgesamt: Austins Ansatz ist ebenfalls vielfältig weiterentwickelt worden – am prominentesten durch seinen Schüler John R. Searle (*1932) in dessen ›sprachphilosophischem Essay‹ *Speech Acts* (1969). Darüber hinaus gibt es im Anschluss an Austin viele weitere Untersuchungen, die sich mit pragmatischen Aspekten beschäftigt haben. Die Frage, wie Sprache verwendet werden kann und was sie für Effekte erzeugt, eröffnet viele Anschlussmöglichkeiten: Welche weiteren Voraussetzungen liegen dem Gebrauch von Sprache zugrunde? Hat der Gebrauch auch etwas mit ihren grammatischen Strukturen zu tun? Inwiefern sind die Intentionen der Sprechenden für die Wirkungen von Belang? Wie genau lässt sich der Zusammenhang zwischen Intention und Effekt beschreiben? Hat Sprache auch konstitutive Funktionen? Welcher Zusammenhang besteht zwischen der Sprache und der Welt, wie sie uns erscheint oder wie sie ›ist‹? Hier wäre noch einmal Searle zu nennen mit *Die Konstruktion der gesellschaftlichen Wirklichkeit. Zur Ontologie sozialer Tatsachen* (2001) und jüngst *Wie wir die soziale Welt machen* (2012). Dieses Feld möglicher Fragen an das, was Sprache ist, ausmacht und bewirkt, das Austin mit seiner anderen Fragestellung gewissermaßen erst eröffnet hat, hat dazu beigetragen, dass der Begründer der Sprechakttheorie auch ›außerhalb‹ der analytischen ›community‹ viel Einfluss ausgeübt hat, sprich auf solche Philosophinnen, die sich nicht oder nicht nur dieser Tradition analytischen Philosophierens verpflichtet sehen.[55] Insgesamt hat die methodische Forderung nach ausdifferenzierender Exaktheit bei der Analyse, eindeutigen (metasprachlichen) Benennungen und logischer Stringenz in der Argumentation auch dazu beigetragen, deutlich zu machen, dass Sprache ein weitaus komplexeres Wesen ist, als es eine instrumentelle Auffassung vermuten lässt. Darüber hinaus zeigen die gegenwärtige Vielfalt und der stete Wandel analytischen Philosophierens, wie produktiv dieser Zugang das Denken werden lässt.

6. Diskursives Ordnen

Philologisches: Der Begriff Diskurs stammt aus dem Lateinischen ›discursus‹, ein dem Verb ›discurrere‹ (sich zerstreuen, ausbreiten, auseinanderlaufen) entlehntes Substantiv mit der Bedeutung ›das Auseinander-‹ oder auch ›Hin-und-Her-Laufen‹. Erst im Spätlatein des Mittelalters wird seine Bedeutung um ›Gespräch‹, ›Umgang‹, ›Verkehr‹ bzw. die Bedeutung des Verbums um ›etwas mitteilen‹ erweitert. Im Französischen kam ihm als ›discours‹ zunächst die Bedeutung von »chemin hasardeux de la conversation et de l'entretien, avant de renvoyer à toute mise en forme, parlée ou écrite de la pensée«[56] zu. Descartes' Verwendung von ›discours‹ im Titel seiner ersten, auf ›Vulgärlatein‹ erschienenen Schrift *Discours de la méthode pour bien conduire sa raison* (1637) nutzt aber schon nur noch die eingeschränkte Bedeutung des in Form zu bringenden Denkens. Allerding meint ›Discours‹ auch hier zweierlei: die Erörterung des Weges zum richtigen Vernunftgebrauch wie auch diesen selbst. Anfang des 16. Jahrhunderts findet das französische ›discours‹ in dieser ordentlichen Bedeutung Aufnahme im Deutschen. Kant unterscheidet knapp 200 Jahre später die ›diskursive‹ Erkenntnis von der ›intuitiven‹. Erstere erfolgt durch Begriffe, Letztere durch Anschauung. Philosophische Popularität erlangte der Begriff ›Diskurs‹ hierzulande in der Diskursethik, die auf Jürgen Habermas' Theorie des kommunikativen Handelns beruht. Hier zielt ›Diskurs‹ vor allem auf die Norm deliberativer Gespräche, die in einer rationalen Diskursgemeinschaft zu gemeinsamen Regeln führen soll.

Diskurs bei Foucault: Bevor im Folgenden erklärt werden kann, was für eine Methode ›Diskursanalyse‹ nach Michel Foucault (1926–1984) darstellt, ist es sinnvoll, zunächst dessen Verständnis von seinem Gegenstand, d.h. vom Diskurs zu skizzieren. Denn der Diskurs im Foucault'schen Sinne hat eine sehr viel weitere und zugleich engere Bedeutung als in der Diskursethik. Zwar wird der Diskurs als etwas aufgefasst, das durch und durch normierende Wirkungen auf die einzelnen Menschen hat, aber Foucault schreibt ihm keine normative Funktion in dem Sinne zu, dass er ihm in irgendeiner Form als ethischer Maßstab dienen würde. Zum anderen bezeichnet er mit Diskurs nicht nur Sprechakte oder korrekte Diskussionsformen, denn mit seiner Verwendung des Begriffs schließt Foucault vielmehr *auch* an die oben genannte Bedeutung des noch nicht formierten Diskurses an. Der Diskurs birgt zum einen nach Foucault eine gewisse Ordnung, deren Ausdruck er ist; er umfasst Praktiken, die nicht nur das Gespräch meinen; er drückt seine Ordnung in Institutionen, Techniken und Strategien aus; und er unterliegt bestimmten Regeln, die ihn selbst ordnen. Diese regelhaften Formen trennen ihn zum anderen von (s)einem ungeordneten Außen, das vielleicht ›hasardeux‹, d.h. gewagt und riskant ist – Foucault nennt es auch das »wilde Außen«[57] bzw. ein »unaufhörliches und ordnungsloses Rauschen« (ODis 2012: 33). So umfasst der geordnete und ordnende Diskurs zunächst all das, was die soziale Welt einer Gesellschaft zu einem bestimmten Zeitpunkt hat so werden lassen, wie sie sich gerade darbietet: mit ihren Institutionen, Wissens- und Denkformen, Beurteilungsrastern, Praktiken, Ein- und Ausschlussmechanismen, die über soziale Teilhabe oder Nichtteilhabe entscheiden etc. All das ist mit dem Diskurs verbunden, ohne dass dieser als kausale, davon unabhängige Ursache verstanden werden dürfte – oder gar bloß als Sprechen über diese Elemente.

Diskursives Werden: Foucault beobachtet den Diskurs und seine Entwicklungen, indem er Texte, Praktiken, Institutionen und materielle Artefakte analysiert. Allerdings darf das Zusammenspiel von Diskurs und sozialer Entwicklung – das man kurz diskursives Werden nennen könnte – nicht mit dem dialektischen Werden gleichgesetzt werden. Denn der Diskurs ist weder ein Ausdruck des sich dialektisch transformierenden Weltgeistes, noch hat er überhaupt eine gleichbleibende Form. Stattdessen unterliegt seine Form bzw. besser: seine Ordnung selbst historischen Veränderungen, sodass diese sich unaufhörlich neu formiert. Aber es lassen sich nach Foucault Regelmäßigkeiten finden, sodass für längere Zeiträume übergreifende Ordnungen identifiziert werden können. Es sind zunächst diese diskursiven, formierenden Regelmäßigkeiten, denen Foucaults Interesse gilt. Sie sind für ihn gleichermaßen präsent wie unsichtbar, weil sie nicht eigens thematisiert werden. Dennoch sind sie es, die als Geschichte der *Bedingungen* (nicht der Resultate und nicht eines *allgemeinen* Werdensprinzips) beschrieben werden können, unter denen jegliches Wissen, also auch bestimmte Theorien und Methoden, möglich geworden sind und sich formiert haben. Die Frage lautet also zunächst: Welche historisch variable, diskursive Ordnung hat es *ermöglicht*, dass in einem bestimmten Zeitraum, *bestimmte* Ideen erscheinen, *bestimmte* Wissenschaften entstehen und *bestimmte* Erfahrungen philosophisch reflektiert werden, d.h. *überhaupt problematisiert werden*?

›Episteme‹ bzw. ›historisches Apriori‹ als Möglichkeitsbedingungen ...: In diesem Sinne unterliegt primär der wissenschaftliche Diskurs nach Foucault Möglichkeitsbedingungen, die ihn je nach Epoche auf eine bestimmte Weise ordnen und abgrenzen. Sie stellen eine dritte Art von Ordnung dar, ein ›Dazwischen‹, das weder mit

den Ordnungen des impliziten (Praxis-)Wissens noch mit deren expliziter Reflexion in den wissenschaftlichen Theorien identisch ist. Denn es handelt sich bei dieser Ordnung z.B. darum, welche Normen den Theorien Theoriestatus verleihen, welchen Mustern Theorien folgen, welche Zusammenhänge sie behaupten, die wiederum durch welche Praxen plausibilisiert werden etc. Im Gegensatz zu dieser Art Ordnung gehören zum impliziten (Praxis-)Wissen etwa linguistische Ordnungen, wie die Grammatik, oder perzeptive Ordnungen, wie Wahrnehmungsmuster, oder auch praktische Ordnungen, wie etwa normative Verhaltensmuster. Solche impliziten, empirisch-sozialen Ordnungen werden in unserer Kultur wissenschaftlich untersucht, d.h. reflektiert. Aus ihnen können allgemeine Theorien, Interpretationen, philosophische Begründungen oder auch geordnete Reflexionen über Ordnungen werden. Foucault interessiert sich aber für die Ordnung, die zwischen diesen beiden liegt, die eine Möglichkeitsbedingung der Existenz der zweiten, wenn man so will theoretischen, wissenschaftlichen, reflexiven Ordnung ist. Sie ist diejenige, die Foucault in *Die Ordnung der Dinge* (1966) enthüllen will[58] – er nennt sie *episteme* bzw. *historisches Apriori*:

»Es handelt sich eher um eine Untersuchung, in der man sich bemüht festzustellen, von wo aus Erkenntnisse und Theorien möglich geworden sind, welchem Ordnungsraum *folgend* das Wissen sich konstituiert hat, auf welchem historischen Apriori und im Element welcher Positivität Ideen haben erscheinen, Wissenschaften sich bilden, Erfahrungen sich in Philosophien reflektieren, Rationalitäten sich bilden können, um vielleicht sich bald wieder aufzulösen und zu vergehen. [...] Was wir an den Tag bringen wollen, ist das epistemologische Feld, die *episteme*, in der Erkenntnisse [...] eine Geschichte manifestieren, die nicht die ihrer wachsenden Perfektion, sondern eher die der Bedingungen ist, durch die sie ermöglicht werden.« (OD 1971: 24 f.)[59]

... des Denkens ...: Das Wissen oder die Erkenntnisse, die hier angesprochen sind, meint nicht zuletzt auch das Wissen, mit dem Foucault selbst aufgewachsen ist, das ihn als Professor für Psychologie und ab 1970 am Collège de France für die Geschichte der Denksysteme geprägt hat. Kurz: Die gesuchte Ordnung ist diejenige, die primär das Wissen und die Wissenschaften, aber auch die Literatur sowie Lebensformen und (wirtschaftliche) -praxen bis zur Mitte des 20. Jahrhunderts so und nicht anders hat werden lassen. Sie ist die im Wissen vorhandene ungewusste Ordnung, das »*positive Unbewußte* des Wissens [...]: eine Ebene, die dem Bewußtsein des Wissenschaftlers entgleitet und die dennoch Teil des wissenschaftlichen Diskurses ist« (OD 1971: 11). Die epistemische Ordnung oder das von Foucault so genannte ›historische Apriori‹ ordnet das, was z.B. in den Wissenschaften als wichtig und erforschenswert deklariert wird. Sie lässt uns bestimmte Institutionen bilden; Praxen ausbilden; Problemstellungen denken etc. Diese Ordnung ist so selbstverständlich, dass sie überhaupt nicht (mehr) hinterfragt wird. Auf diese Weise begleitet sie die (je anerkannte) Theoriebildung, wodurch sie latent immer auch die Reflexionen mitbestimmt, ohne ihr Analysegegenstand zu werden. Denn wenn es selbstverständlich ist, dass erforscht werden muss, wie beispielsweise der Mensch in seinem Innersten funktioniert, dann wird diese Selbstverständlichkeit nicht mehr selbst infrage gestellt.

... als Wissenschaftler: So umfasst die epistemische Ordnung die Bedingungen, die »die Individuen, die verantwortlich für den wissenschaftlichen Diskurs sind, [...] in ihrer Situation, ihrer Funktion, ihren perzeptiven Fähigkeiten und in ihren praktischen Möglichkeiten bestimmt [...], von denen sie beherrscht und überwältigt werden« (OD 1971: 15). Weil diese Ordnung implizit und daher ›stumm‹ das Denken zwingt, ist sie in der Regel auch kein Gegenstand kritischer Gesellschaftsanalysen. Zwar weist die an

Marx angelehnte Erkenntniskritik, wie sie auch Adorno im Blick hat, eine ähnliche Stoßrichtung auf (vgl. Kap. 2: Anschlüsse an Hegel). Aber während hier strukturell analoge Praxisformen in den Denkformen ausfindig gemacht werden, wie etwa das marktwirtschaftliche Tauschverhalten, stellt Foucault z.B. in den Gouvernementalitätsvorlesungen (1976–78) die Frage danach, *welchen Veränderungen die ökonomische Theoriebildung seit 1600 unterliegt*, in welchem Zusammenhang diese Veränderungen mit den Regierungsformen und -institutionen stehen, wie sich das in philosophischen Theorien spiegelt, wie sich das im Verhältnis der Einzelnen zum Staat auswirkt etc.[60] Foucault stellt immer wieder die Frage nach den (eigenen) ungewussten Bedingungen, unter denen sich das Denken ordnet bzw. formiert (hat) – das gilt selbstverständlich auch für sein eigenes. Dabei geht es ihm aber auch nicht um die hermeneutische Frage nach einem ahistorischen, übergreifenden Sinn, sondern um die Formierungsmuster, die dem (wissenschaftlichen) Denken, seinen Praxisformen und Ritualen unhinterfragt zugrunde liegen. Das diskusbeherrschende historische Apriori entspricht daher Heideggers gegenwärtigen Denkmustern, die von Gadamer als unumgängliche, aber revidierbare Voreinstellung bzw. Vorurteil aufgenommen wurden (vgl. Kap. 4). Für Heidegger wurden sie sichtbar an der Differenz zum anderen Denken; Foucault versucht, sie zu enthüllen, indem er die vergangenen Formierungsmuster des Diskurses analysiert.

Die Ordnung der Dinge ...: Die apriorische Ordnung ist also eine je historische. D.h. für Foucault, dass sie nicht nur variabel, sondern auch diskontinuierlich ist, denn er findet in der Geschichte des Denkens Brüche. Das liegt unter anderem daran, dass diese Ordnungen auch auf empirische Ereignisse ›reagieren‹, die sie kontingenter-, d.h. zufälligerweise in die eine oder andere Richtung sich haben entwickeln lassen. Gleichermaßen

›beeinflussen‹ sie aber auch ihrerseits die *Ordnung der Dinge*, weil sie sie eben nach einer bestimmten, allem Sein und aller Erfahrung zugrunde liegenden Ordnung sortieren. In der *Ordnung der Dinge* zeigt Foucault entsprechend, dass die philosophische bzw. wissenschaftliche Denkweise seiner Gegenwart nicht etwa einer zweieinhalbtausendjährigen (dialektischen oder andersartigen) kontinuierlichen Entwicklung unterliegt, deren entwickeltste Spitze sie darstellt, sondern dass es im Untersuchungszeitraum zwischen dem 16. und dem 20. Jahrhundert in der epistemischen Ordnung vielmehr zwei fundamentale Brüche gegeben hat. Der letzte Bruch, nach dem die gegenwärtige epistemische Ordnung eingeläutet wurde, zeigt sich für Foucault in der *Philosophie* markant in Kants *Kritik der reinen Vernunft* (1781). Warum?

... als Archäologie: Der Grund ist, dass durch die von Kant gestellte Frage nach den Möglichkeitsbedingungen der Erkenntnis ein vollkommen neuer (Denk-)Raum eröffnet wurde – das transzendentale Subjekt, dessen Tiefendimension (an Kants Intentionen vorbei) fürderhin unter vielfältigen *empirischen* Perspektiven zum Gegenstand humanwissenschaftlicher Forschungen werden konnte. *Die Ordnung der Dinge* versucht also zu zeigen, aufgrund welcher Ereignisse die wissenschaftliche Landschaft unserer Epoche, d.h. der letzten 250 Jahre, so geworden ist, wie wir sie jetzt vorfinden. Das betrifft sowohl die *Art ihrer Erkenntniserzeugung* als auch die *Formierung ihrer Gegenstände*. Dieses rekonstruktive Suchen nennt Foucault *Archäologie* – die *Ordnung der Dinge* trägt den Untertitel: *Eine Archäologie der Humanwissenschaften*. Sie ist eine Beschreibung der Geschichte des ›Dazwischen‹, der ›stummen Ordnung‹ des Diskurses, die die Wissenschaften und Praxen unserer Epoche ›beherrscht und überwältigt‹. Diese ›stummen Ordnungen‹ aufzudecken bleibt die Leitfrage der Analysen, denen Foucault den Diskurs unterzogen hat – wenngleich mit wechselndem Fokus. Die Frage danach, wie genau solche

Analysen vollzogen werden, beschäftigt ihn dabei immer wieder von Neuem. In der *Archäologie des Wissens* (1969) reflektiert er sein methodisches Vorgehen zum ersten Mal systematisch, indem er darstellt, wie die einzelnen Elemente oder Aspekte des Diskurses und ihr Zusammenspiel zu beschreiben sind. Weitere Methodenreflexionen finden sich neben zahlreichen Bemerkungen in vielen Interviews und kleinen Aufsätzen, die in den vier Bänden *Dits et Écrits. Schriften 1954-1988* erschienen sind, sowie in seiner Antrittsvorlesung, die Foucault 1970 am Collège de France gehalten hat.

Die Ordnung des Diskurses: Die *Antrittsvorlesung* trägt den Titel *L'ordre du discours* (1972). Insgesamt betrachtet handelt es sich um einen weithin selbstreferenziellen Vortrag, der vielschichtig die konkrete Situation, in der er gehalten wird, wie auch die Bedingungen, unter denen er möglich geworden ist, anspricht. Denn Foucault zählt nicht nur die vielfältigen Facetten des ordnenden wissenschaftlichen Diskurses auf, sondern bezieht sich auch auf den Eintritt in eine der bedeutenden Wissenschaftsinstitutionen – eigentlich *die* Institution in Frankreich –, die die Ordnung des Diskurses mitbestimmen, ihm aber auch zugleich ihre Existenz verdanken. Das betrifft natürlich auch ihn selbst als Eintrittsberechtigten und auf diese Weise zum Sprechen Legitimierten. Zugleich verleiht Foucault in diesem Vortrag seiner eigenen Forschung eine bestimmte Ordnung, indem er den Zeitpunkt des Eintritts als eine imaginäre Grenze zwischen bisher geleisteten und weiteren Projekten markiert. Auf diese Weise spielt er auch – wiederum selbstreferenziell, weil auch das thematisiert wird – mit der Wirkmächtigkeit des Sprechens, des Gesagten, das auf diese Weise eine ›Einteilung‹ mit Bedeutung versieht. Schließlich gleicht die ganze Rede einer rekursiven Schleife, wenn Foucault am Ende mit seinem Dank diejenigen bedenkt, die ihm den Eintritt in diesen Diskurs an und auf dieser

Stelle ermöglicht haben. Der Vortrag entspricht in diesem Sinne einer Beschreibung seines neuen Arbeitsplatzes als Produktionsstätte des wissenschaftlichen Diskurses inklusive der Bedingungen, die dafür notwendig waren.

Kontrollprozeduren: Nachdem Foucault den Vortrag damit begonnen hat, über die Unmöglichkeit des Anfangens zu sprechen – weil das Sprechen sich immer in einen bereits vorhandenen Diskurs einordnen muss und daher kein Sprechen Ursprünglichkeit beanspruchen kann –, wird das, was die stumme Ordnung des (wissenschaftlichen) Diskurses ausmacht, im Einzelnen skizziert. Zunächst werden die ›Kontrollprozeduren‹ genannt, die darüber bestimmen, wer und was Eingang in den Diskurs findet. Foucault unterscheidet ›externe‹ von ›internen Bestimmungsprozeduren‹ sowie beide von den ›Bedingungen des Einsatzes‹. Die externen Prozeduren haben den Zweck, die ›wilden Kräfte‹ zu bändigen (das sind *Verbote* wie Tabus bestimmter Themen, Sprechverbote, Aufnahmerituale; die *Grenzziehung zwischen Vernunft und Wahnsinn, die Letzteren verwirft*, sowie der *Gegensatz* zwischen ›*wahr*‹ und ›*falsch*‹, der sich als *Wille zur Wahrheit* manifestiert). Hier gestalte sich die Kontrolle etwa wie folgt: Der Wille zur Wahrheit begründet das Verbot und die Ausgrenzung. D.h. Letztere werden dem Wahrheitswillen so untergeordnet, dass die Legitimität der Frage nach dem ›guten Grund‹ als selbstverständlich vorausgesetzt – und selbst nicht mehr hinterfragt wird. Ein ›begründeter Ausschluss‹ sei folglich ein doppelter Ausschluss, da durch ihn erstens explizit bestimmte Inhalte aus dem wahren, wissenschaftlichen Diskurs ausgeschlossen werden, aber zweitens durch die Begründung implizit auch die Hinterfragung des Ausschlusses selbst ausgeschlossen wird. Drastisch formuliert, funktioniert dieser Ausschluss, weil er sich selbst legitimiert und sich auf diese Weise jeglicher kritischen Infragestellung entzieht. Der wissenschaftliche Diskurs schützt, erhält und legitimiert sich auf diese Weise – ohne dass dies den einzelnen Wissenschaftlerinnen bewusst ist. Dennoch ist diese ›Selbstverständlichkeit‹ ein wesentlicher Aspekt dessen, was den (wissenschaftlichen) Diskurs funktionieren lässt, wodurch er nach Foucault geordnet wird und was ihn allererst *als* solchen existieren lässt.

Die internen Bestimmungsprozeduren dienen dazu, ›Zufälle und Ereignisse zu bändigen›‹. Foucault benennt mit *Autor*, *Kommentar* und *Disziplin* drei solcher Prozeduren. So stelle der Kommentar ein Beispiel für das Abstufungsprinzip zwischen Primär- und Sekundärtexten dar. Das Abstufungsprinzip bedeute zum einen, eine gewisse Offenheit für das Sprechen zu erzeugen; zum anderen erlaubt es, immer neue Diskurse über alte Texte herzustellen. Es erhält also den geordneten wissenschaftlichen Diskurs aufrecht, indem es weitere Produktivität erlaubt. Zum anderen beinhalte es aber auch die paradoxe Aufgabe, zum ersten Mal (etwas über) das bereits Gesagte aussagen zu müssen. Denn nur was wirklich neu ist, er*schafft* tatsächlich Wissen. – Unter den Bedingungen des Einsatzes werden schließlich sämtliche formalen Zugangskontrollen verstanden, die die Anzahl derer begrenzen, die sprechen dürfen, also die Anzahl und die Konstitution der sprechenden Subjekte. Das können Rituale wie das ›Abitur‹ sein, Sprachkompetenzen oder Ähnliches (vgl. insgesamt ODis 2012: 10–30). Mit Kontrollprozeduren bezeichnet Foucault alle Differenzierungen im Sinne von Grenzziehungen, die dafür sorgen, dass das Diskurssystem, so wie es ist, aufrechterhalten bleibt. So sorgt der (wissenschaftliche) Diskurs durch den Ausschluss von Non-Konformem und durch hierarchisierende Binnenunterscheidungen für sein eigenes Fortbestehen.

Funktion der Philosophie: Als nächstes richtet der Vortrag seine Aufmerksamkeit auf die Funktion der Philosophie in diesem Prozess. Sie wird als Antwort und Stabilisierung der Einschränkungsspiele betrachtet, weil sie mit ihren Antworten bzw. Themen in der Regel das – eben erörterte – Gesicht des Diskurses verdecke. Denn sie postuliere als Wissenschaftstheorie eine ideale Wahrheit als Gesetz des Diskurses; oder als Geschichtsphilosophie eine immanente Rationalität als Prinzip der Abfolge der Diskurse; oder eine Ethik der Erkenntnis. Die Philosophie, so Foucault, leugne somit die spezifische Realität des Diskurses, indem sie den Diskurs nur als Vermittler zwischen Gedanken und Sprechen bzw. Signifikat (Zeichen, Bezeichnung) und Signifikant (Bezeichnetes) sieht. Denn in der Regel geht die Philosophie davon aus, dass es vorgängige Bedeutungen gibt, die durch die Sprache bloß artikuliert werden. D.h., der Sprache wird eine reine Repräsentationsfunktion unterstellt, was ihre konstruktive und kreative Wirkmächtigkeit ausblendet. Dem folgt eine Aufzählung verschiedener Formen, mit denen die Philosophie die ganze Realität des Diskurses eliminiert. So scheint unsere Wissensgesellschaft zwar dem wahren Diskurs großen Respekt zu zollen, doch die »Logophilie«, die Liebe zur Sprache, verbirgt für Foucault eher eine Angst vor dem Diskurs, also eine »Logophobie« vor seinem wilden Wuchern und seiner möglichen Ordnungslosigkeit (vgl. ODis 2012: 30–33). Genau dies aber: Welche Ordnung dem (wissenschaftlichen) Diskurs zugrunde liegt, d.h. *wie* der wahre Diskurs (sich selbst) diszipliniert, aufgrund welcher gesellschaftlicher Bedingungen und mit welchen gesellschaftlichen Effekten, ist Gegenstand der Analysen Foucaults.

Methodische Entscheidungen: Um das sichtbar machen zu können, sind nach Foucault drei methodische Entscheidungen zu treffen: Der Wille zur Wahrheit muss als falsche Matrix, die zwischen bloßem Meinen (doxa) und wahrem Wissen (episteme) unterscheidet, infrage gestellt werden. Dem Diskurs muss zweitens sein Ereignischarakter zurückgegeben werden, d.h., auch Zufälle müssen in die Analyse einbezogen werden. Und drittens muss die ›Souveränität des Signifikanten‹ aufgegeben werden, da der Diskurs sonst nur eine Spiegelfunktion hat. Damit ist gemeint, dass die Vorstellung, Sprache repräsentiere eine von ihr vollkommen unabhängige Welt, aufzugeben ist. Stattdessen müsse dem Diskurs, dem Sprechen und der Wissenschaft die Wirkmächtigkeit zugestanden werden, die sie haben. Diese besteht darin, dass sie ihre wissenschaftlichen Gegenstände *konstituieren*, indem sie sie thematisieren, problematisieren, sie zur Legitimierung sozialer Entscheidungen funktionalisieren, Zusammenhänge mit anderem herstellen etc. (vgl. ODis 2012: 34–39).

Methodische Grundsätze: Nach dieser Klärung und Offenlegung der Bedeutung des Diskurses und dessen, was es zu analysieren gilt – aber auch seiner eigenen Verwobenheit in den philosophischen Diskurs –, stellt Foucault als drittes vier methodische Grundsätze vor: Das ›Prinzip der Umkehrung‹ besagt, dass Quellen eher als Prinzipien der Verknappung – im oben genannten Sinne der Kontrollprozeduren – denn als neutrale Zeitzeugen betrachtet werden sollen. Das ›Prinzip der Diskontinuität‹ besagt, dass der Diskurs immer nur das ist, was er sagt, dass es also keinen verborgenen Sinn oder Ähnliches gibt, der bloß noch nicht gesagt wurde und seiner Entdeckung harrt. Dieses Prinzip richtet sich gegen die Hermeneutik als Verfahren zur Sinnfindung. Das ›Prinzip der Spezifität‹ richtet sich gegen die Vorstellung, man könne den Diskurs in einem Spiel von gegebenen, diskursunabhängigen Bedeutungen auflösen. Dieses Prinzip richtet sich gegen sprachanalytische Verfahren allgemeiner Bedeutungsfindung. Stattdessen richte der Diskurs die Dinge – und die Menschen – zu, denn es sei seine Praxis, mit den Dingen umzugehen, die, wenn man so will, der unendlichen Mannigfaltigkeit der Ereignisse ihre Regelhaftigkeit erst verleiht. Und schließlich soll die ›Regel der Äußerlichkeit‹ gelten, d.h., es muss immer auch nach den äußeren, materiellen, kontingenten Möglichkeitsbedingungen des Diskurses gefragt werden. Entsprechend gelten folgende Begriffe als ›regulative Prinzipien der Analyse‹: Dem Prinzip der Umkehrung folgend ersetzt das ›Ereignis‹ die Vorstellung einer (mono-)kausalen Schöpfung durch das Subjekt, den Autor etc. Dem Prinzip der Diskontinuität folgend ersetzt die Serie die Vorstellung von der Einheit des Textes, des Werkes etc. Dem Prinzip der Spezifität folgend ersetzt die Suche nach Regelhaftigkeiten die Suche nach dem Ursprung. Und schließlich ersetzt die Suche nach den (äußeren) Möglichkeitsbedingungen die Frage nach der (eigentlichen) Bedeutung.

Philosophie der Gegenwart: Dass Foucault dem gegenwärtigen (philosophischen) Denken bescheinigt, es beruhe auf drei Hauptausschlüssen – es dürfe nicht zufällig, nicht diskontinuierlich und nicht materiell sein –, macht deutlich, dass seine Analysen das suchen, was bislang nicht auf der philosophischen Agenda stand. Es sind die Grenzen, die es sich selbst gesetzt hat, in denen es sich eingerichtet hat – auch als es mit Kant der erkennenden Vernunft Einhalt geboten hat. So formuliert Foucault im Anschluss noch einige Aspekte seines Forschungsprogramms auf der Professur, das eben eine *kritisch-genealogische Analyse* des Denkens der Gegenwart beinhaltet (vgl. ODis 2012: 39–44), bevor er abschließend zum Anfang zurückkehrt mit der Botschaft, jetzt auch Urheber im Diskurs zu sein, aber nicht *ex nihilo*, weil er sich eben nur in ihn einschreiben konnte. Das aber soll kritisch vor sich gehen, indem gerade dieses Können – das französische *pouvoir* bedeutet Macht *und* Können – auf seine Möglichkeitsbedingungen hin untersucht wird. Diese Art zu fragen spiegelt sich auch in der neuen Denomination des Lehrstuhls, auf den Foucault als Nachfolger seines Lehrers Jean Hyppolite (1907–1968) berufen wurde: *Geschichte der Denksysteme*. Der immer wieder anzutreffenden Vorstellung, Foucaults Denken unterliege einem Bruch, er habe die archäologische Suche nach der Episteme aufgegeben, um sich einer genealogischen Suche nach den Praktiken zu verschreiben, kann entgegnet werden, dass es sich um zwei *Dimensionen* derselben Suche handelt.

Analyseachsen: Die archäologische Dimension analysiert die Denkmuster in den Texten, d.h. die Art und Weise, wie dort die Fragen gestellt werden, wie die Probleme allererst zu Problemen erklärt werden, die es dann zu untersuchen gilt, etc. Die genealogische Dimension hingegen fragt nach den Praxen, die solchen Veränderungen vorausgehen, sie gewissermaßen ermöglichen, ohne sie zu ›verursachen‹; aber auch nach den praktischen und materiellen Effekten solcher Theoretisierungen. Eine adäquate Analyse fordert *beide* Dimensionen: »Entgegen der strikten Aufteilung des Foucault'schen Œuvres in eine archäologische (diskursanalytische) und eine genealogische (machtanalytische) Phase zeigt gerade die Auffassung von Diskurs als einer diskursiven *Praxis*, dass beide Pole in Foucaults Denken untrennbar miteinander gekoppelt sind.« (Parr 2008: 237) Wenn man also mit Foucault das Denken unserer Gegenwart auf seine verborgenen Mechanismen und Funktionen hin befragt, wird man auf verschiedenste historische, soziale, ökonomische Bedingungen und Praktiken sowie ihre Theoretisierung verwiesen. Ihnen hat Foucault die meisten Vorlesungen am Collège gewidmet. Im Vorwort zur letzten großen, unvollendeten Studie über das Dispositiv ›Sexualität‹ findet sich entsprechend folgende Selbstbeschreibung:

»Ich meine jetzt besser zu überschauen, wie ich [...] in dieses Unternehmen einer Geschichte der Wahrheit hineingeraten bin: nicht die Verhaltensweisen zu analysieren und nicht die Ideen, nicht die Gesellschaften und nicht ihre ›Ideologien‹, sondern die *Problematisierungen*, in denen sie sich bilden. Die archäologische Dimension der Analyse bezieht sich auf die Formen der Problematisierung selbst; ihre genealogische Dimension bezieht sich auf die Formierung der Problematisierungen ausgehend von den Praktiken und deren Veränderungen. Problematisierung des Wahnsinns und der Krankheit ausgehend von sozialen und ärztlichen Praktiken, die ein bestimmtes ›Normalisierungsprofil‹ definieren; Problematisierung des Lebens, der Sprache und der Arbeit in Diskurspraktiken, die bestimmten ›epistemischen‹ Regeln gehorchen; Problematisierung des Verbrechens und des kriminellen Verhaltens ausgehend von gewissen Strafpraktiken, die einem ›disziplinären‹ Modell folgen.«[61]

Zusammenfassung: Rolf Parr zufolge lassen sich grob drei Aspekte des so verstandenen Diskurses unterscheiden: (1) seine interne Formation, d.h. die neu entstehenden Gegenstände; die ›Äußerungsmodalitäten‹ – wer darf wie sprechen, mithin Wissen erzeugen, d.h. auch die Sprecherpositionen; die Begriffe; die verfolgten Strategien etc. (2) seine Formationsmechanismen oder Begrenzungen nach ›Außen‹, d.h. die Mittel, die das Rauschen vom wahren ›Wissensdiskurs‹ abhalten: die ›Ausschließungen‹ und ›Verknappungen‹. (3) seine ›Anschlüsse‹ nach außen: das ›Dispositiv‹, ein Begriff, mit dem Foucault die strategische Einheit von Wissensformationen, Institutionen, Techniken und Praxen bezeichnet. Parr bestimmt den Diskursbegriff daher ›heuristisch-pragmatisch‹ wie folgt: Der Diskurs bestehe »aus materiell nachweisbaren Formationen gesellschaftlicher Rede, die stets nach Praxisbereichen spezialisiert und institutionalisiert sind, sodass es Diskurse mit distinkten Formations- und Ausschließungsregeln und eigener Operationalität gibt« (Parr 2008: 235). All diese Bereiche werden von Foucault analysiert, wobei Parr vier ›typische Arbeitsschritte‹ bei ihm identifiziert.

Typische Arbeitsschritte: Erstens die Abgrenzung des Analysegebietes, also etwa ›des Wahnsinns‹ oder ›der Sexualität‹. Zweitens die Bestandsaufnahme, die in einer bloßen Beschreibung der vorgefundenen Empirie und Materialisierungen, aber auch der Texte bzw. Theorien besteht, die im weitesten Sinne dem Analysegebiet zugeschrieben werden können. Das sind in Bezug auf den Wahnsinn wie auch auf die Sexualität z.B. immer auch ökonomische Überlegungen, die vorderhand gar nichts damit zu haben scheinen. Drittens die Beschreibung der inter- und extradiskursiven Einbettung der Textinhalte sowie die Analyse der Dynamik solcher Diskurse, d.h. zu fragen: Wann ist dieser spezifische Diskurs aufgetaucht und wann ist er wieder verfallen?[62] Dabei geht es Foucault *nicht* um die adäquate diskursive Bestimmung dessen, was diese ›Dispositive‹ nun wirklich und eigentlich bedeuten – sondern darum, zu zeigen, dass und wie sie als Probleme auftauchen, Gesellschaft gestalten, Zwecke schaffen und erfüllen etc.

»Schließlich ist es die Aufgabe einer Geschichte des Denkens [...] die Bedingungen zu bestimmen, in denen das Menschenwesen das, was es ist, was es tut, und die Welt, in der es lebt, ›problematisiert‹.« (GL 1986: 18)

Diskursanalyse ist keine Wissenschaftsgeschichte: Die Diskursanalyse ist also mitnichten einfache Wissen(schaft)sgeschichte – weder mit Karl R. Popper als geistiger Fortschritt noch mit Thomas S. Kuhn als eher zufällig und bruchartig, noch mit der kritischen Theorie als Verfall oder mit Heidegger als Seinsvergessenheit interpretiert –, sondern insgesamt der Versuch aufzudecken, wie Wissenschaft und soziale Praxis funktionieren, warum sie sich so und nicht anders formiert haben. Das heißt Fragen zu stellen wie: Welchen (impliziten) Regeln unterliegt die Wissensproduktion? Was produziert diese *für gesellschaftliche Effekte*? Welche Positionen werden den Einzelnen dadurch zugeschrieben? Welchen Formierungsmustern unterliegen (folglich) die Subjekte? Welche Fragen fordert und fördert die Wissenschaft? Aber auch: Wie legitimiert und formiert sie Macht? – Kurz: Aufgrund welcher Ereignisse ist eine bestimmte Art zu wissen bedeutend geworden und was hat das für Effekte auf unser Denken, unser Leben, unsere Praxen insgesamt? So beschreibt Foucault rückblickend 1982 in einem Interview seine Arbeit wie folgt:

»Mein Arbeitsfeld ist die Geschichte des Denkens. Der Mensch ist ein denkendes Wesen. Die Art, wie er denkt, hängt mit der Gesellschaft, der Politik, der Wirtschaft und der Geschichte zusammen, aber auch mit allgemeinen universellen Kategorien und formalen Strukturen. Doch das Denken ist etwas anderes als gesellschaftliche Interaktion. Die Art, wie Menschen wirklich denken, lässt sich nicht angemessen mit universellen logischen Kategorien erschließen. Zwischen der Sozialgeschichte und den formalen Analysen des Denkens gibt es einen Weg, eine Straße [...], die der Historiker des Denkens nimmt. [...]

Ich habe mir vorgenommen – dieser Ausdruck ist gewiss allzu pathetisch –, den Menschen zu zeigen, dass sie weit freier sind, als sie meinen; dass sie Dinge als wahr und evident akzeptieren, die zu einem bestimmten Zeitpunkt in der Geschichte hervorgebracht worden sind, und dass man diese Evidenzen kritisieren und zerstören kann.«[63]

Folgen bestimmter Wissensregime ...: Mit dem ›pathetischen‹ Hinweis auf die Freiheit lässt sich auch die Frage beantworten, warum sich Foucault, der doch dem Unternehmen ›Wissensgesellschaft‹ offensichtlich mit einiger Skepsis gegenüberstand, als unterrichtender und schreibender Professor (s)einem wissenschaftlichen Interesse folgend aktiv an dieser Produktion beteiligt hat: weil er gleichsam nur durch die Teilnahme eine Sprecherposition erlangen konnte, die ihm Gehör und gleichzeitig – wenigstens zum Teil – die Legitimation verschafft hat, kritisch sein zu können. Kritisch, indem die verborgenen diskursiven Mechanismen offengelegt werden, die das Denken zuweilen alternativlos einschränken und die gesellschaftliche Effekte erzeugen, welche nicht unbedingt allen zugutekommen. Es ist vor allem eine bestimmte Art von Wissen, deren Funktionalität analysiert wird: das seit der Mitte des 19. Jahrhunderts stetig wachsende Wissen vom ›Innersten der Menschen‹. So sieht Foucault das Spezifikum unserer Wissensformationen vor allem in den Humanwissenschaften, die, wie der Name schon sagt, Wissen *über den Menschen* hervorbringen. Mit diesem Wissen geht nach Foucault die Vermessung der Menschen einher, die Festlegung dessen, was normal bzw. nicht normal ist, wie die Menschen (vermeintlich) funktionieren und daher steuerbar sind (gemacht werden) etc. In dieser Art Wissen sieht Foucault z.B. die Möglichkeitsbedingungen für den Rassismus und seine mörderischen Folgen (vgl. *In Verteidigung der Gesellschaft*); für den Ausschluss unterschiedlichster Lebensweisen, die das Wissen legitimiert (hat) (vgl. *Die Anormalen*); das Diktat zu einem bestimmten moralischen Selbstverhältnis, will man ein anerkanntes Gesellschaftsmitglied sein (vgl. *Die Regierung der Anderen und des Selbst I und II*) etc.

... und ihre Aufklärung: Damit liegt auch der Diskursanalyse ein aufklärender Impetus zugrunde, mit dem sich Foucault ganz nah bei Kant wähnt. Denn Kant habe mit der transzendentalen Fragestellung nicht nur das Wissen auf eine andere, intrasubjektive Grundlage gestellt und damit dazu beigetragen, dass das ›Subjekt‹ auch zum Objekt, d.h. zum Gegenstand des Wissens avanciert ist. Er sei es auch, der als Erster seine eigene Zeit befragt habe: »Die Frage, die [in *Zur Beantwortung der Frage: Was ist Aufklärung?* (1784)] zum ersten Mal auftaucht, ist die Frage der Gegenwart, die Frage der Aktualität. Was geschieht heute? Was geschieht jetzt? Und was ist dieses ›Jetzt‹, innerhalb dessen wir die einen und die anderen sind, und das den Zeitpunkt bestimmt, an dem ich schreibe?« (DE IV 2005: 838) Die Analyse des diskursiven Werdens führt also idealerweise dazu, die eigene Gegenwart als Antwort auf bestimmte Fragestellungen bestimmter Diskursformationen verstehen zu lernen – ähnlich spricht Adorno vom »Lesen des Seienden als Text seines Werdens« (Adorno 1966: 62). Bei Kant bestand die Kritik noch darin, das ver-

nünftige Denken einzuschränken, indem es nur dort wahre Erkenntnisse finden sollte, wo ihm dies auch tatsächlich möglich ist – d.h. im transzendentalen Subjekt, dessen apriorische Ausstattung Erfahrung ermöglicht.

Die vernünftige Selbstkritik, die den Überschwang der Vernunft beschränkt, stellt für Kant aber einen wesentlichen Aspekt der Aufklärung dar. Denn dadurch befreit sich das Denken nach Kant von falschen dogmatischen Gesetzen, um zu erkennen, dass es aus sich selbst und für sich selbst seine (sozialen) Regeln entwerfen kann und muss. In diesem Sinne besteht die philosophische Aufklärung sowohl in Erkenntniskritik als auch in dem Hinweis auf die mögliche eigene Mündigkeit. Für Foucault besteht Aufklärung nach wie vor darin, scheinbar unumstößliche (wissenschaftliche) Gewissheiten als gewordene zu entlarven, da sie das Zusammenspiel von Wissenskonfigurationen, Machtkonstellationen und Subjektformierungen stützen und legitimieren. Das versucht er, indem durch die Frage nach der ›stummen Ordnung‹ des Diskurses, aber auch nach den Effekten der ›Wissenschaften vom Menschen‹ ihre fundamentale Rolle in Bezug auf die Sicherung von bestimmten Machtverhältnissen der Gegenwart enthüllt wird. Kritisch ist diese Aufklärungsarbeit, weil sie die Grenzen des epistemischen Denkraumes ausfindig macht, in dem all dies auf diese Weise möglich geworden ist, werden konnte. Das aber geschieht nicht, um neue Grenzen zu ziehen, sondern um die vorgefundenen zu überschreiten.

Affirmative Anschlüsse: Die Anschlüsse an Foucault waren vor allem in der Soziologie und in den Literaturwissenschaften von Beginn an zahlreich und vielfältig. Insbesondere durch die Gouvernementalitätsvorlesungen am Collège 1977–79 hat Foucaults (kritisches) Denken auch in den politischen Wissenschaften einen erheblichen Rezeptionsaufschwung erfahren, wie etwa durch den interdisziplinär ausgelegten Band *The Foucault Effect. Studies in*

Gouvernementality (1991) deutlich sichtbar wird. Dort werden auf der Grundlage und mithilfe Foucault'scher Analyse(technike)n die Zusammenhänge zwischen Regierungsformen bzw. -rationalitäten und den (Selbst-)Praktiken, in denen sie sich ausdrücken und stabilisiert werden, untersucht. Im Mittelpunkt steht dabei immer die grundlegende Einsicht, dass nichts von dem, was zu irgendeinem Zeitpunkt der Fall ist, auf anthropologische Konstanten zurückführbar ist, weil alles, was den Menschen ausmacht – sein Denken wie seine Praxen –, durch seine konstitutive Verwobenheit mit seiner jeweiligen Zeit bestimmt ist. D.h. nicht: streng determiniert, weil sich die Menschen dazu verhalten können, indem sie darüber aufklären. Vor diesem Hintergrund werden Staatsbegründungen, Sicherheitsbedürfnisse, liberale Doktrinen, ökonomische Alternativlosigkeiten etc. analysiert. Im deutschen Sprachraum sind hier vor allem Thomas Lemke (*1963) und Susanne Krasmann (*1961) mit ihren Studien zur Gouvernementalität zu nennen.

In der Philosophie – ohne sie von den bereits genannten Disziplinen tatsächlich trennen zu können – sind es Denkerinnen wie Judith Butler (*1954) und Giorgio Agamben (*1942), die sich in Foucaults »Werkzeugkisten«[64], wie Foucault seine Bücher nennt, bedienen. Dadurch dass für Foucault Philosophie insbesondere mit der Methode verschmilzt, in der sie gedacht und produziert, aber auch effektiv wird, kann eigentlich nicht davon gesprochen werden, dass sich jemand ausschließlich seiner Methoden bedienen würde. Dennoch lassen sich bestimmte Figuren ermitteln, die im Weiteren als Heuristik für weitere Analysen gedient haben. So stellt etwa für Judith Butler die ambivalente, weil zugleich subjektformierende wie auch -ermächtigende Figur der ›Subjektivation‹ (›subjectivation‹ nach dem französischen ›assujettissement‹ ~ Unterwerfung) ein wichtiges Analyseinstrument dar.[65] Allerdings dient dieses Instrument ihr auch als Ansatzpunkt für Kritik an Foucault, der die kritische Haltung als Grenzentdeckungs- *und* Neuformierungspraxis des Selbst nicht ebenfalls als Effekte der Moderne in den Blick genommen habe.[66] Agamben schließt vor allem an Foucaults Beschreibungen moderner Regierungskunst als ›Bio-Politik‹ an.[67]

7. Dekonstruktives Fragen

Vorbemerkung: Das dekonstruktive Fragen als methodisches Vorgehen einführend zu behandeln birgt eine erhebliche Schwierigkeit, die Uwe Dreisholtkamp in seiner ausgezeichneten Einführung und Co-Lektüre dreier Analysen Derridas wie folgt auf den Punkt bringt: »Diese Schwierigkeit resultiert aus der Tatsache, daß Derrida – abgesehen vielleicht von Interviews – seine Positionen *indirekt* entwickelt, indem er andere Texte auf eine ganz bestimmte Weise liest, interpretiert und dabei umarbeitet. Häufig sind es bestimmte [...] sichtbar gemachte Strukturen dieser Texte, die sich als bedeutsamer und sinnstiftender erweisen denn alles, was auf der Ebene des *Gesagten* in Erscheinung tritt.« (Dreisholtkamp 1999: 11) Das Schreiben über Derrida sollte demnach im besten Fall immer auch das Schreiben über dessen Lektüren beinhalten, was zusätzlich die Kenntnis und Wiedergabe der zugrunde liegenden Texte voraussetzt – dies ist hier aus Platzgründen nicht zu leisten. Eine zweite Schwierigkeit besteht darin, dass Derrida durch die Art und Weise seiner Lektüre *fundamentale* abendländische Denkgewohnheiten offenlegt und aufbricht – das sind vornehmlich solche, die unsere Lese- und Verstehensgewohnheiten schlechthin prägen und anleiten. Das hat für die Leserinnen zur Folge, sich mit Derrida immer auch auf eine Transformation der eigenen Grundüberzeugungen einlassen zu müssen. Mit Derrida dekonstruktiv zu lesen bzw. zu analysieren erfordert daher die Offenheit, Prämissen der abendländischen Philosophie infrage stellen und *damit zugleich* die eigenen Kategorien des Textverständnisses erschüttern zu lassen. Denn Dekonstruktion ist wesentlich von dem Impetus geprägt, das Denken und das schon Gedachte (permanent) neu auszutarieren. Sie ist intendiertermaßen eine durch und durch erschütternde Denkhaltung, die das Bedürfnis nach feststehender, unangreifbarer Geltung bestimmter Auffassungen nicht befriedigen will.[68]

(K)eine Methode: Schließlich muss im vorliegenden Zusammenhang (nochmals) darauf hingewiesen werden, dass Derrida selbst sein Vorgehen keine Methode nennen wollte – zumindest nicht im herkömmlichen Sinne:

> »Was ich Dekonstruktion nenne, kann natürlich Regeln, Verfahren oder Techniken hervorbringen, aber im Grund [sic!] genommen ist sie keine Methode und auch keine wissenschaftliche Kritik, weil eine Methode eine Technik des Befragens oder der Lektüre ist, *die ohne Rücksicht auf die idiomatischen Züge in anderen Zusammenhängen wiederholbar sein soll.* Die Dekonstruktion ist keine Technik. Sie befaßt sich mit Texten, besonderen Situationen, Signaturen, mit der Gesamtheit der Philosophiegeschichte, in der sich der Begriff der Methode konstituiert hat. Wenn die Dekonstruktion die Geschichte der Metaphysik und die des Methodenbegriffs untersucht, kann sie nicht einfach selbst eine Methode darstellen.« (Derrida im Gespräch mit Florian Rötzer, Hervorh. TSK)[69]

Derrida macht hier darauf aufmerksam, dass das dekonstruktive Fragen nicht losgelöst von seinem Gegenstand betrachtet werden kann, weil durch abstrahierendes Herauslösen Wesentliches verloren ginge. Jede Lektüre ist demnach in gewissem Sinne ein *neuer Weg*, bringt andere Aspekte abendländischer Denkmuster oder -voraussetzungen im dekonstruktiv Gelesenen zum Vorschein, um sie aufzubrechen. – Eingedenk dieser Schwierigkeiten wird im Folgenden dennoch versucht, in das dekonstruktive Fragen Derridas *einzuführen*. Das erfolgt unter drei Perspektiven: Welche Frage stellt Derrida an Texte bzw. Theorien? Was legen die dekonstruktiven Analysen offen? Und auf welchen Bedingungen beruht das Gefundene bzw. was ermöglicht es?

Philologisches: Während die Adjektive ›hermeneutisch‹ oder auch ›konstruktivistisch‹ philosophische Importe darstellen, ist ›dekonstruktiv‹ aus dem philosophischen Kontext exportiert worden. So wird der Begriff prominent in der Literaturtheorie gebraucht sowie im Kontext von Kunst und Architektur – dort findet sich auch die Rede von ›Dekonstruktivismus‹. Das Prädikat ›dekonstruktiv‹ ist dem französischen Neologismus ›déconstruction‹ entlehnt, eine Wortneuschöpfung, deren Herkunft unterschiedlich gedeutet wird. Der Begriff ›déconstruction‹ ist eine Erfindung des französischen Philosophen Gérard Granel (1930–2000), der Heideggers Destruktion im Sinne von Abbau im Französischen nicht mit ›déstruction‹ wiedergeben wollte, weil das sinnentstellend gewesen wäre.[70] Demgegenüber wird in der Regel die Auffassung vertreten, es handle sich bei ›Dekonstruktion‹ um einen sogenannten ›Kofferbegriff‹, der sowohl ›Destruktion‹ (von lat. ›destructio‹ ~ Widerlegung) als auch ›Konstruktion‹ (von lat. ›constructio‹ ~ Bau) beinhalte. In keinem Fall bedeutet ›dekonstruktiv‹ einfach ›Zerstörung‹ oder ›Vernichtung‹ in dem Sinne, den wir heute im allgemeinen Sprachgebrauch mit ›Destruktion‹ verbinden. Vielmehr kann in Anlehnung an die lateinischen Wurzeln gesagt werden, dass es um die In-Frage-Stellung eines Baus geht, wobei ›Bau‹ hier in der weiten Bedeutung von Konstrukt jeglicher Art zu verstehen ist. Bleibt man im Bild, dann zielt u.a. ›Dekonstruktion‹ darauf ab, nicht sichtbare Fundamente oder Stützelemente offenzulegen und in ihrer Widersprüchlichkeit zur Substanz des Gebäudes sichtbar zu machen.

Derridas Dekonstruktion: Der prominenteste Anwender des Neologismus ›Dekonstruktion‹ ist Jacques Derrida (1930–2004).

Ob nun Granel und Derrida beide das Wort erfunden haben, steht hier nicht zur Debatte. Unstrittig ist in jedem Fall, dass seine Bedeutung Anleihen in Heideggers *Sein und Zeit* (1927) nimmt. So schreibt Heidegger in § 6. *Die Aufgabe einer Destruktion der Geschichte der Ontologie*:

> »Die Destruktion hat ebensowenig den *negativen* Sinn einer Abschüttelung der ontologischen Tradition. Sie soll umgekehrt diese in ihren positiven Möglichkeiten, und das besagt immer, in ihren *Grenzen* abstecken, die mit der jeweiligen Fragestellung und der aus dieser vorgezeichneten Umgrenzung des möglichen Feldes der Untersuchung faktisch gegeben sind. Negierend verhält sich die Destruktion nicht zur Vergangenheit, ihre Kritik trifft das ›Heute‹ und die herrschende Behandlungsart der Geschichte der Ontologie [...]. Die Destruktion [...] hat *positive* Absicht.« (Heidegger 1986: 22 f.)

An dieser Beschreibung der ›Destruktion‹ wird deutlich, dass es nicht Heideggers Absicht entspricht, die Geschichte der Ontologie (~ Lehre vom Sein) zu zerstören oder gar überhaupt nicht mehr nach dem Sein zu fragen. Vielmehr wird gefragt, wie diese Geschichte des Seins durch ihre Frage- oder Problemstellung(en) ihren Gegenstand präfiguriert, d.h. mitgeformt hat – eine Frage, die erneut von Foucault gestellt wird. Dem liegt aber kein historisches Interesse zugrunde, sondern vielmehr die Frage, welche Effekte diese Geschichte auf das gegenwärtige Verständnis des Seins hat. Insofern es sich dabei um eine – nach Heidegger – inadäquate Auffassung handelt und die Analyse das offenzulegen vermag, hat die Destruktion ihrem Gegenstand gegenüber eine durch und durch positive, freisetzende Absicht. Das erinnert an Kants Verständnis von reinigender Kritik ebenso wie an Frege und Foucault: Nicht die Zerstörung des Gegenstandes ist das Ziel, sondern (über) ihn aufzuklären.

In der genuin philosophischen Bedeutung versucht dekonstruktives Fragen aufzudecken, inwiefern grundlegende Unterscheidungen und darauf beruhende Ausschlüsse, die in einem Text explizit vorgetragen werden, im Widerspruch zu substantiellen Teilen stehen, von denen der Text oder die Theorie getragen wird. Das heißt nicht, Widersprüche oder Inkonsistenzen im Text zu suchen, sondern zu zeigen, inwiefern explizit Ausgeschlossenes gerade das Fundament der betreffenden Argumentation bildet. Beispielsweise kann auf ›dekonstruktive‹ Weise zu zeigen versucht werden, inwiefern Theorien, die sich selbst aufgrund der Unterscheidung zwischen deskriptiven (beschreibenden) und normativen (wertenden bzw. wertbezogenen) Analysen ›rein deskriptiv‹ nennen und wähnen, nichtsdestotrotz normativen Prämissen folgen – die umso wirkmächtiger sind, wenn sie nicht reflektiert und folglich nicht benannt werden. Daneben geht es der Dekonstruktion um die Geschichte der Bedeutung eines Begriffs oder Ausdrucks: Wie hat sie sich im Laufe der Zeit durch seine Verwendung und Zusammenhänge verschoben? Welche Kontexte und Verwendungsweisen ermöglich(t)en welche Bedeutungen?

»Im allgemeinen folgt die Ausübung der Dekonstruktion zwei verschiedenen Bahnen oder Stilen, die sie meistens einander aufpfropft. Der eine Stil ist von begründender und dem Anschein nach ungeschichtlicher Art: Vorgetragen, vorgeführt werden logisch-formale Paradoxien. Der andere, geschichtlicher und anamnestischer, scheint der eines Lesens von Texten zu sein, einer sorgfältigen Interpretation und eines genealogischen Verfahrens.« (Derrida 1991: 44)

Sprache und Schrift: Ab 1967 verwendet Derrida ›déconstruction‹ häufiger: so in seiner ausführlichen Studie *De la grammatologie* (1967: 147, 153;[71]), in der er sich mit Texten von Jean-Jacques Rousseau (1712–1778), Ferdinand de Saussure (1857–1913) und Claude Lévi-Strauss (1908–2009) und anderen in Bezug auf deren Verhältnis zur Schrift auseinandersetzt. Hier geht es ihm vornehmlich darum, mit der dekonstruktiven Analyse den dort auffindbaren, im oben genannten Sinne *konstitutiven* Widerspruch zwischen der expliziten und der impliziten Auffassung über das Verhältnis von Sprache und Schrift deutlich zu machen. Obwohl alle drei Autoren der Sprache explizit einen zeitlichen wie logischen Vorrang vor der Schrift zuschreiben, weist Derrida nach, dass sie in ihren Beispielen und Argumentationen implizit Eigenschaften, die seiner Auffassung nach Schrift definieren, immer schon voraussetzen. Im gleichen Jahr erscheinen zwei weitere Schriften Derridas: *L'écriture et la différence* (1967) sowie eine längere Abhandlung, in der mit gleicher Absicht die stummen Voraussetzungen von Husserls Zeichenbegriff thematisiert werden: *La voix et le phénomène. Introduction au problème du signe dans la phénomènologie de Husserl* (1967). Auch hier taucht der Terminus ›déconstruction‹ auf – zwar nur zweimal, allerdings an entscheidenden Stellen. Die Kontexte, in denen ›déconstruction‹ dort steht, weisen bereits auf ein wesentliches Ergebnis dekonstruktiven Analysierens im Anschluss an Heideggers Infragestellung der herkömmlichen Seinsgeschichte hin. Während Derrida in den Analysen der *Grammatologie* die Widersprüchlichkeit zwischen expliziten Aussagen über das Verhältnis von Sprache und Schrift und dessen implizite Umkehrung im Gebrauch herausstellt, geht es bei der Analyse der Husserl-Texte um das Verhältnis von Sein und Zeichen.

Zeichen und Sein: So weist Derrida in Husserls Text Ideen (1913) wiederum einen konstitutiven Widerspruch zwischen einer der (metaphysischen) Grundüberzeugungen abendländischen Denkens und ihrer (scheinbaren) Plausibilisierung durch Husserl nach. Die unangefochtene Überzeugung lautet: Jeder Zeichensetzung *geht* die Präsenz eines wie auch immer gearteten Seienden *voraus*. D.h., vor dem Bezeichnungsakt *gibt* es immer schon etwas, das bezeichnet werden kann; die Bezeichnung bezieht sich auf etwas ihr Vorgängiges. Durch genaue Analyse des Textes zeigt Derrida aber eigentlich die genaue Umkehrung des Verhältnisses. Der Text Husserls gehe zwar davon aus, Bezeichnungen seien prinzipiell als nachgeordnete Zeichen *für etwas* zu verstehen, aber implizit werde gerade der umgekehrte Zusammenhang *dargestellt*. So heißt es bei Derrida über Husserls vielschichtige Unterscheidungen zwischen realer Präsenz (der faktische Baum) und Präsenz als Vorstellung (das Bild/die Idee des Baumes in Gedanken), die den realen Baum repräsentiert:

»Mit der Unterscheidung zwischen realer Präsenz [realer Baum] und der Präsenz in der als *Vorstellung* verstandenen Repräsentation [Bild, Idee des Baumes in Gedanken] ist also durch das Medium der Sprache ein ganzes System von Differenzen gegeben, das in dieselbe Dekonstruktionsbewegung hineingezogen wird: die Unterschiede zwischen dem Repräsentierten [realer Baum] und dem Repräsentierenden überhaupt [Denken], dem Bezeichneten [realer Baum] und dem Bezeichnenden [Bild, Idee des Baumes], der einfachen Präsenz [unmittelbare Wahrnehmung des Baumes] und ihrer Reproduktion [Erinnern des Bildes ...], der Präsentation als *Vorstellung* [Bild, Idee des Baumes überhaupt ...] und der Re-Präsentation als *Vergegenwärtigung* [... aktuell]; denn was in der Re-Präsentation repräsentiert wird, ist eine *Präsentation* als *Vorstellung*. Gegen Husserls ausdrückliche Intention sieht man sich somit veranlasst, die *Vorstellung* von der Möglichkeit ihrer Wiederholung und die einfachste Form der ›Vorstellung‹, die ›Gegenwärtigung‹ von der Möglichkeit der ›Vergegenwärtigung‹ abhängig zu machen. Die Präsenz-der-Gegenwart wird von der Wiederholung abgeleitet und nicht umgekehrt.«[72]

Wiederholung als Möglichkeitsbedingung: Derridas Analyse zufolge gibt es keinen ›gedachten, vorgestellten Baum‹, der nicht immer schon in einen wiederholenden Verweisungszusammenhang verstrickt wäre: Der als real gedachte Baum, der dem Denken unmittelbar präsent ist, ist dies nur, weil er als *Vorstellung* immer schon auf Vorgängiges verweist, was die Präsenz zur *Wieder*-Holung macht und nicht etwa zum unmittelbaren Eindruck oder Ähnlichem. Aber Derrida entdeckt nicht nur die Wiederholung als Möglichkeitsbedingung von Präsenz, Gegenwart (und später auch Identität) in Husserls Text, sondern er zeigt zweitens auch, dass das Verb ›zu sein‹ als vorgängig aufzufassen der genauen Analyse dieser Verwendung im Text nicht standhält:

»An dieser Stelle wird das *Sprechen* notwendig. Der Sinn des Verbs ›sein‹ [...] steht mit dem *Wort*, d. h. mit der Einheit von *Klang* und Sinn, in einer absolut einzigartigen Beziehung. Sicherlich ist es kein ›einfaches Wort‹, obwohl man es in verschiedene Sprachen übersetzen kann. Vor allem aber ist es kein begriffliches Allgemeines. Da aber sein Sinn nichts bezeichnet – weder eine Sache noch einen Zustand noch irgendeine ontische Bestimmung – und da man es nirgendwo außerhalb des Worts antrifft, ist seine Irreduzibilität die eines *Verbums* oder des *legein*, der Einheit von Denken und Stimme im Logos. Das Privileg des Seins vermag die Dekonstruktion des Wortes nicht zu überdauern. Sein ist das erste oder das letzte Wort, das der Dekonstruktion einer Wörtersprache widersteht. Aber warum wird das Verb-Sein vermischt mit der allgemeinen Bestimmung des Seins als Präsenz? [...] Warum ist die Epoche der Stimme die Epoche des Seins als Präsenz, d. h. als Idealität?« (SuP 1979: 130; teilweise eigene Übersetzung, franz.: S. 83)

Auffassung von sein: Wiederum geht es darum, dass die Auffassung darüber, was ›zu sein‹ bedeutet, nicht damit übereinstimmt, wie es im Text verwendet bzw. hergeleitet wird. Dieses zweite Ergebnis in Bezug auf das, was uns Sein bedeutet bzw. nicht bedeutet, macht Derrida deutlich, indem er zeigt, dass die hierarchische Beziehung zwischen dem Präsenten, der gegenwärtigen Stimme und dem ihr nachgeordneten Zeichen stumm vorausgesetzt wird. Sie beruhe auf zwei konstitutiven Ausschlüssen: Einerseits werde beim konstatierenden Bezeichnen die Beziehung zu anderen (Sprechenden) ausgeschlossen. Andererseits werde der Aspekt eines Zeichens ausgeschlossen, der dem Sinn des Zeichens nach- bzw. übergeordnet ist, außerhalb seiner liegt: die Wiederholbarkeit, die es nach Derrida erst ein Zeichen werden lässt.[73] Die autarke Beziehung zwischen vorgängigem Gegenstand und seiner Bezeichnung wird erkauft, indem die intersubjektive wie die im weitesten Sinne historische Vernetzung, die sie ermöglicht (haben), ausgeschlossen werden. Aber, so Derrida, genau auf diesen Ausschlüssen beruht die Auffassung vom vorgängig Daseienden, hier von der Stimme als Präsenz *par excellence*: »Im Verhältnis zwischen diesen beiden Ausschließungen läßt die Instanz der Stimme ihre eigentümliche Autorität hörbar werden.« (SuP 1979: 125)

Heuristik: Damit lässt sich Derridas analytische Suchheuristik seit den Anfängen seines Schreibens so beschreiben: Sie besteht darin, das in einem theoretischen Text explizit oder implizit Ausgeschlossene als eine seiner konstitutiven Möglichkeitsbedingungen auszuweisen, d.h. nach den in den Texten behaupteten und verwendeten Leitunterscheidungen zu suchen, die sich dadurch auszeichnen, dass eine Seite der Unterscheidung ausgeschlossen wird, *um*, so Derrida, *durch den Ausschluss* die andere, affirmierte Seite zu stabilisieren. Ein aktuelles Beispiel wären ethische Theoriekonzeptionen, in denen (1) der genealogische (historische Entstehungs-)Aspekt normativer Theorien von ihrer normativen *Geltung* unterschieden wird und dann (2) in Bezug auf die Geltung abgewiesen bzw. ausgeschlossen wird, *um* auf diese Weise (3) *die Geltung als universell und überzeitlich zu stabilisieren.*[74] Zu zeigen, dass und wie dies in einzelnen konkreten Texten – oder auch im Diskurs – gemacht wird, ist ein dekonstruktives Verfahren. Es fordert ein genaues Lesen und wiederholtes Nachfragen, ob das, was explizit gesagt wird, in der Argumentation auch tatsächlich eingeholt wird. Entsprechend bedeutet, einen Text zu dekonstruieren, »aufzuzeigen, wie er selbst die Philosophie, die er vertritt, bzw. die hierarchischen Gegensätze, auf denen er ruht, unterminiert, indem man die rhetorischen Verfahren nachweist, die die angenommene Basis der Beweisführung, den Schlüsselbegriff oder die Voraussetzung erst schaffen« (Culler 1999: 96). Solche hierarchischen Gegensätze – wie der zwischen dem Sein und dem es bezeichnenden Zeichen, der Präsenz und der Wiederholung, des Sprechens und der bezeichnenden Schrift oder der normativen Geltung vor ihrer Genese etc. – bestimmen das abendländische Denken nach Derrida, weil sie als nicht hinterfragbar gelten und als solche in Anspruch genommen werden. Deshalb nennt er sie – in Anlehnung an Heidegger – metaphysisch, und die Dekonstruktion ist das Verfahren, mit dem diese stummen, aber wirkmächtigen Denkmuster der abendländischen Metaphysik, die auf Ausschlüssen und Ausschlussverfahren beruhen, kritisierbar werden (vgl. Dreisholtkamp 1999: 159).

Gespräch mit der Geschichte: Dekonstruktives Fragen führt demnach – im Anschluss an Nietzsche und Heidegger – mit Derrida erneut ein Gespräch mit der Geschichte der abendländischen Philosophie, aber auf noch radikalere Weise als bei diesen Denkern. Denn die Fragen werden hier nicht mehr von einem Standpunkt außerhalb des Befragten aus gestellt und die ›Befreiung‹ besteht nicht darin, eine andere, wahrere Geschichte zu erzählen. Stattdessen zielt die Aufklärung, ganz kantisch, auf ihre eigenen Möglichkeitsbedingungen – aber nicht, insofern diese durch die Realität oder das Ermöglichte gleichsam affirmativ bestätigt werden, sondern insofern sie als das sichtbar gemacht werden, was ausgeschlossen wurde, um das (theoretische) Gebilde denken und stabil halten zu können. Es handelt sich also um konstitutive, aber dennoch widersprüchliche, notwendige Bedingungen – Luhmann würde von ›Anfangsparadoxien‹ sprechen. Dieses Ausgeschlossene ist also immer *da* – sonst wäre es nicht konstitutiv. Es ist ebenso da, wie die kantischen Kategorien die Erfahrung begleiten, indem sie diese ordnend ermöglichen. Aber es ist da, als das, was ausgeschlossen werden muss, um dem Expliziten, den Grundüberzeugungen Geltung zu verschaffen. Deshalb gibt es bei Derrida kein ›Außen‹ mehr, von dem aus Kritik geübt werden könnte, keinen gänzlich anderen (Sehnsuchts-)Ort, an dem die richtige Auffassung vom Sein (Heidegger) oder das wirkliche Verstehen (Gadamer) zu Hause wäre. Sondern das, was das dekonstruktive Fragen findet, ist das, was immer schon mit von der Partie ist, indem es geleugnet, verbannt, ausgestoßen, verneint wird, *um* auf *diese Weise* dem ausdifferenzierten Seienden zur Existenz zu verhelfen.

Schrift$_D$: Auch in den Textanalysen der *Grammatologie* wird *gezeigt*, dass das beharrliche Festhalten an der Auffassung, die gesprochene Sprache gehe der bezeichnenden Schrift voraus, weil Letztere immer nur das (einst) gesprochene, präsente Wort oder die präsente Stimme repräsentiere, einer genauen Textanalyse nicht standhält. Denn die in den dort analysierten Texten beschriebene Sprache enthalte immer schon die Merkmale der Schrift in sich. So verweisen die meisten dekonstruktiven Lektüren philosophischer Texte Derridas »auf ein Interesse für ein Problem, das er in *La pharmacie de Platon*, ein Essay aus *La Dissémination* (1972) prägnant formuliert: Platon schreibt Philosophie und verurteilt dabei die Schrift: Warum?« (Culler 1999: 98) Wichtig ist an dieser Stelle, deutlich zu machen, dass ›Schrift‹ (›écriture‹) und ›Text‹ (›text‹) für Derrida eine sehr viel weitere bzw. letztlich andere Bedeutung haben, als das im üblichen Sprachgebrauch der Fall ist: Schrift$_D$ – D indiziert ›nach Derrida‹ – ist der mehrdimensionale, differentielle und *dadurch* produktive Verweisungszusammenhang, der so etwas wie Sinn, Bedeutung, Verständigung *ermöglicht*. Das heißt nicht, dass Derrida damit der Schrift bloß eine andere Definition geben wollte, sondern dass er genau dieses Verständnis von Schrift implizit und uneingestandenermaßen immer schon am Werke sieht. Es wird in philosophischen Texten ›sichtbar‹, wenn diese im genannten Sinne auf ihre *konstitutiven* Widersprüche hin analysiert werden. Warum? Weil die Verweisungszusammenhänge in den konstatierten Differenzen zwischen (scheinbar) unabhängig existierenden Entitäten verschleiert werden. Daher gilt: »Weil wir [...] auf andere Weise zu schreiben beginnen, müssen wir auch das bisher Geschriebene auf andere Weise lesen.« (Derrida 1983: 155) Auf diese Weise zeigen sich die scheinbar unumstößlichen metaphysischen Voraussetzungen des abendländischen Denkens als Festlegungen, die nur über den Ausschluss vielschichtiger Zusammenhänge oder Verweisungen, die Derrida SchriftD nennt, *möglich* geworden sind.

Text$_D$: Gegenstand der Analyse sind also Texte – aber ein Text$_D$ ist in gewisser Weise alles. Denn das, was es gibt, gibt es nur in und als Verweisungszusammenhänge, auch wenn diese sichtbar gemacht werden:

> »Das, was ich Text nenne, ist alles, ist praktisch alles. Es ist alles, das heißt, es gibt einen Text, sobald es eine Spur gibt, eine differentielle Verweisung von einer Spur auf die andere. Und diese Verweise bleiben nie stehen. Es gibt keine Grenzen der differentiellen Verweisung einer Spur auf die andere. Eine Spur ist weder eine Anwesenheit noch eine Abwesenheit. Folglich setzt dieser neue Begriff des Textes, der ohne Grenzen ist [...], voraus, daß man in keinem Moment etwas außerhalb des Bereichs der differentiellen Verweisung fixieren kann, das ein Wirkliches [...] wäre [...].« (Derrida im Gespräch mit Peter Engelmann)[75]

Ein geeigneter Text, um weitere im Zitat verwendete Begrifflichkeiten wie ›differentielle Verweisung‹ und ›Spur‹ zu erklären, ist die Abschrift von Derridas Vortrag vor der Société française de philosophie: *La différance* (1972). Dort können wir Derrida dabei zusehen, wie er in komprimierter Form ein Ergebnis seiner dekonstruktiven Lektüren zur Darstellung bringt, auch indem er an kleinsten Textstücken das dekonstruktive Fragen vorführt. Der orthographisch abgewandelte Titel des Vortrags – im Französischen müsste ›différence‹ stehen – bezeichnet ›etwas‹, die ›différance‹, ›die‹ im Folgenden dargestellt wird, obwohl ›sie‹ jeder Bezeichnung und Darstellung im klassischen Sinne entgehen muss, weil ›sie‹ erst mit den Verweisungen, deren Möglichkeitsbedingung ›sie‹ ist, entsteht. Also solche ›ist‹ ›sie‹ die im vorangehenden Zitat angesprochene Bedingung der Möglichkeit von ›allem‹.

La différance – zusammengefasst: Der Text Derridas lässt sich in fünf Abschnitte gliedern, von denen jeder einen anderen differentiellen Aspekt *ex negativo* behandelt. Derrida nähert sich seinem ›Gegenstand‹, der ›différance‹, im ersten Teil, indem er über das Substitut, d.h. den ausgetauschten Buchstaben spricht/schreibt. Der zweite Teil zeigt ihre Bestimmung als Temporisation und Verräumlichung bei Hegel, de Saussure und Heidegger – die Derrida nicht verneint, auf die er die ›différance‹ aber nicht reduzieren will, weil es sich auch bei Raum und Zeit um deren operative Produkte handelt. Sollten die Hörer bzw. Leser an dieser Stelle, weil sie Operation lesen, assoziieren, dass die ›différance‹ eine Art handelndes oder wenigstens denkendes Subjekt ist, werden sie enttäuscht. Denn der dritte Teil handelt davon, mit Nietzsche und Freud ein vorsprachliches Subjekt jenseits der ›différance‹ abzuweisen. Es gibt also niemanden, der differenzierend agieren würde – wie etwa das Hegel'sche Absolute durch den Weltgeist. Im Anschluss stellt Derrida ökonomisch-ontologische Effekte der differentiellen Verweisung dar, und zwar gleichermaßen als etwas, das durch die ›différance‹ ermöglicht wird. Um schließlich festzustellen, dass ›différance‹ ein »metaphysischer Name« ist für das, wofür »es keinen Namen [gibt], selbst nicht den der *différance*, die kein Name, die keine reine nominale Einheit ist und sich unaufhörlich in einer Kette von Substitutionen auflöst. ›Dafür gibt es keinen Namen‹: diesen Satz in seiner ganzen *Plattheit* lesen. [...] Dieses Unbenennbare ist das Spiel, das nominale Effekte bewirkt.«[76]

Was macht Derrida hier? Er versucht, von der Möglichkeitsbedingung aller Arten von Differenzen und damit nach Hegel aller Arten von Bestimmungen zu sprechen, also auch von Raum und Zeit, die selbst *nicht ist*, sondern in der Verweisung, im Aufschub, in der Distanzierung oder Relationalierung zu ... tätig ist. Wie ein Tanz, dessen Gesamtheit nur in und durch die Bewegungen bzw. Verschiebungen zu einem solchen wird; wie ein Musikstück, das von der Verbindung, der nie kongruenten Wiederholung, der Verschiebung einzelner Töne lebt. Aber sehen wir ein wenig genauer zu, was Derrida dort macht und was passiert.

Derrida beginnt seinen Vortrag mit der Bemerkung: »Ich werde von einem Buchstaben sprechen. Von dem ersten, wenn man dem Alphabet [...] glauben darf.« (D 1999: 31) Im Anschluss nennt Derrida einige Assoziationen, die er mit dem Buchstaben ›a‹ verbindet und die sich als Gründe dafür erweisen werden, warum und wie er von diesem Buchstaben spricht: Erstens hat er das ›e‹ in ›diff**é**rence‹ durch ein ›a‹ ersetzt. Zweitens wird durch die Ersetzung ein orthographischer Regelbruch begangen, der aber nur lesbar und nicht hörbar ist (im gesprochenen Französisch), womit auf einen Vorrang der Schrift vor der Stimme in Bezug auf Bedeutungen hingewiesen wird. Drittens erinnert das groß geschriebene ›A‹, also die Majuskel, wegen seiner Gestalt an eine Pyramide und damit zugleich an Hegel, der in der *Enzyklopädie III* den Körper des Zeichens mit einer Pyramide verglichen habe. Mit diesem Einstieg verweist Derrida im Grunde genommen bereits implizit auf den gesamten Inhalt des Vortrags, d.h. auf das, was im Anschluss expliziert und exponiert wird inklusive dessen, was nur mitschwingt; aber auch auf seine vorangegangenen Arbeiten, die das Vorgetragene als ihr Resultat ausweisen. Zugleich eröffnet er die ›Beschreibung‹ seines ›Gegenstandes‹, die ›diffé**r**ance‹, indem er vorführt, was sie tut, wie sie produktiv wird: indem sie Verweisungen ermöglicht.

Was geschieht hier? Derrida beginnt mit dem ersten Buchstaben des lateinischen Alphabets, das schon durch seinen Namen auf das Griechische verweist – Alpha, Beta –, womit er implizit die Anfänge der abendländischen Philosophiegeschichte aufruft. Aber er stellt auch eine Verbindung zu Heidegger her, der Wert darauf gelegt hat, das griechische Aletheia (Wahrheit) als Un-Verborgenheit (A-letheia) zu lesen. Im Griechischen kann das Präfix ›a‹ Negation oder das Fehlen von etwas markieren – somit steht es auch für Abwesenheit.[77] In diesem Sinne verweist das eingetauschte ›a‹ darauf, dass durch es das Verborgene entdeckt wird, aber auch auf (s)eine Abwesenheit. Zudem eröffnet der Hinweis auf den ersten Buchstaben des Alphabets auch implizit einen Bezug zum hebräischen א (sprich: Aleph) bzw. zum Ursprung der Buchstabenschrift in Ägypten etwa 2000 vor Christus durch semitische Arbeiter. Durch diese Verweisungen, die ein ganzes Netz von Bedingungen aufrufen, welche diese Ersetzung möglich gemacht haben, schreibt sich die Ersetzung der Buchstaben in ›différance‹ durch Derrida in einen historischen Horizont ein, oder anders: in ein dichtes Netz unterschiedlichster Relationen. So erzeugt die Ersetzung eine Zeitachse hin zum ersten Buchstaben, zum Anfang des Alphabets, zu seinen Anfängen, ohne dass je *ein* Ursprung tatsächlich auffindbar wäre. Damit nicht genug. Denn zugleich ergeben sich weitere Verweisungen, die nicht nur die zeitlichen Zusammenhänge offenbaren, in denen diese Ersetzung stattfindet, sondern auch phonetische, semantische und räumliche.

Das ›א‹ steht im Hebräischen auch für einen stimmlosen Anlaut, der selbst nicht gesprochen wird, also stumm das nachfolgende, gesprochene Wort anstimmt. So verweist das eingewechselte ›a‹ auch auf einen Unterschied, der zwar im Text sichtbar wird, aber gesprochen (im Französischen) nicht hörbar ist. Die Ersetzung des ›e‹ durch das ›a‹ macht somit (k)einen Unterschied, weil es nur lautlos in der Schrift und nicht stimmhaft im Sprechen einen Unterschied bezeichnet. Diese »stumme Markierung« (D 1999: 32) greift Derrida erneut auf, indem er das groß geschriebene ›A‹ wegen seiner Gestalt mit einer Pyramide in Verbindung bringt. Die Pyramide ist ein stummer, ein toter Ort, »ein Grabmal, das sich nicht einmal zum Ertönen bringen lässt« (D 1999: 32). So steht das ›a‹ nicht nur für zeitliche Verweisungen, sondern auch hier für ein Spiel von Anwesenheit und Abwesenheit – wie schon als griechisches Präfix –, von Leben und Tod, als Zeichen für endgültig Vergangenes, das dennoch in der Pyramide für die Ewigkeit aufbewahrt bleibt. Es ruft also Differenzen auf, die, eng aufeinander bezogen, einander Sinn verleihen; und es markiert einen Unterschied zwischen Schrift und gesprochenem Wort, indem es einen Unterschied sicht-, aber nicht hörbar macht.

Darüber hinaus ruft die Ersetzung des Buchstabens auch Räumlichkeit auf, da sich zwischen dem ersten und dem fünften Buchstaben drei andere befinden bzw. das schriftliche Alphabet durch seine lineare Reihenfolge Verräumlichung schafft. All das ergibt sich aus der Ersetzung zweier Buchstaben, die trivialerweise zudem nur deshalb möglich ist, weil diese ihrer Gestalt nach – nicht ihrem Klang nach – verschieden sind. *Hier ist also der Rekurs auf die Schrift notwendig, um die Ersetzung produktiv werden zu lassen*, um die Veränderung durch Verschiebung sichtbar zu machen. Zusammengefasst verweist Derrida durch die Ersetzung auf ihre eigenen ›historisch-zeitlichen‹ wie ›räumlichen‹ Möglichkeitsbedingungen, aber auch in vielfältiger, wiederum quer miteinander verbundener Weise auf ihren ungleichen Effekt in Schrift und Wort, auf die Differenz von Abwesenheit und Anwesenheit, und somit insgesamt auf das, was die Ersetzung an Bedeutungen durch implizite und explizite Verweisung produziert und worauf sie rekurriert. Die Frage, die sich erneut stellen lässt, lautet: Was passiert hier? Wer oder was produziert hier? Oder: Wie wird hier produziert? Derridas Vortrag versucht, diese Fragen so zu beantworten, dass es nichts anderes als die Produktion solcher Verweisungszusammenhänge gibt: ohne tätiges Subjekt, ohne vorhergehende Intention. Die ›différance‹ ermöglicht sie, ohne selbst hörbar zu sein: »Vielmehr, das Spiel der Differenz als Bedingung der Möglichkeit des Funktionierens eines jeden Zeichens [...], dieses Spiel ist selbst stumm.« (D 1999: 33)

So expliziert Derrida einerseits die unterschiedlichen Bedeutungen, die er mit dem Einstieg in seinen Vortrag über die Ersetzung der Buchstaben provoziert hat. Aber andererseits zeigt er auch, dass keines dieser Produkte – Raum, Zeit, Bedeutung, Differenzen etc. – mit der ›différance‹ gleichzusetzen ist, sondern dass sie alle auf ihr beruhen, weil sie Effekte der Verweisungen sind, die sie ermöglicht. So entspricht die ›différance‹ etwa der Bedingung der Möglichkeit der einzelnen Phoneme, also der Differenz zwischen bedeutungsdistinkten Lauten; sie ist die Bedingung der Möglichkeit der Differenz zwischen sinnlich und intelligibel, weil sie diese Differenz *trägt*, sie ist das, was den ›seltsamen Raum‹ zwischen Sprechen und Schrift aufspannt – kurz das, was jede Form von Differenzen allererst ermöglicht. Hier stellt sich Derrida die Frage, wie es möglich ist, von der ›différance‹ zu *sprechen*, wenn diese nicht exponiert werden kann, nie anwesend ist, wenn der Name auf nichts verweist, das er bezeichnen könnte, wenn sie nicht einmal aus*sprech*bar ist. Seine Antwort lautet erneut: weil sie die Möglichkeitsbedingung der Gegenwart des Seienden ist, das sich durch wiederholte Verweisung auf das, was abwesend ist, erst ergibt. Wie also sprechen über etwas, über das sich mittels einer repräsentativ verstandenen Sprache nicht sprechen lässt? Indem sprechend *gezeigt wird*, was sie tut: *dass* sie sämtlichen Differenzen, d.h. Verweisungszusammenhängen inhärent ist.

Mit diesen Hinweisen ist Derridas indirekte Annäherung an den Gegenstand seines Vortrags abgeschlossen: Die ›différance‹

steht dafür, Bedingung der Möglichkeit dieses Netzes von differenzierenden Verweisungen zu sein, sie ist ›polysemisch‹ (vieldeutig), weil sie die im Vortrag exemplarisch entfaltete Bedeutungsvielfalt in sich trägt. Im Anschluss an diesen Auftakt – dessen prinzipielle Unmöglichkeit, tatsächlicher Anfang sein zu können, auch im Vortrag thematisiert wird – hält Derrida fest, »daß die *différance*, die weder ein Wort noch ein Begriff ist, mir strategisch am besten geeignet schien, das Irreduzibelste unserer ›Epoche‹ zu denken« (D: 35 f.). Damit meint er die Epoche des philosophischen Differenz-Denkens im Anschluss an Hegel, wobei aber die ›différance‹ nicht mit der das Sein bestimmenden, es aber nicht erzeugenden Differenzierung Hegels gleichzusetzen ist. Um den Unterschied deutlich zu machen, geht Derrida zu einer philologischen Analyse über, indem er nach den etymologischen Wurzeln des Wortes ›différence‹ (~ Unterschied) fragt. ›Différence‹ leite sich vom lateinischen di-ferre (verbreiten, auseinanderbringen, verschieben) ab und sei keine einfache Übersetzung des griechischen dia-pherein, weil jenes nicht die Bedeutung des Aufschubs habe.[78] Aber die lateinische Wurzel offenbare, dass in den Bedeutungshorizont der ›différence‹ eine zeitliche Komponente gehört, die zugleich verräumlicht, weil sie Antipoden, Antagonisten, einander Entgegengesetztes herstellt. Beides, die Verzeitlichung aufgrund des Aufschubcharakters und die Verräumlichung aufgrund der Schaffung von Gegensätzlichkeit, sind für Derrida semantische Momente, die nicht (mehr) in ›différence‹ stecken. Denn der Sprachgebrauch weist mit diesem Wort nur noch auf bereits vorhandene, mithin irreduzible oder statische Unterschiede hin. Die ›différance‹ hingegen weist – aus den eingangs genannten Gründen – die Unterschiede als produzierte, durch aktive, räumliche Verschiebung und zeitliche Verweisung hergestellte aus:

»Nach den Forderungen der klassischen Begrifflichkeit würde man sagen, daß ›différance‹ die konstituierende, produzierende und originäre Kausalität bezeichnet, den Prozeß von Spaltung und Teilung, dessen konstituierte Produkte oder Wirkungen die *différents* [~ Unterschiedenen] oder die *différences* [~ Unterschiede] wären.« (D 1999: 37; Anmerkungen TSK)

Diese konstitutive Aktivität wird von Derrida im Folgenden an unterschiedlichen Kontexten nachgewiesen, indem er den klassischen Interpretationen immer wieder nachweist, dass sie auf »jener Spielbewegung, welche diese Differenzen, diese Effekte der Differenz, durch das ›produziert‹, was nicht einfach Tätigkeit ist« (D 1999: 40), beruhen. Wobei ›beruhen‹ nicht bedeutet, dass die ›différance‹ selbst ein indifferenter oder undifferenzierter Ursprung wäre: Sie kann selbst nur ›sein‹ als *differente Verweisung* und nicht etwa als Etwas – sie ist die Spur, die sich in allem, was sie produziert hat, dem Text_D, finden lässt, sie ist das, was den Verweisungszusammenhang, die Schrift_D, sein macht. Weil sie selbst nicht auf etwas, auf ein Sein verweist, sondern metaphorisch gesprochen reine Schubkraft ist, die für Derrida Raum und Zeit ebenso erzeugt wie jede Art von Bedeutung und Bedeutsamkeit.

Bedeutung für das eigene Philosophieren: Was bedeutet dieses Denken für das eigene philosophische Fragen danach, was (gegenwärtig) der Fall ist, worin dessen Möglichkeitsbedingungen liegen, was Erkenntnis ist oder wie wir denken? Dass es nicht in Anspruch nehmen kann, mit Kant: gereinigt zu sein, sondern nur, ebenfalls mit Kant: sich unaufhörlich *aufzuklären* über sein eigenes Sein als Produkt zahlreicher Verweisungen – und Wiederholungen, die die Identität des Denkens durch Ausschließung sichern. So kann die Aufklärung immer nur von innen erfolgen, aus dem erzeugten und erzeugenden relationalen Netz heraus, das den je eigenen Standpunkt zum jetzigen Zeitpunkt entstehen lässt. Aufklärung findet daher weder in Bezug *auf* noch *von* einem regulativen und normativen Fluchtpunkt her statt, sondern ist immer schon – auch in ihrem eigenen Anspruch – verwoben. Aber das philosophische Denken kann dennoch und nach wie vor, wie schon bei Kant, die dogmatischen Grundprinzipien des Denkens entdecken, indem es nach den konstitutiven Widersprüchen fragt, die es am Leben erhält und die es am Leben erhalten: So

»gibt es vom Innen her, wo ›wir sind‹, nur die Wahl zwischen zwei Strategien:

a. den Ausgang und die Dekonstruktion zu versuchen, ohne den Standort zu wechseln, durch die Wiederholung des Impliziten in den grundlegenden Begriffen und in der ursprünglichen Problematik, durch die Verwendung der Instrumente und Steine, die sich im Haus, das heißt auch in der Sprache vorfinden, gegen eben dieses Gebäude. Die Gefahr besteht hier darin, gerade das, was man zu dekonstruieren meint, in immer sicherer Tiefe unaufhörlich zu konsolidieren und *aufzuheben*. [...]

b. einen Wechsel des Standortes zu beschließen, auf diskontinuierliche und plötzliche Weise, ein brutales Sich-außen-Einrichten und durch die Affirmation absoluten Bruches und absoluter Differenz. Ohne von allen anderen Formen einer auf optischer Täuschung beruhenden Perspektive zu sprechen, zu denen eine solche Perspektive sich vereinnahmen lassen kann, wo dann nur naiver und direkter denn je das Innen bewohnt wird, das man zu verlassen behauptet, holt der einfache Gebrauch der Sprache unaufhörlich den ›neuen‹ Standort auf ältesten Boden zurück. [...]

Es versteht sich von selbst, daß diese Auswirkungen nicht hinreichen, um die Notwendigkeit eines ›Standortwechsels‹ zu annullieren. Es versteht sich ebenfalls von selbst, daß die Wahl zwischen den beiden Formen der Dekonstruktion nicht einfach und einzig sein kann.«[79]

Derridas Philosophieren erzeugt das Gefühl von Prekarität: Eine Prekarität der Gewissheiten, die das abendländische Denken leiten, auf denen es beruht, von denen aus es Wissen schafft, Gesellschaft organisiert und Normativität legitimiert. Mit Derrida könnte man sagen, dass das abendländische philosophische Denken seit Platon darum bemüht ist, die Prekarität, die Verweisung und Flüchtigkeit erzeugen mag, dadurch auszuschließen, dass es sie leugnet und stattdessen deren Produkte oder Effekte zum Ausgangspunkt erhebt, damit fixiert und als stabilen Sehnsuchtsort in die goldene Vergangenheit (Platon, Heidegger) oder eine eschatologisch aufgeladene Zukunft (Kant) projiziert. Die bei Kant vollzogene Selbstaufklärung der Vernunft ist dabei eine Haltung, so ließe sich sagen, die die Prekarität insofern auf Dauer stellt, als sie auf Unaufhörlichkeit programmiert ist. Die Aufforderung zur Selbstüberschreitung wie -entdeckung der Denkvoraussetzungen und der durch sie erzeugten Geltungsansprüche ist dabei das, was philosophisches Denken und Suchen heute und seit jeher ausmacht – es schützt uns nicht vor Erschütterungen, aber das darf es auch nicht, will es der »Ungeduld der Freiheit Gestalt« (Foucault DE IV 2005: 707) geben.

»Wann immer die Dekonstruktion einem Axiom den Kredit entzieht oder aufkündigt (dies ist ein strukturell notwendiges Moment), kann man des Glaubens sein, daß es für die Gerechtigkeit keinen Platz mehr gibt [...]. Dieses Moment der Aufkündigung, der Suspension, diese Zeit der *Epoché*, ohne die in der Tat keine Dekonstruktion möglich ist, sind beängstigend, doch wer wird behaupten, daß er gerecht ist, wenn er die Angst ausspart? Das Moment beängstigender Suspension [...] in de[m] juridisch-politische Verwandlungen [...] stattfinden, vermag einzig in der Forderung nach einem Zuwachs an Gerechtigkeit, in einem Gerechtigkeits-Supplement (also einzig in der Erfahrung einer Unangemessenheit, eines Sich-nicht-Anpassens, einer unberechenbaren Disproportion) seinen Grund haben und den ihm eigenen Zug oder die ihm eigene Stoßkraft finden. Denn woher würde die Dekonstruktion ihre Kraft schöpfen, woher würde sie ihre Gewalt nehmen, woher würde sie ihren Bewegungsimpuls oder ihre Motivation haben, wenn nicht von diesem immer unzufriedenen Ruf, von dieser nie zufriedenstellenden Forderung, jenseits der vorgegebenen und überlieferten Bestimmungen dessen, was man in bestimmten Zusammenhängen als Gerechtigkeit, als Möglichkeit der Gerechtigkeit bezeichnet?« (Derrida 1991: 42)

Affirmative Anschlüsse: An Derrida wird – ähnlich wie an Foucault – vor allem in den Literaturwissenschaften angeschlossen.[80] In der Philosophie haben Derridas dekonstruktives Lesen und die damit einhergehenden Erschütterungen abendländischer Grundüberzeugungen und scheinbar unumstößlicher Leitunterscheidungen wenig Zustimmung hervorgerufen. Prominent kann hier die Ablehnung durch Jürgen Habermas im *Philosophischen Diskurs der Moderne* (1988) genannt werden, die sich auf die Lektüre des Buches von Culler stützt. Dennoch gibt es auch von philosophischer Seite Anschlüsse an Derridas Philosophieren, u.a. durch drei prominente Philosophinnen: Judith Butler (*1956), Gayatri Chakravorty Spivak (*1942) und Luce Irigaray (*1930). Judith Butler bedient sich in allen Analysen neben der Genealogie auch der dekonstruktiven Methode. Das reicht von ihrem bekanntesten Werk *Gender Trouble* (1990) über *Bodies that Matter* (1993) bis zu *Excitable Speech* (1997) und *Frames of War* (2009). Dabei hat sie zum einen die konstitutiven Ausschlüsse im Blick, die Begriffe wie ›Subjekt‹, ›Geschlecht‹, ›Frau‹, aber auch ›Körper‹ oder den ›Staat‹ definieren. Zum anderen greift sie u.a. Derridas Auffassung der Stabilisierung durch konstitutive sprachliche wie pragmatische – im wörtlichen Sinne – Wiederholungen auf, um zu erklären, auf welche Weise Seiendes und Bedeutungen sozial konstruiert sind. Gayatri Spivak, eine der Begründerinnen der sogenannten Postcolonial-Studies, zeigt u.a. in ihren Arbeiten nicht nur methodisch, sondern auch inhaltlich im Anschluss an Derrida, dass und inwiefern die westliche Identität inklusive ihrer Geltungsansprüche auf dem hierarchisierenden, aber im Gestus der Universalisierung geleugneten Ausschluss ›Anderer‹ beruht.

Prominent kann hier auf ihre Studie *Can the Subaltern Speak? Postkolonialität und subalterne Artikulation* (2008) verwiesen werden. Dabei geht es ihr nicht um eine unreflektierte Ablehnung ›westlichen‹ Denkens oder um pauschale Aufklärungskritik, sondern um die Frage, »where did the best of political enlightenment go wrong?« (Spivak 2004: 181). Bei Spivak findet sich daher auch die Aufforderung, neben der angemessenen Wahrnehmung jeder Art von Kultur auch den europäisch geprägten philosophischen Kanon neu zu lesen, um sich aus dessen überkommenen Interpretationen, die sakrosankt zu sein scheinen, zu befreien – und ihn auf diese Weise erneut anders produktiv werden zu lassen. In diesem Sinne kritisiert auch Luce Irigaray mit Derrida den (abendländischen) (Phal-)Logozentrismus, in dessen ›männlicher Bedeutungsökonomie‹ das Weibliche nicht repräsentiert werde. In *Speculum. Spiegel des anderen Geschlechts* (1974) durchquert sie den etablierten Kanon von Platon über Descartes und Kant bis Freud, um »der theoretischen Maschinerie selbst Einhalt zu gebieten, ihren Anspruch auf Produktion einer viel zu eindeutigen Wahrheit und eines viel zu eindeutigen Sinns zu suspendieren« (Irigaray 1979: 80).

8. Philosophische Methoden – reflektiert

Philosophie ist methodisches Denken: Alle Philosophie – so ließe sich mutmaßen – ist schon ihrem Selbstverständnis nach methodisches Denken. Also Denken, das nicht irgendwie, gleichsam chaotisch, sondern geregelt einen Schritt nach dem anderen geht. Dabei scheint es zunächst ganz unerheblich, welche Inhalte gedacht werden, denn es geht um angemessene Prozessregeln, um Logoi oder Denkmuster, die das Denken zu sinnvollen, anerkennbaren Ergebnissen führen sollen. Klassisch wären das z.B. mit Aristoteles die Sätze der Logik, die gewährleisten, dass das Denken nichts Falsches hervorbringt: die Sätze vom (ausgeschlossenen) Widerspruch [formal: $\neg (A \land \neg A)$], vom ausgeschlossenen Dritten [$A \lor \neg A$] und von der Identität [$A = A$]. Dem noch ein paar aussagen- oder quantorenlogische Schlussregeln hinzugefügt, und schon steht fest, wie es geht, das richtige Denken – jedenfalls der Form nach.[81] So einfach scheint es aber nicht zu sein, denn auch nach Aristoteles sind aus der abendländischen Philosophie immer wieder sehr unterschiedliche Einlassungen zur angemessenen philosophischen Methode hervorgegangen, die mitunter den Status von Hauptwerken erlangt haben. Man denke neben den in der vorliegenden Einführung vorgestellten Methoden etwa auch an Descartes' *Discours de la méthode pour bien conduire sa raison* (1637), Spinozas *Ethica, ordine geometrico demonstrata* (1677), Fichtes *Wissenschaftslehre nova methodo* (1796–1799),

Mills *Utilitarianism* (1863)[82], Nietzsches *Genealogie der Moral* (1887), Sartres *Quéstion de Méthode* (1957) oder Adornos *Negative Dialektik* (1966), um nur einige weitere zu nennen.

Rückblick: Die wenigen hier vorgestellten Methoden sind *modern*, abendländisch, ausgewählt. Mit ihnen ist keinesfalls das ganze Spektrum abgebildet, das sich an philosophischen Methoden finden ließe – weder im abendländischen Raum noch weltweit. Die Einleitung in diesen Band zeichnet in groben Zügen eine Entwicklung seit Erscheinen der *Kritik der reinen Vernunft*, in der die nachfolgenden methodisch-philosophischen Reflexionen immer auch auf Probleme antworten, die sich aus dem je vorhergehenden Denken erst ergeben haben. Während die sieben Methoden einleitend in einen historischen Zusammenhang gebracht werden, wurden in den einzelnen Kapiteln die philosophischen Methoden und Modelle als Antworten auf ihre je spezifischen theoretischen Problemstellungen vorgestellt. Das bedeutet, sie einerseits ihrem Selbstverständnis nach korrigierend aufeinander zu beziehen, sie aber auch als unterschiedliche, zum Teil feinere Werkzeuge aufzufassen, die bestimmte Aspekte eines Problems besser sehen oder hervortreten lassen. Die aus den unterschiedlichen Zugangsweisen und verschobenen Fragestellungen entstandenen philosophischen Systeme oder Theorien präsentieren dann eine bestimmte Perspektive oder einen bestimmten Problemzuschnitt. Dabei ging und geht es meines Erachtens nicht darum zu beurteilen, ob eine und welche der Perspektiven angemessener ist oder bessere Erkenntnisse erzeugt. Vielmehr geht es darum, erst einmal zu akzeptieren, *dass* es sehr unterschiedliche Zugangsweisen gibt, deren Nicht-Kompatibilität erst noch zu prüfen wäre. Solche Überlegungen führen zu den Fragestellungen der Logiker und Wissenschaftstheoretiker,[83] und sie berühren auch das Thema der Theoriebegründung.[84]

Zweck der Philosophie: Das gilt *mutatis mutandis* auch in Bezug auf den grundlegenden, gleichbleibenden Zweck der Philosophie und folglich philosophischer Methoden, der bekanntermaßen in der Suche nach ›Wahrheit‹ besteht – wie auch immer historisch variabel die konkreten, errungenen Erkenntnisse sich darstellen mögen. Hier taucht immer wieder die Frage auf, ob es nicht widersprüchlich sei im Sinne einer *contradictio in adiecto*, von variablen Wahrheiten zu sprechen. Denn es werden ja nicht nur unterschiedliche Methoden nebeneinander gestellt, sondern auch von ihnen generierte unterschiedliche Erkenntnisse als solche anerkannt. Sollten nicht wenigstens die verschiedenen Wege alle nach Rom führen, wenn es schon nicht den einen und einzigen Königsweg zu geben scheint? Implizit wird so die Auffassung vertreten, es gäbe eine einheitliche Idee davon, was ›Wahrheit‹ ausmacht – aber auch hier sei auf die Logik und Wissenschaftstheorie verwiesen, die sehr unterschiedliche Kriterien für Wahrheit angeben, also weit entfernt sind von einer einheitlichen Bestimmung.[85] Ein Vorschlag an dieser Stelle lautet, dass unterschiedliche Erkenntnisse ergänzend nebeneinander Bestand haben können, sofern sie einander nicht widersprechen, weil sie z.B. auf sehr unterschiedlichen Ebenen angesiedelt sind oder sehr unterschiedliche Bereiche betreffen, wie etwa Phänomene und Nichtphänomenales. Die Frage, ob es eine letzte oder gar einzige Wahrheit geben muss, kann und soll aber selbstredend auch hier nicht beantwortet werden – sie wird vielmehr verschoben.

Zweck der ›Wahrheit‹ ...: Denn eine zweite Frage, die sich anschließen lässt, lautet: Wozu? Wozu ist es überhaupt wichtig zu wissen, was ›wahr‹ und was ›nicht wahr‹ ist bzw. welche Theorien oder Denkgesetze zu den richtigen, wahren Urteilen führen? Geht es hier um die reine Lust am Denken, um ein *l'art pour l'art*, oder verfolgt die Philosophie *mit* ihrer, wenngleich sich methodisch verändernden und variablen Suche nach Wahrheit einen weiteren Zweck? Ist die Suche nach Wahrheit also selbst instrumentell zu verstehen – zumindest in der Moderne? Und wenn ›instrumentell‹, dann wofür? Beide Fragen sind Legitimationsfragen, die erste in theoretischer Hinsicht: Was begründet die Wahrheit einer Theorie und ihrer Erkenntnisse? Die zweite in praktischer Hinsicht: Wozu brauchen wir wahre Erkenntnisse – und damit die Theorien, die sie uns liefern? Damit steht die *Legitimation* des philosophischen Fragens und Denkens schlechthin im Fokus – und wird zugleich eingefordert. Also etwa, indem man sagte, dass ›wir‹ als Gesellschaft uns das Denken um des ›bloßen‹ Denkens Willen allein nicht leisten wollen. Weshalb die Professorinnen schon sagen können müssen, warum und wofür das sinnvoll ist, was sie da machen. Sinnvoll für alle, für die Gesellschaft. Insbesondere wenn es um ›geisteswissenschaftliche‹ und/oder historische Forschungen geht.

... das ›allgemein Beste‹: Auch diese zweite Frage bzw. Forderung ist eine *moderne* oder wenigstens *neuzeitliche* Frage: Sie geht einher mit der Entstehung der Wissenschaften selbst. Philosophische Reflexionen auf die wissenschaftliche Theoriebildung konstatieren spätestens bei Descartes, aber auch schon bei Francis Bacon (1561–1626) und jüngeren Forschungen zufolge sogar bei Jean Buridan (1304–1358),[86] dass diese einem ganz bestimmten, gesellschaftlichen *Zweck* zu dienen habe und hat. Wissen sollte und soll generiert werden, um es in den Dienst der Menschheit zu stellen, um es *nutzbar* zu machen. So heißt es bei Descartes, es gehe darum, »das allgemeine Beste aller Menschen zu befördern«[87]. Die Physik, so Descartes weiter, habe ihm gezeigt, dass man zu nützlichen Erkenntnissen komme könne, und daher müsse man statt jener spekulativen Schulphilosophie, d.i. die mittelalterliche Scholastik, eine praktische Philosophie finden, die uns zu Herren und Eigentümern der Natur mache.[88] –

Und *wie* lässt sich ihm zufolge das so brauchbare Wissen erzeugen? Mit logischem, regelgeleitetem Denken, das analytisch vorgeht, das ›Buch des Wissens‹ entziffernd kohärent nachschreibt und weder in sich noch zur herrschenden Doktrin widersprüchlich ist.

Theorie und Methoden als Instrumente ...: Das Gewinnen von Erkenntnissen wird also spätestens seit seinen neuzeitlichen Ursprüngen grundsätzlich immer auch von einer pragmatischen Absicht getragen – oder wenigstens mit ihr legitimiert. Das *credo* lautet(e): Je besser wir die Welt, ihre Gesetze erkennen, desto besser lässt sie sich verstehen, beherrschen, voraussagen und damit letztlich das Wohl der Menschen vermehren. Theorie und Methode stellen aus dieser Perspektive vor allem ein *Instrumentarium* dar, mit dem wir versuchen, das, was da der Fall (geworden) ist – oder zu sein scheint –, zu erklären, um dann auch intendiertermaßen Veränderungen in Gang zu setzen, die auf eine Verbesserung der Lebensumstände der Menschheit zielen. Das ›richtige‹ Denken, dasjenige, das hilft, Erkenntnisse hervorzubringen, erhält so seine Legitimation durch den Beitrag, den es in praktischer Hinsicht leistet – nicht mehr und nicht weniger. Das aber wirft neue Fragen auf: Was ist das ›Wohl der Menschheit‹? Wer wollte – endgültig – den Maßstab bestimmen, der das zukünftige oder vergangene Besser vom gegenwärtigen Schlechter unterscheidet? Was sind die Kriterien? Welchen Geltungsanspruch hätten sie, wenn sie bestimmt wären – und: Sind sie überhaupt in einer universellen Weise bestimmbar? Fragen über Fragen, die zum einen seit Sokrates gestellt werden und zum anderen vielleicht über das hinauszugehen scheinen, was hier eigentlich verhandelt werden soll: philosophische Methoden ...

... zur Entlarvung falscher Denkweisen bzw. Anwendung: Aber auch wenn der Zweck des Erkenntnisse erzeugenden Denkens über das rein Methodologische hinausgeht, steht die Methode

doch in einem engen Verhältnis zu diesem Zweck, denn es ist nicht gleichgültig, ob sie ihn erfüllt oder nicht. In die Irre leitende Denkmuster (*logoi*) könnten Irrtümer erzeugen, d.h. zu falschen Schlüssen oder Urteilen führen, die im Sinne der Zwecksetzung nicht zielführend wären. So gilt es in einem ersten Schritt, wenigstens (falsche) Denkmuster bzw. eine falsche Anwendung zu erkennen und auszusortieren.[89] Auf diese Weise ließe sich das bzw. ein grundlegende/s Problem umreißen, das sich Kant gestellt hat, als er anfing, *kritisch* über die ihm gegenwärtigen philosophischen Methoden, d.h. Erkenntniserzeugungswege, nachzudenken. Stark vereinfacht könnte man es so skizzieren: Die europäischen Gesellschaften sind seit geraumer Zeit politisch wie ökonomisch mit Neuem konfrontiert (Aufklärung bzw. Säkularisierungstendenzen vs. Absolutismus von Gottes Gnaden, Kolonialisierung, Frühindustrialisierung etc.) und brauchen orientierenden Halt. Dennoch bietet die Philosophie ›nur‹ Widersprüchliches an, was zu allem Übel auch noch gleichermaßen plausibel erscheint. So gibt es scheinbar gute Gründe, rationalistisch zu denken. Ebenso gibt es scheinbar gute Gründe, empiristisch vorzugehen. Aber beide Wege widersprechen einander im *Grundsatz* und im *Ergebnis*, weshalb man sie nicht einfach plural nebeneinander stehen lassen kann.

Kritisches Reflektieren: Kants ›Lösung‹ besteht bekanntermaßen darin, einen dritten, anderen Weg einzuschlagen, durch den er aber nicht nur die Grundsätze und Resultate der beiden anderen – aus seiner Perspektive – als ›falsch‹ entlarvt, sondern zugleich *erklärt*, aufgrund welcher falsch angewendeter Denkwege sie hervorgebracht wurden! Diesen dritten Weg nennt er bekanntlich den ›kritischen‹. Ein Anspruch dieser neuen, kritischen Art zu denken, besteht demnach darin, immer auch erklären zu können, was am Denken selbst *fehlerhaft* ist und warum es entstanden ist, entstehen konnte. Genau diesem *kritischen Anspruch* sind die hier vorgestellten philosophischen Methoden auf die eine oder andere Art verpflichtet. Er ist Kant zufolge ein Aspekt der *Aufklärung*. *Aufklären* heißt demnach zunächst und in theoretischer Absicht, sich zum Denken und seinen Mustern (*logoi*) in ein reflexives Verhältnis zu setzen und danach zu fragen, woran es liegt, dass sie zu fehlerhaften Ergebnissen führen. Das kann an ihnen selbst liegen, etwa weil sie Widersprüche erzeugen oder nicht ausschließen, oder aber auch daran, dass sie in einem inadäquaten Bereich angewendet werden. Das jedenfalls steht auch hinter den Bemühungen Husserls oder Gadamers um eine angemessene Methode der ›Geisteswissenschaften‹, aber auch hinter dem sogenannten ›Positivismusstreit‹ zwischen Vertretern der *kritischen Theorie* und Popper in den 1960er Jahren.

Zweck des kritischen Denkens: Warum aber ist die Beantwortung dieser selbstkritischen Frage relevant für das praktische Wohl der Menschheit oder gar für den Fortschritt? Weil neben der wachsenden Bedeutung naturwissenschaftlicher Erkenntnisse, die zum Fortschritt und damit zum Wohl der Menschheit durch Naturbeherrschung beitragen (sollten), für Kant das Wohl der Menschheit mindestens ebenso auf der Reformierung der bis dato geltenden gesellschaftlichen Ordnung beruhte. Diese galt es ebenfalls zu begründen, *neu*, d.h. *säkular* zu begründen – und zwar dezidiert *nicht* mit naturwissenschaftlichen Methoden oder Mitteln, sondern mit Mitteln des vernünftigen Denkens. Der richtige Gebrauch der gereinigten Vernunft besteht Kants kritischem Denken zufolge darin, weder die Natur noch Gott nachzuahmen. Vielmehr drückt sich der richtige Gebrauch darin aus, die Vernunft emanzipatorisch zur Grundlage säkular begründeter Ordnung und Politik zu machen. Auf diese Weise wird das vernünftige Denken neben den naturwissenschaftlichen Erkenntnissen zur Möglichkeitsbedingung menschlichen Wohls, weil es dessen je singuläre, freie und vernünftige Entfaltung ermöglicht.

Wobei es wichtig ist zu betonen, dass auch dem Anwendungsbereich des ökonomischen Kalküls von Kant eine Grenze gesetzt wurde:

»Gesetzt aber, es gäbe etwas, *dessen Dasein an sich selbst* einen absoluten Wert hat, was als *Zweck an sich selbst*, ein Grund bestimmter Gesetze sein könnte, so würde in ihm, und nur in ihm allein der Grund eines möglichen kategorischen Imperativs d.i. praktischen Gesetzes liegen. [...] Was sich auf die menschlichen Neigungen und Bedürfnisse bezieht, hat einen *Marktpreis*; [...] das aber, was die Bedingung ausmacht, unter der allein etwas Zweck an sich selbst sein kann, hat nicht bloß einen relativen Wert, d.i. einen Preis, sondern einen inneren Wert, d.i. *Würde*.«[90]

So jedenfalls lässt sich das Kantische kritische Projekt in groben Zügen skizzieren. Was bedeutet das? Erstens, dass wir nicht nur gehalten sind, die naturwissenschaftlichen Erkenntnisse zu mehren, sondern ebenso, ohne Unterlass in kritischer Absicht darüber aufzuklären, *wie* wir denken und wie wir unsere Instrumentarien anwenden. Denn zweitens gilt es, den Gebrauch des Denkens und seiner Erkenntniswege zu naturwissenschaftlichen Zwecken vom Gebrauch des Denkens zu Ordnungszwecken – das bedeutet bei Kant: Rechtsstaatlichkeit auf der Grundlage vernünftiger Freiheit – zu unterscheiden. All das ist auch gemeint, wenn es in erkennender *und* emanzipatorischer Absicht um ›Aufklärung‹ geht.

Aufklärung ...: Kritisch aufzuklären hat so wenigstens zwei Richtungen und zwei Adressaten: Die eine Richtung ist *rückwärts* gerichtet. Sie reflektiert die Wahrnehmungsbedingungen des Denkapparates, durch die uns überhaupt die Empirie, die ›Gegenstände der Erfahrung‹ und folglich die Objekte der Naturwissenschaften zugänglich sind, die uns erkennende Urteile ermöglichen. Und sie richtet sich reflexiv auf die richtige bzw. falsche Anwendung der Denkmuster. Einerseits fundiert sie also die empirischen Erkenntnisse, während sie andererseits *durch die Einsicht in die falsche Anwendung der Denkmuster* die Möglichkeit eröffnet, davon Abstand zu nehmen und so über diese hinaus zu gelangen. Das ist ein weiterer Anspruch *kritischen Denkens*: Neben dem Entlarven falscher Denkmuster bzw. unangemessener Anwendungen von Denkmustern, das zugleich erklären kann, auf welchen Bedingungen letztere beruhen, meint Kritik auch, sie *durch diese erklärende Kritik* zu überschreiten, d.h. sich von ihnen in unpassenden Bereichen zu emanzipieren, frei zu werden. Dieses kritisch-aufklärende Denken ist gewissermaßen nach *vorne* gerichtet, denn es überschreitet das bestehende Denken in einem sich selbst befreienden Akt. Kant nennt es die gereinigte, praktische Vernunft oder *Freiheit*.[91] Die befreite Vernunft bietet für Kant die Grundlage sowohl für das Recht als auch für den Rechtsstaat. Aber sie dient ihm auch zugleich als Zweck und als Kriterium für das Besser: Je wahrhaft freier, d.h. selbstbestimmter und an der Würde aller orientierter die Menschen sich und ihre Ordnungen entwerfen und werden – auch und vor allem im Politischen –, desto besser wird es der Menschheit gehen. Das jedenfalls war die Hoffnung.

... von Kant bis heute: Warum nun noch einmal dieser längere Exkurs zu Kants Fragestellung und Lösungsangebot, das einen zugleich reflexiv-retrospektiv aufklärenden und prospektiv-überschreitenden Anspruch mit sich bringt? Weil die hier im Anschluss an Kant vorgestellten Methoden nach wie vor auf je unterschiedliche Weise genau diesem kritisch-aufklärenden Anspruch verpflichtet sind und sein wollen: Sie wollen über gesellschaftliche und die Gesellschaften strukturierende Denkmuster, deren (un)angemessene Anwendung und ihr sozio-kulturell-historisches Gewordensein aufklären. Deshalb fliegt für Hegel die Eule der Minerva in der Dämmerung und deshalb kommt die Philosophie immer zu spät: »Als der Gedanke der Welt erscheint sie erst in

der Zeit, nachdem die Wirklichkeit ihren Bildungsprozeß vollendet und sich fertig gemacht hat ... die Eule der Minerva beginnt erst mit der einbrechenden Dämmerung ihren Flug.« (RP 1986, 7: 27 f.) Die aufklärende Suche bezieht sich *ex post* z.B. auf gewordene Erklärungs- und Legitimationsmuster, auf Ordnungsstrukturen des Sozialen, und damit auch auf Zusammenhänge im Phänomenbereich. Zugleich ordnet das retrospektive Aufklären auch selbst neu, zieht andere Schlüsse und stellt neue Synthesen her, hebt anderes auf neue Weise hervor und stellt andere Fragen – mit Foucault, der hier exemplarisch für den Anspruch der modernen, retrospektiven (Selbst-)Aufklärung steht, – »problematisiert«[92] sie anders.

»Diese philosophische Haltung muss in einer Arbeit verschiedenartiger Untersuchungen zum Ausdruck kommen; diese haben ihre methodologische Kohärenz in der sowohl archäologischen als auch genealogischen Untersuchung von Praktiken, die gleichzeitig als technologischer Rationalitätstypus und als strategische Spiele der Freiheit in den Blick genommen werden; ... in der Definition einzigartiger Formen, in welchen die Allgemeinheiten unserer Beziehung zu den Dingen, zu den anderen und zu uns selbst problematisiert wurden. ... Aufklärung ... benötigt ... stets die Arbeit entlang unserer Grenzen.«[93]

Zweck(e) des Aufklärens: Diejenigen Methoden, die sich an das Gewordene und dessen Werden richten, lassen sich so unter ›retrospektive, reflexive, historisierte/historisierende Aufklärungsarbeit‹ zusammenfassen – ob archäologisch, (sprach)analytisch, genealogisch, hermeneutisch, materialistisch, phänomenologisch etc. – als Sichtbarmachung dessen, was auf welche Weise (gedacht) geworden ist, welche Zusammenhänge angenommen, d.h. auch Schlüsse gezogen wurden oder werden, und welche Effekte es (ge)zeitigt (hat) – auch im Denken. Die methodisch fundierten *Re*konstruktionen können dabei mit Hegel mit einer einzigen, ewigen Form erfolgen; oder vom denkenden, intentionalen Subjekt ausgehen oder von Machtkonstellationen, die sich kontingenter Ereignisse ›bedienen‹; oder von den ökonomischen Praxen, oder, oder, oder; wobei diese ›oder‹ nicht ausschließend zu verstehen sind. In jedem Fall haben sie Vorhandenes, schon Gewordenes zum Analysegegenstand – sei es, um die Gegenwart als vernünftig gewordene auszuweisen, sei es, um aus dem Erkannten die Zukunft zu prognostizieren, sei es, um dieser Hybris und diesem Mythos etwas entgegenzusetzen und daher *kritische* Aufklärung zu betreiben. Aber wozu sollen aufklärend ›falsches Denken‹ und darauf beruhende praktische Konsequenzen entlarvt werden? *Um den intelligiblen und faktischen Status quo überschreitend* zum Besseren zu verändern – wie auch immer (un-)gewiss die neue, andere Art der Selbstbestimmung jenseits der Überschreitung sein mag. Es geht also nach wie vor um ein ›Besser‹ oder wenigstens bescheidener um ein ›*Nicht so*‹, um eine andere *Praxis*. Deshalb spricht Kant vom ›Primat des Praktischen‹. Oder, wie es Foucault in *Was ist Kritik?* formuliert: Es gehe u.a. darum, *»nicht so, nicht dermaßen regiert zu werden«*[94] – wobei hier Regiertwerden in einem weiten Sinne auch durch das herrschende Denken meint.

Dreifache Bedeutung von Kritik: Dass das – *vom je aktuellen Standpunkt aus betrachtet* – bessere Leben der Zweck des Philosophierens ist, ist freilich ein Topos, der die Philosophie seit der Antike begleitet. Er bringt uns zur Prospektive. Denn neben dem Sichtbarmachen der begrenzenden Rationalitätstypen, Praxen, Selbstvergewisserungen, Legitimationen etc. geht es diesen aufklärenden Methoden immer auch darum, eben *deren Grenzen sichtbar zu machen und sie ggf. zu überschreiten*. Denn aufklärende Analysen geben sich nicht immer damit zufrieden, einfach nur aufzuklären. Vielmehr geht es von Sokrates bis heute immer auch darum, Fehler des Denkens oder Problematiken im Denken und

Handeln aufzudecken. Und das, um sie dadurch vielleicht zukünftig zu vermeiden: d.h. es nicht mehr so, sondern anders zu machen; die als schlecht entlarvten Denk-Muster so zu verschieben bzw. aufzuheben, dass sie nicht mehr wirksam sein können. Insofern ist die Aufklärung nicht nur retrospektiv *kritisch*, weil sie erstens Fehler im Denken aufdeckt und weil sie zweitens unterscheidet, also Grenzen setzt, sondern auch, weil sie vorhandene Praxen, Denkmuster und -rahmen sichtbar macht, *indem* sie sie drittens überschreitet.[95]

So bezeichnet ›Kritik‹ spätestens seit Kant eine philosophische Praxis, die nicht nur begrenzte und falsche Überzeugungen zu entlarven trachtet, deren Ursprung sie bestenfalls auch noch erklären kann, sondern die eben auch eine Überschreitung oder Öffnung der scheinbar gegebenen Denk-Notwendigkeiten vollzieht. Dabei gilt es zu beachten, dass kritische Infragestellung *keineswegs* bedeuten *muss*, das In-Frage-Gestellte zu verwerfen – wie häufig behauptet wird. Vielmehr bedeutet es, Abstand zu einem möglichen mit ihm verbundenen Absolutheitsanspruch oder zu einer postulierten Alternativlosigkeit zu gewinnen und diese somit kritisch zu überschreiten. Das erfolgt schon allein durch die Befragung des *scheinbar Unumstößlichen* bzw. durch die Explizierung von dessen Werden und Grenzen. Auf diese Weise dringt Kritik immer in bislang unbekannte Gewässer vor – was sich etwa an Kants Umstellung auf die transzendentale Fragehaltung zeigen lässt. Auch findet sich bei Kant bereits die Idee der Grenzüberschreitung, die ins Offene bzw. vollständig Unbekannte führt. Im Zusammenhang mit dem Gebot, keine Verfassung als endgültig annehmen zu dürfen, schreibt er: »Denn welches der höchste Grad [an Vollkommenheit] sein mag, bei welchem die Menschheit stehenbleiben müsse, und wie groß also die Kluft, die zwischen der Idee [der Freiheit] und ihrer Ausführung notwendig übrigbleibt, sein möge, das kann und soll niemand bestimmen, eben darum, weil es Freiheit ist, welche jede angegebene Grenze übersteigen kann.« (Kant, KrV A 317 / B 374) Grenzüberschreitungen implizieren mithin auch ein Öffnen für zukünftige Rationalitätstypen, Selbstvergewisserungen, Legitimationen und Praxen, die mit Sicherheit zum Teil noch unbekannt und daher nicht antizipierbar, nicht berechenbar, nicht prognostizierbar sind. Hier schließen z.B. die ethischen Überlegungen Derridas an.

Zum Schluss noch ein Gedanke, der sich prominent in Horkheimers Aufsatz *Traditionelle und kritische Theorie* (1937) findet: Natürlich sind auch diejenigen Philosophen, die das alles zu denken vermögen, Kinder ihrer Zeit. Das heißt, dass auch ihre eigenen Überzeugungen und Denkmuster die je sozio-kulturell-historischen Gegeben- und Gepflogenheiten spiegeln. Denn jedes Denken ist konstitutiv mit dem verwoben, was es reflektiert, kritisiert, überschreitet und ggf. zum Besseren hin verändern will. Das ist der Punkt, an dem (sich) in vielen Seminaren die Studierenden üblicherweise die ›Ideologiefrage‹ stellen: Kann sich denn das Denken aus seinen eigenen, gelernten Denkmustern ›befreien‹, sich von ihnen emanzipieren, wenn es sie doch selbst (ge)-braucht für seine philosophisch-kritischen Analysen? Wie zeigt sich dem Denken überhaupt, dass es auf dem Holzweg ist? Und ist das Denken dann, nach der aufklärenden Kritik und im Ergebnis der emanzipativen Überschreitung, nicht mehr auf dem Holzweg? Woher weiß es das? Und wie beurteilt es ein mögliches ›Besser‹? Eine Antwort auf diese Fragen lautet: Das weiß es nicht! Aber wenigstens weiß es dann, wie es nicht denken sollte oder was am bisherigen Denken unzulänglich war.

Hier könnte man sich dann wirklich noch einmal an die ›Anfänge‹ abendländischer Philosophie erinnern. Denn es gibt und gab nicht nur nach Aristoteles Klärungsbedarf, wie richtiges Denken vollzogen werden soll, sondern auch schon davor: Wer wollte bezweifeln, dass Sokrates' kritische *Fragen* auf der Agora nicht wenigstens auch methodischer Natur gewesen wären? Zwar enden sie meist darin, dass keine ›richtige‹ Antwort gegeben wird – aber liegt die Antwort nicht gerade darin, die Unzulänglichkeit des scheinbar Gewussten und Richtigen aufzudecken? Und gilt das nicht für Platons Dialoge insgesamt? Wobei hier deutlich wird, dass Methoden nicht nur das Denken an sich selbst und in seinem Bezug zur Welt betreffen, sondern auch das Miteinander im Gespräch – Methoden eben auch didaktischer Natur sind. Aber was ist hier das Kriterium für ›richtiges‹ und ›falsches‹ Denken? Kant und viele, vermutlich die meisten, seiner Nachfolgerinnen würden wohl antworten: Positiv formuliert geht es darum, mehr bzw. vielleicht auch immer wieder andere Entfaltungsfreiheiten zu ermöglichen. Negativ formuliert geht es darum, sozio-repressiv verursachtes Leid, das auch aus falschem Denken resultiert und mit ihm legitimiert wird, zu verringern oder gar zu überwinden.

Alle diese praktischen Zielsetzungen der theoretischen Arbeit lassen sich hier nur andeuten und keinesfalls erschöpfend behandeln. Aber es soll dennoch auf sie aufmerksam gemacht werden, auch, weil sie deutlich machen, dass der Vorwurf, philosophisches Denken finde allein im und für den Elfenbeinturm statt, unzutreffend ist. Denn in dieser Zielsetzung besteht zusammengefasst der *praktische Anspruch der Kritischen Theorie* im engeren Sinne und ebenso, bei aller Differenz, der der vielen Vertreter zeitgenössischer *kritischer Philosophien*. Auch wenn häufig ein anderer Ausgangspunkt gewählt wird oder die Perspektive anders problematisiert, anderes hervorgehoben, anders ›geschaut‹ wird, so geht es doch im Kern um ein Denken, das dem praktischen Anspruch durch kritische Aufklärung gerecht werden will oder es wenigstens versucht. Das erfolgt nicht nur im Anschluss an Kant – natürlich nicht. Sondern auch an Hegel, Marx, Kierkegaard, Nietzsche, Freud, Cassirer, Husserl, Heidegger, Wittgenstein, Horkheimer, Adorno, Sartre, de Beauvoir, Gadamer, Levinas, Arendt, Luhmann, Foucault, Derrida, Nancy, Benhabib, Fraser, Spivak, Irigaray und Butler oder Žižek, um nur einige zu nennen.[96] Sie alle beanspruchen, kritisch aufzuklären zum Zwecke eines Besser oder wenigstens eines ›Nicht-so‹. Sie bedien(t)en sich *methodisch* und *perspektivisch* bei ihren Vordenkerinnen und richte(te)n den Fokus mehr oder weniger auf den *konstitutiven Zusammenhang* zwischen den variablen sozio-ökonomischen gesellschaftlichen Bedingungen, der Konstitution der je einzelnen Personen und den herrschenden, legitimierenden, aber auch ausschließenden Denkmustern und -inhalten.

Wie plausibel, überzeugend und konsistent das erfolgt, bedarf eingehender Beschäftigung – als Lohn winkt hoffentlich mehr Verständnis für unsere Gegenwart und das Potenzial, sie gegebenenfalls kritisch infrage stellen und überschreiten zu können, immer und immer wieder.

Anmerkungen

1 Die hier vorgestellten philosophischen Methoden entstammen alle der abendländischen Tradition – damit soll keinesfalls behauptet werden, dass sie afrikanischen, chinesischen, indischen, japanischen oder anderen Philosophien vorzuziehen wären. Eine umfassende Darstellung mit den Unterschieden, aber auch Gemeinsamkeiten unterschiedlicher Denktraditionen und -wege ist ein dringendes Desiderat. Vgl. dazu die sich etablierende Interkulturelle Philosophie und etwa die Einführung von Rolf Elberfeld, Phänomenologie der Zeit im Buddhismus. Methoden interkulturellen Philosophierens, Stuttgart-Bad Cannstatt 2004.

2 »In der philosophischen Tradition umfaßt die formale Logik eine *Lehre vom Begriff*, eine *Lehre vom Urteil* und eine *Lehre vom Schluß*. Die Entwicklung einer Lehre vom Schließen setzt aber eine Analyse der Urteile schon voraus, denn ein Schluß ist ein Schluß von gewissen Urteilen auf ein anderes Urteil.« Franz von Kutschera/Alfred Breitkopf, Einführung in die moderne Logik, Freiburg 1985, S. 9.

3 So heißt es in der Methodenlehre am Ende der *Kritik der reinen Vernunft*: »Eine Erkenntnis mag ursprünglich gegeben sein, woher sie wolle, so ist sie doch bei dem, der sie besitzt, historisch, wenn er sie nur in dem Grade und so viel erkennt, als ihm anderwärts gegeben worden [...] Er bildete sich nach fremder Vernunft, aber das *nachbildende* Vermögen ist nicht das erzeugende, d. i. das Erkenntnis entsprang bei ihm nicht aus Vernunft, und, ob es gleich objektiv, allerdings ein Vernunfterkenntnis war, so ist es doch subjektiv, bloß historisch. Er hat gut gefaßt und behalten, d.i. gelernt, und ist ein Gipsabdruck von einem lebenden Menschen.« Immanuel Kant, Kritik der reinen Vernunft, Berlin 1901 ff., A 836/B 865 Herhvorh. TSK; im Folgenden zitiert als KrV A/B nach der ersten, A, und zweiten, B, Ausgabe 1781/1787.

4 Vgl. zum *principle of charity* Kap. 4, Anmerkung 48.

5 Emmanuel Levinas, Eigennamen. Meditationen über Sprache und Literatur, München 1988, S. 76.

6 »Ich gestehe frei: die Erinnerung des David Hume war eben dasjenige, was mir vor vielen Jahren zuerst den dogmatischen Schlummer unterbrach und meinen Untersuchungen im Feld der spekulativen Philosophie eine ganz andere Richtung gab.« (Kant (1783), Prolegomena zu einer jeden künftigen Metaphysik, zitiert nach der Akademie Ausgabe, Bd. 4, 1901 ff., S. 260)

7 René Descartes, Discours de la méthode, Französisch-Deutsch, Hamburg 1997, S. 55.

8 Gemeint sind die *Kritik der reinen Vernunft* (1781/7), die *Kritik der praktischen Vernunft* (1788) und die *Kritik der Urteilskraft* (1790).

9 Ohne Zweifel kann auch bereits Hegel als Sprachphilosoph gelten, worauf Pirmin Stekeler-Weithofer in seinem zweibändigen ›dialogischen Kommentar‹ zur *Phänomenologie des Geistes* (2014) jüngst (erneut) hinweist. Aber auch Nietzsches *Genealogie der Moral* (1887) ist eine kritische Auseinandersetzung mit der *Bedeutung* und dem historischen Bedeutungswandel philosophischer *Grundbegriffe* wie ›Moral‹, ›Wert‹ etc. Ich nenne hier als Fahnenhalter für den *linguistic turn* Frege und Russell, weil sie aus der Perspektive der sprachanalytischen Tradition ›den Anfang‹ bilden. Zudem darf bei alldem nicht vergessen werden, dass die Sprache nicht erst seit gut hundertfünfzig Jahren Gegenstand philosophischer Überlegungen ist, spielt sie doch bereits in Platons Dialog *Kratylos* eine entscheidende Rolle.

10 Honneth und Joas schreiben in ihrem Vorwort zu Robert Pippin, Die Verwirklichung der Freiheit, Frankfurt/M. 2005: Pippins »Einwand gegen das Unternehmen von MacIntyre lautet, dass dieser die immanente Dynamisierung Kants durch Hegel nicht zur Kenntnis genommen habe« (Pippin 2005: 7).

11 Eine didaktische Empfehlung zur Textvorbereitung, die sich in langjähriger Lehrerfahrung sehr bewährt hat, sei an dieser Stelle erlaubt. Das vorgeschlagene Prozedere erleichtert das Selber-Lesen nicht nur, sondern lässt auch bei gewissenhafter Durchführung die Struktur bzw. den Argumentationsgang des so bearbeiteten Textes hervortreten und bietet eine dauerhafte Gedächtnisstütze:
– Alle Absätze durchnummerieren.

– Für jeden Absatz eine Zwischenüberschrift finden, die die wichtigste Aussage/das Argument im Kern zusammenfasst.
– Für jeden Absatz dessen Funktion bestimmen: Ist er einleitend, beschreibt/bestimmt er den Status quo, wird Kritik geübt an anderen Positionen, handelt es sich um einen historischen Rückblick, ein Beispiel, eine Analogie, wird hier argumentiert, polemisiert oder der *common sense* angerufen etc.
– (Für jeden Absatz Fragen bestimmen, *sofern* etwas nicht verstanden wurde oder nicht plausibel erscheint. Das jedenfalls ist für eine gelungene Seminardiskussion sehr hilfreich.)

12 Das liegt auch darin begründet, dass es die philosophische Wissenschaftstheorie traditionell mit den Naturwissenschaften und deren Methoden zu tun hat. Dies ist der Grund, warum etwa die Klassiker der Wissenschaftstheorie: der ›kritische Rationalismus‹ Karl R. Poppers grundgelegt in *Logik der Forschung* (1934), Thomas S. Kuhns *The Structure of Scientific Revolutions* (1962), Paul Feyerabends *Wider den Methodenzwang* (1976), aber auch die Feministischen Methoden, die etwa Sandra Harding in *The Science Question in Feminism* (1986) oder zusammen mit Merill B. Hintikka in *Discovering Reality. Feminist Perspectives on Epistemology, Metaphysics, Methodology, and Philosophy of Science* (1983) vorgestellt hat, hier keine eigenen Kapitel erhalten. Sie haben zumindest auf manchen Methodencurricula bereits einen festen Ort.

13 Vgl. Jan A. Aertsen et al., Transzendental, in: Joachim Ritter et al. (Hg.), Historisches Wörterbuch der Philosophie, Bd. 10, Darmstadt 1998, S. 1358–1437.

14 Vgl. Hans-Ludwig Ollig, Transzendental IX, in: Joachim Ritter, a.a.O., Bd. 10, S. 1405–1412.

15 Vgl. Hermann Krings, Transzendentale Logik, München 1964, Marek J. Siemek, Die Idee des Transzendentalismus bei Fichte und Kant, Hamburg 1984, sowie Andrea Esser, Kunst als Symbol, München 1994, und Andrea Esser, Eine Ethik für Endliche. Kants Tugendlehre in der Gegenwart, Stuttgart 2004.

16 Auf Fichte wird hier wegen seiner Nähe zu Kant nicht eigens eingegangen; vgl. dazu Marek J. Siemek, Die Idee des Transzendentalismus bei Fichte und Kant, Hamburg 1984.

17 Apels Ansatz und Habermas' Universalpragmatik bilden die beiden Opponenten innerhalb der sogenannten Diskursethik, die versucht, unter Berücksichtigung des sogenannten *linguistic turn* an einer universellen (kantischen) Vernunftbegründung ethischer Standards und Normen festzuhalten – obwohl die moderne, aufgeklärte Vernunft inklusive ihrer Begründungsfunktion immer wieder vehementer Kritik unterzogen worden ist und wird, vgl. prominent die 1943 im Exil verfasste Vernunftkritik von Adorno und Horkheimer *Die Dialektik der Aufklärung* (1943).

18 Etymologisch ist das ungenau, da διαλεκτικη selbst schon ein Adjektiv zum stets wegfallenden τεχνη (techné) ist, das ein Können, eine Fertigkeit etc. beschreibt.

19 Vgl. zur philosophischen Begriffsgeschichte die sehr informativen und aufschlussreichen Lemmata ›Topik‹ von Oliver Primavesi (in: Joachim Ritter et al. (Hg.), Historisches Wörterbuch der Philosophie, Bd. 10, Basel 1972, S. 1263–1269) sowie ›Dialektik IV 1.4‹ von Helmut K. Kohlenberger (in: ebenda, Bd. 2, S. 189–193).

20 Für Kant ist der natürliche Gebrauch der spekulativen Vernunft dialektisch; die Dialektik ist damit ihre natürliche Ausdrucksform. Die Aufklärung über diesen Irrtümer produzierenden Gebrauch der Vernunft ermöglicht es aber, dass sie davon Abstand nimmt, indem sie sich einen anderen Gebrauch verordnet. Vgl. KrV A 747/B 775; A 777/B 805.

21 Helmut K. Kohlenberger, Dialektik IV 1.4, in: Joachim Ritter et al. (Hg.), Wörterbuch, a.a.O., Bd. 2, S. 189.

22 G.W.F. Hegel, Werke in 20 Bänden mit Registerband – 3: Phänomenologie des Geistes, Frankfurt/M. 1986, S. 46; im Folgenden im Text zitiert als Hegel PdG 1986, 3.

23 G.W.F. Hegel, Werke in 20 Bänden mit Registerband – 5: Wissenschaft der Logik I (1812/1813), Frankfurt/M. 1986, S. 50; im Folgenden im Text zitiert als WdL I 1986, 5.

24 G.W.F. Hegel, Werke in 20 Bänden mit Registerband – 8–10: Enzyklopädie der philosophischen Wissenschaften I–III, Frankfurt/M. 1986; im Folgenden im Text zitiert als E I–III 1986, 8–10.

25 G.W.F. Hegel, Werke in 20 Bänden mit Registerband – 7: Grundlinien der Philosophie des Rechts, Frankfurt/M. 1986; im Folgenden im Text zitiert als RP 1986, 7.

26 Die *Enzyklopädie* dreht den chronologischen Gang, den Hegel bei seiner Erkenntnisgewinnung und -darstellung geht, um: Während die *Phänomenologie* als Ausgangspunkt der wissenschaftlichen Betrachtungen dient, von denen aus Hegel dann den zurückgelegten Weg und, um im Bild zu bleiben, auf die Art und Weise des Laufens, reflektierend und abstrahierend in der *Logik* die Bewegungen des Denkens darstellt, verfährt er in der Enzyklopädie gerade umgekehrt. Dass die Darstellung an keinen festen Anfang gebunden ist, hat damit zu tun, dass es für Hegel in gewissem Sinne keinen Anfang gibt: Das erkennende, reflektierende, philosophische Denken muss zwar irgendwo anfangen, aber nur, um schließlich einzusehen, dass sein Anfangen nur möglich war, weil es all das, was es beobachtend, erkennend, sich selbst dabei bildend und verändernd nachvollzieht, bereits vollzogen hat – sonst hätte es die Fragen nicht stellen können, die es auf den (philosophischen) Weg gebracht haben. Aus dieser Perspektive ist die *Phänomenologie* der reflektierende Nachvollzug des unmittelbaren Werdens des Bewusstseins, der sich als Voraussetzung der Logik herausstellt, insofern aus diesem Nachvollzug in einer erneuten philosophischen Reflexion die reinen Formen des dialektischen Denkens und Werdens extrahiert werden können. So wenigstens lässt sich die zitierte Kreismetapher, die sich in Hegels Schriften zahlreich finden lässt, erklären.

27 M. E. findet sich eine weitere, vierte Bedeutung von ›aufheben‹ bei Hegel: ›aufgehoben sein‹ in Gott, in der göttlichen Vernunft und Liebe; vgl. Tatjana Schönwälder-Kuntze, ›L(i)ebe(n) im semantischen Raum der Theologie – Anmerkungen zu Hegel, Butler und Derrida‹, in: Jürgen Boomgaarden/Martin Leiner, ›Die Liebe, die Liebe ist eine Himmelsmacht‹. Zum Verständnis von Gottesliebe und Menschenliebe, im Erscheinen.

28 G.W.F. Hegel, Werke in 20 Bänden mit Registerband – 18: Vorlesungen zur Geschichte der Philosophie I, Frankfurt/M. 1986, S. 41.

29 Vgl. hierzu die ungleich komplexere Darstellung in Hegels sogenannter *Differenzschrift* (G.W.F. Hegel, Differenz des Fichteschen und Schellingschen Systems der Philosophie (1801), in: ders.: Werke in 20 Bänden mit Registerband – 2: Jenaer Schriften 1801–1807, Frankfurt/M. 1986, S. 35–41; im Folgenden im Text zitiert als Dif 1986, 2) sowie in WdL II 1986, 6, S. 38–55.

30 Vgl. Karl Popper, Die offene Gesellschaft und ihre Feinde 2. Falsche Propheten: Hegel, Marx und die Folgen, Tübingen 1992.

31 Vgl. Jürgen Frese, Dialektik IV 3.1, in: Joachim Ritter et al., Wörterbuch, a.a.O., Bd. 2, S. 199.

32 Vgl. Malte Hossenfelder, Phänomen I, in: Joachim Ritter et al., Historisches Wörterbuch der Philosophie, Bd. 7, Basel 1989, S. 462.

33 Vgl. J. H. Lambert, Neues Organon oder Gedanken über die Erforschung und Bezeichnung des Wahren und dessen Unterscheidung vom Irrthum und Schein, (1764), in: Philos. Schr., H. W. Arndt 1. 2 (1965) 1, Vorrede.

34 Vgl. Ulrich Claesges, Phänomenologie I 1–6, in: Joachim Ritter et al., Wörterbuch, a.a.O., Bd. 7, S. 486.

35 Edmund Husserl, Philosophie als strenge Wissenschaft, in: Aufsätze und Vorträge (1911–1921), hrsg. von Thomas Nenon/Hans Rainer Sepp, Dordrecht/Boston/Lancaster 1987, S. 3–62 [zitiert nach Husserliana XXV als Hua XXV].

36 Edmund Husserl, Ideen zu einer reinen Phänomenologie und phänomenologischen Philosophie. Erstes Buch: Allgemeine Einführung in die reine Phänomenologie (1913), 2 Bde., hrsg. von Karl Schumann 1976 [zitiert nach Husserliana III als Hua III].

37 Das Zitat lautet vollständig: »Die ›Wirklichkeit‹, das sagt schon das Wort, finde ich als *daseiende* vor und *nehme sie, wie sie sich mir gibt, auch als daseiende* hin. Alle Bezweiflung und Verwerfung von Gegebenheiten der natürlichen Welt ändert nichts an der *Generalthesis der natürlichen Einstellung*.«

38 Vgl. Niklas Luhmann, Die neuzeitliche Wissenschaft und die Phänomenologie, Wien 1996, sowie Armin Nassehi, Luhmann und Husserl, in: Oliver Jahraus/Armin Nassehi [u.a.] (Hg.), Luhmann-Handbuch, Leben – Werk – Wirkung, Stuttgart 2012, S. 13–18.

39 Vgl. zur knappen, aber detaillierten Begriffsgeschichte das Lemma ›Hermeneutik‹ von Hans-Georg Gadamer in: Joachim Ritter et al., Historisches Wörterbuch der Philosophie, Bd. 3, Münster 1975, S. 1061–1073.

40 Das deutsche Bundesverfassungsgericht vermag Gesetze immerhin für nichtig zu erklären. Darüber hinaus orientiert es den Auslegungsspielraum der Rechtsprechung, indem es die semantischen Gehalte auf deren grundgesetzliche Kompatibilität hin überprüft. Beispielsweise geht

es um die Frage, ob das strafgesetzliche Inzestverbot mit der menschenrechtlichen Gewährleistung individueller Handlungsfreiheit vereinbar ist. Unter Umständen setzt das Bundesverfassungsgericht der Legislativen Zeithorizonte, innerhalb deren unangemessen oder nicht mehr angemessen erscheinende Gesetzesformulierungen entsprechend einem anderen Rechtsverständnis umzuformulieren sind bzw. neue Gesetze verabschiedet werden müssen.

41 Im Grundgesetz der Bundesrepublik Deutschland kommt nach Art. 79 nur zwei Artikeln der Status zu, nicht verändert oder eingeschränkt werden zu dürfen: Art. 1 und Art. 20 des sogenannten Grundrechtskatalogs. Alle anderen ›Grundrechte‹ dürfen mit einer Zweidrittel-Mehrheit der gesetzgebenden Organe – Bundestag und Bundesrat – verändert werden.

42 Schleiermacher hat die platonischen Dialoge ins Deutsche übersetzt – seine Übersetzungen werden bis heute in philosophischen Seminaren zur Textarbeit herangezogen.

43 Wenn wir etwa in der Psychologie die Frage stellen, ob eine Eigenschaft angeboren oder erworben ist, dann liegt dieser Frage die Überzeugung zugrunde, dass Eigenschaften logisch entweder das eine oder das andere sind. Die Möglichkeit, dass sie beides zugleich sein könnten, wird aufgrund dieser Leitunterscheidung nicht in Erwägung gezogen. Um die Sichtbarmachung solcher die Fragestellung wie folglich die ›Lösungen‹ vorstrukturierender Unterscheidungen geht es Heidegger. Basale philosophische Unterscheidungen, die das abendländische Denken nach Heideggers Auffassung in die Irre geführt haben, wären z.B. die Differenzierung zwischen Sein und Denken; Gott und Mensch; oder auch die Unterscheidung Phänomen vs. Sein-an-sich.

44 In der Zwischenzeit benennen sich viele ehemals ›geisteswissenschaftliche‹ oder ›philosophische‹ Fakultäten und Fächer an deutschsprachigen Universitäten um in *Kulturwissenschaften* – das ist ein Zeichen für eine bewusste Abkehr von einem ›(Welt)Geist‹, dessen verschiedene Gestalten historisch zu erforschen sind, hin zu der Auffassung, dass die unterschiedlichsten kulturellen Produkte, wie etwa Sprachen oder Artefakte, nicht (nur) dem (einheitlichen) Geist geschuldet sind, sondern auch anderen Bedingungen unterliegen, dass mithin ›Kultur‹ nicht notwendig, d.h. nicht ausschließlich das Produkt intendierter Akte ist.

45 Es sei daran erinnert, dass es im Zusammenhang dieser Einführung nicht darum gehen kann, die einzelnen, auch kritischen Positionen anderen Denkern gegenüber auf ihre Stichhaltigkeit zu überprüfen, da sie nicht diskutiert, sondern vorgestellt werden sollen. Deshalb referiere ich hier wiederum bloß Gadamers Kant-Interpretation, ohne sie zu kommentieren.

46 ›Ursprünglich‹ und ›überzeitlich‹ mögen einander auf den ersten Blick ausschließen, weil der Ursprung zeitlich konnotiert einen bestimmten Zeitpunkt markiert – also gerade nicht überzeitlich ist. Gerade darum aber geht es Gadamer: um einen immer wieder gleichsam in der Zeit auftauchenden Sinn, der in der hermeneutischen Erfahrung ›gehört wird‹, aber dadurch überzeitlich ist, dass ihm die konkrete Historie nichts anhat.

47 Die Aufgabe der Hermeneutik ist »überhaupt nicht [...] ein Verfahren des Verstehens zu entwickeln, sondern die Bedingungen aufzuklären, unter denen Verstehen geschieht« (Gadamer 2010: 300).

48 Damit benennt Gadamer erneut eine Tugend, die in der Philosophie neben Heidegger auch von Pascal in den *Pensées* (1670) bis Davidson in *Inquieries into Truth and Interpretation* (1974) immer wieder neu formuliert worden ist: das sogenannte *principle of charity*, aufgrund dessen nicht nach den Widersprüchen in einem Text gesucht werden soll, sondern nach einer Auslegung, die ihn kohärent und sinnvoll erscheinen lässt. Vgl. hierzu ausführlich Tatjana Schönwälder-Kuntze: ›Methode als Haltung: ein doppelter hermeneutischer Respekt‹, in: Christiane Thompson/Malte Brinkmann/Markus Rieger-Ladich (Hg.), Praktiken und Formen der Theorie. Perspektiven der Bildungsphilosophie, Weinheim 2020 (i.V.).

49 Zu Auseinandersetzungen um die angesprochene Differenz *innerhalb* der ›analytischen Philosophie‹ sei stellvertretend auf der einen Seite auf Richard Rorty und Peter Bieri verwiesen, die als herausragende Protagonisten analytischen Philosophierens der ›analytischen Philosophie‹ den Rücken gekehrt haben – nicht ohne teilweise polemische Attacken gegen sie zu führen. Auf der Seite ihrer Verteidiger sei exemplarisch auf Ansgar Beckermann verwiesen. Rortys Abkehr findet sich zusammengefasst in Richard Rorty ›Twenty-five Years after‹ in: ders. (ed.), The Linguistic turn. Essays in philosophical method, Chicago/London 1967, 1992, S. 371–374, seine Hinwendung zu Phi-

losophen wie Heidegger, Sartre und Derrida findet sich dezidiert in *Philosophy and the Mirror of Nature* (1979) und in *Contingency, irony, and solidarity* (1989). Bieri fasst seine Gründe dafür, dass die analytische Philosophie gar nicht so anders sei, wie sie glaube, in ›Was bleibt von der analytischen Philosophie?‹ (in: Deutsche Zeitschrift für Philosophie, Jg. 55, Heft 3, 2007, S. 333–344) zusammen. Beckermanns Replik und seine Argumente für eine nach wie vor sinnvolle Differenz zwischen ›analytischer‹ und ›kontinentaler Philosophie‹ findet sich z.B. als ›Einleitung‹ in: Peter Prechtl (Hg.), Grundbegriffe der analytischen Philosophie, Stuttgart 2004, S. 1–12 (weitgehend identisch mit ders.: ›Muss die Philosophie noch analytischer werden?‹ unter http://sammelpunkt.philo.at:8080/636/1/anaphil_V1.pdf, abgerufen am 30.10.2014). Ein erneuter Versuch, Differenzen zu markieren, der allerdings vom Autor selbst (erfrischenderweise) als nicht wirklich gelingend gekennzeichnet wird, findet sich bei Hans-Johann Glock (2008), Was ist analytische Philosophie?, Darmstadt 2014.

50 Das sei beispielhaft an zwei sehr simplen Schlussfiguren gezeigt. Zunächst am sogenannten *modus ponens*: Hier lautet eine Prämisse: Wenn p, dann q; die zweite Prämisse lautet: p ist gegeben. Unter diesen beiden Voraussetzungen kann der Schluss gezogen werden, dass auch q der Fall ist. Formal lässt sich das so darstellen: $(p \rightarrow q), p \Rightarrow q$. » ›Wenn die Sonne scheint, ist es hell‹; ›die Sonne scheint‹, dann lässt sich folgern ›es ist hell‹ «. Sind beide Prämissen gegeben, wäre der Übergang auf die Behauptung non q (›es ist nicht hell‹) ein nicht gültiger Schluss. Allerding lässt sich aus der ersten Prämisse und der Negation der Konklusion, die dann als zweite Prämisse fungiert, folgern, dass auch p nicht gegeben bzw. falsch ist. Diese Schlussfigur heißt *modus tollens*: Die erste Prämisse lautet wiederum: Wenn p, dann q; die zweite non q, dann ist der Übergang zu non p ein gültiger Schluss. Formal $(p \rightarrow q), \neg q \Rightarrow \neg p$. » ›Wenn die Sonne scheint, ist es hell‹; ›es ist nicht hell‹, dann lässt sich folgern ›die Sonne scheint nicht‹ «.

51 Georg W. Bertram weist in Bezug auf die Motivation Freges darauf hin, dass dieser – wie auch noch Husserl – »den Bedeutungsbegriff psychologistischer Semantiken zurückweisen« (Bertram 2011: 72) wollte. Darüber hinaus lässt sich auch die folgende Vermutung anstellen – auch wenn sich weder bei Verena Meyer, Gottlob Frege, München 1996, noch bei Lothar Kreiser, Leben, Werk, Zeit, Hamburg 2001, Hin-

weise dazu finden. Die genaue Lektüre von Freges *Über Sinn und Bedeutung* erzeugt an manchen Stellen den Eindruck, als werde dort im ›Subtext‹ auch ein Dialog mit den Hermeneutikern der historischen Schule geführt. Hinweise hierfür könnten sein: der Rekurs auf die »Übersetzung von der Urschrift« (Frege 2008: 28) oder auch »wieweit den Absichten des Dichters entsprochen wird, kann nie genau ermittelt werden« (ebenda).

52 Das betrifft auch u.a. die Auffassung darüber, was überhaupt unter ›Wahrheit‹ verstanden werden soll: z.B. mit Thomas von Aquin eine ›adaequatio rei et intellectus‹, also die Übereinstimmung von Sache und Denken, oder einfach nur die Kohärenz von Sätzen etc. Vgl. hierzu Gunnar Skirbekk, Wahrheitstheorien, Frankfurt/M. 1977, der allein sieben unterschiedliche Wahrheitsauffassungen in der analytischen Philosophie ausmacht.

53 »The total speech act in the total speech situation is the *only actual* phenomenon which, in the last resort, we are engaged in elucidating.« (Austin 1962: 147)

54 Austin erklärt seine Begriffswahl nicht; zu ›performativ‹ findet sich folgende Anmerkung: »Früher habe ich ›performatorisch‹ benutzt. ›Performativ‹ ziehe ich vor, weil es kürzer, nicht so häßlich, leichter zu handhaben und traditioneller ist.« (Austin 2002: 29, Anmerkung 7)

55 Vgl. Eckard Rolf, Der andere Austin. Zur Rekonstruktion performativer Äußerungen – von Searle über Derrida zu Cavell und darüber hinaus, Bielefeld 2009.

56 Der ganze Satz lautet: »Quand [...] *discursus* prend le sens de discours, c'est d'abord comme chemin hasardeux de la conversation et de l'entretien, avant de renvoyer à toute mise en forme, parlée ou écrite de la pensée; les rhétoriques grecques du ›logos‹, comme les rhétoriques latines de l'›oratio›, deviennent alors pour nous rhétoriques du discours, de ses ›parties‹ (verbes, etc.), de sa ›disposition‹ (exorde, proposition, narration, etc.) et de ses ›genres‹ (démonstratif, délibératif, judiciaire).« Auf Deutsch: »Als discursus den Sinn von discours annimmt, erfolgt das zunächst in der Bedeutung eines riskanten, gewagten Weges der Konversation und des Gesprächs, bevor er insgesamt ein in Form gebrachtes, gesprochenes oder geschriebenes Denken meint; dann werden die griechischen (Rede-) künste des ›logos‹ ebenso wie die lateinischen Formen der Rede zu Redeformen des Discours, seiner ›Teile‹ (Verben, Attribute etc.), seines

›Aufbaus‹ (Einleitung, These, Erzählung etc.) und seiner ›Gattungen‹ (zeigend, beweisend, urteilend).« Siehe http://encyclopedie_universelle.fracademic.com/6119/DISCOURS (abgerufen am 21.11.2014)

57 Michel Foucault, Die Ordnung des Diskurses, Frankfurt/M. 2012, S. 25; im Folgenden zitiert als ODis.

58 »Die fundamentalen Codes einer Kultur, einer Sprache, ihrer Wahrnehmungsschemata, ihren Austausch, ihre Techniken, ihre Werte, die Hierarchie ihrer Praktiken beherrschen, fixieren gleich zu Anfang für jeden Menschen die empirischen Ordnungen, mit denen er zu tun haben und in denen er sich wiederfinden wird. Am entgegengesetzten Ende des Denkens erklären wissenschaftliche Theorien oder die Erklärungen der Philosophen, warum es im Allgemeinen eine Ordnung gibt, welchem allgemeinen Gesetz sie gehorcht, welches Prinzip darüber Rechenschaft ablegen kann, aus welchem Grund eher diese Ordnung als jene errichtet worden ist. Aber zwischen diesen beiden so weit auseinanderliegenden Gebieten herrscht ein Gebiet, das, obwohl es eher eine Zwischenrolle hat, nichtsdestoweniger fundamental ist. [...] [D]iese ›Mittel‹-Region [kann], insoweit sie die Seinsweise der Ordnung manifestiert, sich als die fundamentalste erweisen, als den Worten vorangehend, vor den Perzeptionen und den Gesten liegend [...] fester, archaischer, weniger zweifelhaft, stets ›wahrer‹ als die Theorien, die versuchen, ihnen eine explizite Form, eine exhaustive Anwendung oder eine philosophische Begründung zu geben. So gibt es in jeder Kultur zwischen dem Brauch dessen, was man die Ordnungscodes und die Reflexion über die Ordnungen nennen könnte, die nackte Erfahrung der Ordnung und ihrer Seinsweise.« (Michel Foucault, Die Ordnung der Dinge, Frankfurt/M. 1971, S. 23 f.; im Folgenden zitiert als OD)

59 Oder auch: »Die Analyse der diskursiven Formationen, der Positivitäten und des Wissens in ihren Verhältnissen zu den epistemologischen Figuren und den Wissenschaften haben wir, um sie von anderen möglichen Formen von Wissenschaftsgeschichte zu unterscheiden, die Analyse der *Episteme* genannt. [...] Die *Episteme* ist keine Form von Erkenntnis und kein Typ von Rationalität, die, indem sie die verschiedensten Wissenschaften durchdringt, die souveräne Einheit eines Subjektes, eines Geistes oder eines Zeitalters manifestierte; es ist die Gesamtheit der Beziehungen, die man in einer gegebenen Zeit innerhalb

der Wissenschaften entdecken kann, wenn man sie auf der Ebene der diskursiven Regelmäßigkeiten analysiert.« (Michel Foucault, Die Archäologie des Wissens, Frankfurt/M. 1973, S. 272 f.; im Folgenden zitiert als AD).

60 Die beiden Vorlesungszyklen am Collège zur Geschichte der Gouvernementalität – ein Neologismus Foucaults – sind auf Deutsch unter den Titeln *Sicherheit, Territorium, Bevölkerung* (2006) sowie *Die Geburt der Biopolitik* (2006) erschienen.

61 Michel Foucault, Der Gebrauch der Lüste, Sexualität und Wahrheit, Bd. 2, Frankfurt/M. 1986, S. 19 f.; im Folgenden im Text zitiert als GL.

62 So hat Foucault dem Analysegebiet ›Wahnsinn‹ wenigstens zwei große Studien gewidmet: *Histoire de la folie à l'âge classique* (1961; dt.: *Wahnsinn und Gesellschaft* 1969) sowie *Naissance de la clinique. Une archéologie du regard médical* (1963; dt.: *Die Geburt der Klinik. Eine Archäologie des medizinischen Blicks* 1973). Das Analysegebiet ›Sexualität‹ ist Thema der vierbändigen *Histoire de la sexualité* (1976–1984; dt.: *Sexualität und Wahrheit* 1977–2019), wobei der vorletzte Band unvollendet postum und der letzte Band als Fragmente erschienen ist.

63 Michel Foucault, Dits et Ecrits. Schriften in vier Bänden, Bd. 4, Frankfurt/M. 2005, S. 960; vgl. auch ebenda, S. 900; im Folgenden im Text zitiert als DE IV.

64 Michel Foucault, Dits et Ecrits. Schriften in vier Bänden, Bd. 2, Frankfurt/M. 2002, S. 887; im Folgenden im Text zitiert als DE II.

65 Vgl. Judith Butler (1990), Das Unbehagen der Geschlechter, Frankfurt/M. 1991; Judith Butler (1997), Psyche der Macht, Frankfurt/M. 1997.

66 Vgl. Judith Butler, Was ist Kritik? Ein Essay über Foucaults Tugend, in: Deutsche Zeitschrift für Philosophie, Jg. 50, Heft 2, 2002, S. 249–256, sowie Judith Butler, Kritik der ethischen Gewalt, Frankfurt/M. 2003.

67 Giorgio Agamben, Homo Sacer, Frankfurt/M. 2002; vgl. hierzu Georg Mein, Lemma ›III. 3.2 Giorgio Agamben‹ in: Clemens Kammler/Rolf Parr (Hg.), Foucault-Handbuch. Leben –Werk – Wirkung, Stuttgart 2008, S. 198–200, und zur Rezeption in der Philosophie insgesamt Ulrich J. Schneider, Lemma V. 1. Philosophie in: Clemens Kammler/Rolf Parr (Hg.), Foucault-Handbuch, Leben – Werk – Wirkung, Stuttgart 2008, S. 310–319.

68 In seiner jüngst erschienenen, sehr empfehlenswerten Einführung nennt Robert Feustel das dekonstruktive Lesen und dessen Effekte *Die Kunst des Verschiebens* (2015).

69 Florian Rötzer, Jacques Derrida, in: ders. (Hg.), Französische Philosophen im Gespräch, München 1987, S. 70; siehe auch: Jacques Derrida, Dekonstruktion, in: Falter. Stadtzeitung Wien, Beilage zum Heft 22, 1987, S. 11 f.

70 Martin Heidegger, Contributions à la question de l'Être. Zur Seinsfrage. Question I et II, Collection Tel Gallimard, 1990; Vgl. den Eintrag ›déconstruction‹ in der französischen Wikipedia, abgerufen am 27.11.2014. http://fr.wikipedia.org/wiki/D%C3%A9construction#La_d.C3.A9construction_chez_Heidegger.

71 Im Folgenden zitiert nach der deutschen Übersetzung als Derrida 1983.

72 Jacques Derrida, Die Stimme und das Phänomen. Ein Essay über das Problem des Zeichens in der Philosophie Husserls, Frankfurt/M. 1979, S. 106 [franz.: La Voix et le phénomène, Paris (1967) 1989, S. 57 f.]; teilweise eigene Übersetzung – kursiv gesetzte Begriffe im Original kursiv und deutsch; im Folgenden im Text zitiert als SuP.

73 Vgl. zum Aspekt der Wiederholung auch Jacques Derrida, Unterwegs zu einer Ethik der Diskussion, in: ders.: Limited Inc., Wien 2001, S. 196–202.

74 Vgl. hierzu Andrea Maihofer, Überlegungen zu einem materialistisch-(de)konstruktivistischen Verständnis von Normativität, in: Rahel Jaeggi/Daniel Loick (Hg.), Nach Marx, Berlin 2013, S. 164–191.

75 Peter Engelmann, Jacques Derridas Randgänge der Philosophie, in: Jeff Bernard (Hg.), Semiotica Austriaca, Wien 1987, S. 107; siehe auch: Peter Engelmann, Einführung. Postmoderne und Dekonstruktion. Zwei Stichwörter zur zeitgenössischen Philosophie, in: ders. (Hg.), Postmoderne und Dekonstruktion. Texte französischer Philosophen der Gegenwart, Stuttgart 2004, S. 20 f.

76 Jacques Derrida, Randgänge der Philosophie, Wien 1999, S. 55; im Folgenden im Text zitiert als RP.

77 Weitere Beispiele wären: A-gnostik (Gnosis ~ Wissen); A-theismus (Theos ~ Gott); an-aerob (Aether ~ Luft); An-archie (arché ~ Anfang, Ordnung, Herrschaft); A-pathie (Pathos ~ Leid).

78 Dieses Argument darf infrage gestellt werden, weil ›différence‹ tatsächlich von dif-ferre abgeleitet ist, welches das gleiche eingeschränkte Bedeutungsspektrum wie das griechische dis-pherein aufweist. Erst später kommt mit deferre die dritte Bedeutung, also die Verschiebung hinzu.

79 Jacques Derrida, Fines hominis, in: ders.: Randgänge der Philosophie, Wien 1999, S. 155.

80 In der akademischen Philosophie gab es in den 1980er Jahren vereinzelt Auseinandersetzungen mit ›den Franzosen‹. So etwa Manfred Frank, *Das Sagbare und das Unsagbare. Texte zur neuesten französischen Hermeneutik* (1980); Bernhard Taureck, *Französische Philosophie im 20. Jahrhundert* (1988) oder auch bis heute in den Publikationen von Bernhard Waldenfels.

81 Philosophische Logik erschöpft sich freilich nicht in abendländischen Darstellungen wie der aristotelischen – so ist nur beispielhaft auf das sogenannte ›Urteilsvierkant‹ des buddhistischen Philosophen Nargajuna (ca. 2 Jh.) zu verweisen, durch das in *kritischer* und *didaktischer Absicht* auf falsche, weil reduzierte Denkmuster, d.h. *Logoi* aufmerksam gemacht wird. Hier wird folglich nicht positiv bestimmt, welche Formen ›richtiges‹ Denken haben soll, sondern welche Formen als falsch betrachtet werden, also zu vermeiden sind.

82 Mills ›eigentliches‹ Methodenbuch heißt *A System of Logic* (1843) – es hat aber bislang nicht den Rang eines Hauptwerkes erlangt.

83 In Bezug auf die Frage, welche Methode die richtigen Erkenntnisse hervorbringt, sei auf zwei Klassiker hingewiesen: Karl Poppers *Logik der Forschung* (1934/5) und Paul Feyerabends *Wider den Methodenzwang* (1970); die Metapher von philosophischen Methoden als Werkzeugkästen findet sich u.a. in Julian Bagginis und Peter Fosls *The Philosopher's Toolkit* (2010[2]).

84 Was macht eine Theorie, ihre Denkwege und Resultate als Ganze ›richtig‹ oder ›falsch‹? Diese Frage stellt sich umso drängender, seit für die Theoriebegründung nicht mehr auf einen externen, transzendenten Garanten zurückgegriffen wird. Die Moderne gibt verschiedene Antworten darauf, denen allen gemein ist, dass sie selbstreferenziell operieren.

85 Vgl. erneut beispielhaft Gunnar Skirbekk, Wahrheitstheorien, Eine Auswahl aus den Diskussionen über Wahrheit im 20. Jahrhundert,

Frankfurt/Main 1977. *Ausgewählt* werden allein sechs unterschiedliche Wahrheitstheorien: eine pragmatische, die auf den Nutzen abzielt; eine kohärenztheoretische, die auf Widerspruchsfreiheit dringt; eine korrespondenztheoretische, die der *adaequatio rei et intellectus* entspricht; eine evidenztheoretische, die klare, distinkte und unteilbare Einsichten postuliert; eine redundanztheoretische, die Wahrheit für überflüssig erklärt, und eine konsenstheoretische, der die Anerkennung als ›wahr‹ ausreicht.

86 Vgl. Sabrina Ebbersmeyer et al. (Hg.), Ethik des Nützlichen. Texte zur Moralphilosophie im italienischen Humanismus, München 2007, S. 8 f.; 33–43.

87 René Descartes, Discours de la méthode, Französisch-Deutsch, Hamburg 1997, S. 101.

88 Interessant ist, dass Descartes hier von ›une pratique‹ spricht, was in der deutschen Übersetzung mit ›praktische Philosophie‹ wiedergegeben wird. Es liegt aber nahe, dass Descartes tatsächlich eine andere Praxis meint, also einen anderen Umgang mit dem Wissen: »Car elles [les notions générales touchant la physique] m'ont fait voir qu'il est possible de parvenir à des connaissances qui soient fort utiles à la vie ..., on en peut trouver une pratique, par laquelle connaissant la force et les actions du feu, de l'eau, de l'air, des astres, des cieux et de tous les autres corps qui nous environnent, aussi distinctement que nous connaissons les divers métiers de nos artisans, nous les pourrions employer en même façon à tous les usages auxquels ils sont propres ... «

89 In Anmerkung 50 sind einfach logische Schlussregeln aufgeführt: der modus ponens und der modus tollens. Ein logisch ›falsches‹ Denkmuster wäre z.B., wenn $\neg$ q aus (p $\rightarrow$ q) und $\neg$ p gefolgert würde. Ein weiteres Beispiel wäre das ungerechtfertigte Schließen von einem Vorkommnis oder einer Behauptung auf weitere oder ›alle‹, also z.B. falsche Induktionsschlüsse. Eine ›falsche‹ Anwendung liegt dann vor, wenn z.B. Aristoteles' Satz vom ausgeschlossenen Dritten, der bei ihm auf die Existenz bezogen ist, d.h. etwas existiert oder existiert nicht, auf alle möglichen (scheinbar) nur binär oder dichotom gegebene ›Eigenschaften‹ übertragen wird. Weitere Beispiele wären Reifizierungen, aber auch die unzulängliche Anwendung des Identitätssatzes etc.

90 Kant 1785, Grundlegung zur Metaphysik der Sitten, Berlin 1901 f. AA Bd. 4, S. 428–435.

91 Dabei handelt es sich, wohlgemerkt, nicht um die spekulative Grenzüberschreitung, da diese ja die richtigen Erfahrungserkenntnis-Muster im falschen, weil rein ideellen Bereich anwendet, weshalb sie *dort* zu falschen Mustern mutieren.

92 Michel Foucault, (1984), Der Gebrauch der Lüste. Sexualität und Wahrheit 2, Frankfurt/M., Suhrkamp 1989, S. 19.

93 Michel Foucault, Was ist Aufklärung? (1984), in: ders., Dits et Ecrits. Schriften. Vierter Band, Frankfurt/M. 2005, S. 707.

94 Michel Foucault, Was ist Kritik? (1978), Berlin 1992, S. 52.

95 Vgl. hierzu auch Rahel Jaeggi/Tilo Wesche (Hg.), Was ist Kritik?, Frankfurt/M. 2009, sowie Annika Haas/Jonas Hock/Anna Leyrer/Johannes Ungelenk (Hg.), Widerständige Theorie, Kritisches Lesen und Schreiben, Berlin 2018.

96 Vgl. hierzu z.B. Tatjana Schönwälder-Kuntze, Haben philosophische Methoden politisches Gewicht?, in: Sergej Seitz/Tatjana Schönwälder-Kuntze/Gerald Posselt (Hg.), Judith Butlers Philosophie des Politischen. Kritische Lektüren, Bielefeld 2018, S. 23–45.

Literatur

Aufgeführt sind nur Texte, aus denen zitiert wurde; alle anderen Hinweise stehen in den Anmerkungen.

Theodor W. Adorno, Negative Dialektik, Frankfurt/M. 1966.

Karl-Otto Apel, Das Apriori der Kommunikationsgemeinschaft, Frankfurt/M. 1973.

Karl-Otto Apel, Sprachpragmatik und Philosophie, Frankfurt/M. 1982.

John L. Austin, Zur Theorie der Sprechakte (How to Do Things with Words), Stuttgart 2002.

Simone de Beauvoir, Das andere Geschlecht. Sitte und Sexus der Frau, Reinbek 1968.

Georg W. Bertram, Sprachphilosophie zur Einführung, Hamburg 2011.

Rudolf Carnap, Überwindung der Metaphysik durch logischen Aufbau der Sprache, in: Rudolf Carnap/Hans Reichenbach (Hg.), Erkenntnis. Zweiter Band 1931, S. 219–241.

Jonathan Culler (1982), Dekonstruktion. Derrida und die poststrukturalistische Literaturtheorie, Reinbek 1999.

Christoph Demmerling, Transzendentalpragmatik/Universalpragmatik in: Joachim Ritter et al. (Hg.), Historisches Wörterbuch der Philosophie, Bd. 10, Darmstadt 1998, S. 1439–1442.

Jacques Derrida (1967), Die Stimme und das Phänomen, Frankfurt/M. 1979.

Jacques Derrida (1967), Grammatologie, Frankfurt/M. 1983.

Jacques Derrida (1968), La différance, in: ders., Randgänge der Philosophie, Wien 1999, S. 31–56.

Jacques Derrida (1968), Fines hominis, in: ders., Randgänge der Philosophie, Wien 1999, S. 133–158.

Jacques Derrida (1971), Signatur, Ereignis, Kontext, in: ders., Randgänge der Philosophie, Wien 1999, S. 325–351.

Jacques Derrida (1990), Gesetzeskraft. Der »mystische Grund der Autorität«, Frankfurt/M. 1991.

Jacques Derrida (1988), Limited Inc., Wien 2001.

René Descartes (1637), Discours de la méthode, Französisch-Deutsch, Hamburg 1997.

Uwe Dreisholtkamp, Jacques Derrida, München 1999.

Michel Foucault (1966), Die Ordnung der Dinge, Frankfurt/M. 1971.

Michel Foucault (1969), Die Archäologie des Wissens, Frankfurt/M. 1973.

Michel Foucault (1972), Die Ordnung des Diskurses, Frankfurt/M. 2012.

Michel Foucault (1978), Was ist Kritik?, Berlin 1992.

Michel Foucault (1984), Der Gebrauch der Lüste. Sexualität und Wahrheit, Bd. 2, Frankfurt/M. 1986.

Michel Foucault (1984), Was ist Aufklärung?, in: ders., Dits et Ecrits. Schriften in vier Bänden, Bd. 4, Frankfurt/M. 2005, S. 837–848.

Michel Foucault (1984), Die Ethik der Sorge um sich als Praxis der Freiheit, in: ders., Dits et Ecrits. Schriften in vier Bänden, Bd. 4, Frankfurt/M. 2005, S. 875–902.

Michel Foucault (1985), Das Leben. Die Erfahrung und die Wissenschaft, in: ders., Dits et Ecrits. Schriften in vier Bänden, Bd. 4, Frankfurt/M. 2005, S. 943–966.

Michel Foucault, Geschichte der Gouvernementalität II. Die Geburt der Biopolitik, Frankfurt/M. 2006.

Gottlob Frege, Funktion, Begriff, Bedeutung. Fünf logische Studien, Göttingen 2008.

Hans-Georg Gadamer, Wahrheit und Methode, Tübingen 2010.

Hans-Georg Gadamer, Hermeneutik, in: Joachim Ritter et al. (Hg.), Historisches Wörterbuch der Philosophie, Bd. 3, Münster 1974, S. 1061–1073.

Johann Wolfgang von Goethe, Faust. Der Tragödie erster Teil. Der Tragödie zweiter Teil. Urfaust, in: ders., Goethe Werke – Hamburger Ausgabe, hrsg. von Erich Trunz, Bd. 3, Dramatische Dichtungen, München 1996.

Ross Harrison, Transcendental Arguments, in: Craig Edward (ed.), Routledge Encyclopedia of Philosophy, Vol. 9, London/New York 1998, S. 452–454.

G.W.F. Hegel, Werke in 20 Bänden, Frankfurt/M. 1986.
Bd. 2: Jenaer Schriften 1801–1807

Bd. 3: Phänomenologie des Geistes
Bd. 5: Wissenschaft der Logik I
Bd. 6: Wissenschaft der Logik II
Bd. 7: Grundlinien der Philosophie des Rechts
Bd. 8–10: Enzyklopädie der philosophischen Wissenschaften I–III
Bd. 18: Vorlesungen über Geschichte der Philosophie I

Martin Heidegger, Sein und Zeit, Tübingen 1986.

Martin Heidegger, Die onto-theo-logische Verfassung der Metaphysik in: ders., Identität und Differenz, hrsg. von Friedrich-Wilhelm von Herrmann, Frankfurt/M. 2006, S. 51–79.

Klaus Held, Einleitung, in: Edmund Husserl, Die phänomenologische Methode. Ausgewählte Texte I, Stuttgart 1985, S. 5–51.

Axel Honneth/Hans Joas, Vorwort, in: Robert Pippin, Die Verwirklichung der Freiheit, Frankfurt/M. 2005, S. 7–21.

Edmund Husserl, Cartesianische Meditationen. Eine Einleitung in die Phänomenologie, in: Cartesianische Meditationen und Pariser Vorträge, hrsg. von Stephan Strasser, Den Haag 1973.

Edmund Husserl, Ideen zu einer reinen Phänomenologie und phänomenologischen Philosophie, 2 Bde., hrsg. von Karl Schumann 1976.

Edmund Husserl, Philosophie als strenge Wissenschaft, in: Aufsätze und Vorträge (1911–1921), hrsg. von Thomas Nenon/Hans Rainer Sepp, Dordrecht/Boston/Lancaster 1987, S. 3–62.

Luce Irigaray (1977), Das Geschlecht, das nicht eins ist, Berlin 1979.

Immanuel Kant, Akademie Ausgabe, Berlin 1901 ff.

Emmanuel Levinas (1976), Eigennamen. Meditationen über Sprache und Literatur, München 1988.

Verena Mayer, Edmund Husserl, München 2009.

Rolf Parr, Lemma ›Diskurs‹, in: Clemens Kammler/Rolf Parr (Hg.), Foucault-Handbuch, Leben – Werk – Wirkung, Stuttgart 2008, S. 233–237.

Günther Patzig, Vorworte von Günther Patzig 1962 und 2008, in: Gottlob Frege, Funktion, Begriff, Bedeutung. Fünf logische Studien, Göttingen 2008, S. VII-XX.

Christof Rapp, Aristoteles über die Rechtfertigung des Satzes vom Widerspruch, in: Zeitschrift für philosophische Forschung, Bd. 47, Frankfurt/M. 1993, S. 521–541.

Richard Rorty, The Linguistic turn. Essays in philosophical method, Chicago/London 1992.

Florian Rötzer (Hg.), Französische Philosophen im Gespräch, München 1987.

Gayatri Chakravorty Spivak, What is Enlightenment?, in: Jane Gallop (Hg.), Polemic: critical or uncritical?, New York 2004, S. 179–200.

Thomas von Aquin, Von der Wahrheit. De Veritate. Quaestio 1. Lateinisch-Deutsch, Hamburg 1986.

Ludwig Wittgenstein, Tractatus logico-philosophicus, in: Werkausgabe, Bd. 1: Tractatus logico-philosophicus. Tagebücher 1914–1916. Philosophische Untersuchungen, Frankfurt/M. 1984, S. 7–85.

Tatjana Schönwälder-Kuntze, Studium der Philosophie, Logik und Wissenschaftstheorie sowie Psychologie, apl. Professorin für Philosophie an der LMU in München. Dr. phil. mit einer Arbeit zu Sartres Ethik; Habilitation über Theoriebildung in der praktischen Philosophie am Beispiel Kants. 2010–2015 im Heisenbergprogramm der DFG (mit Unterbrechungen) u.a. als Fellow am Institut für Sozialforschung in Frankfurt und als Gastwissenschaftlerin und -dozentin an der UC Berkeley im Critical Theory Program. Weitere Lehraufträge und Gastprofessuren im In- und Ausland, u.a. am Institut für Philosophie der Friedrich-Alexander-Universität Erlangen-Nürnberg und am Institut für Philosophie an der Universität Wien. Wichtigste Veröffentlichungen (Auswahl): *Authentische Freiheit. Zur Begründung einer Ethik nach Sartre* (2001/2015); *Störfall Gender. Grenzdiskussionen in und zwischen den Wissenschaften* (2003, Mithrsg.); *George Spencer Brown. Eine Einführung in die Laws of Form* (2004/2009, Ko-Autorin); *Corporate Citizenship and Ethical Theory* (2008, Mithrsg.); *Freiheit als Norm? Moderne Theoriebildung und der Effekt Kantischer Moralphilosophie* (2010); *Judith Butlers Philosophie des Politischen. Kritische Lektüren* (2018, Mithrsg.).